普通高等院校城市轨道交通"十三五"规划教材

城市轨道交通电力牵引控制系统

刘敏军 宋平岗 许期英 编著

清华大学出版社
北京

内 容 简 介

本书是普通高等院校城市轨道交通"十三五"规划教材，主要介绍了轨道交通车辆电力牵引传动的发展历程、电力牵引供电方式及供电系统、电力牵引控制系统的类型、电力牵引传动的控制方式、电力牵引的基本原理、电力牵引控制系统常用的电力电子器件、电力牵引变流器等基本理论知识，另外介绍了城市轨道交通直流牵引控制系统、交流牵引控制系统、电气制动控制系统、黏着控制系统的基本理论及实例，以及电力牵引传动与电磁兼容等知识；同时作为知识拓展，将列车微机控制系统、高速磁悬浮列车控制系统等知识用二维码形式展现在本书中。

本书为车辆工程专业（城市轨道交通车辆方向）应用型本科生教材，也可作为高职高专学生教材，还可作为从事车辆工程专业或电力牵引及电气传动控制专业技术工作的工程技术人员的参考书。

版权所有，侵权必究。举报：010-62782989，beiqinquan@tup.tsinghua.edu.cn。

图书在版编目（CIP）数据

城市轨道交通电力牵引控制系统/刘敏军，宋平岗，许期英编著．—北京：清华大学出版社，2020.9（2025.1重印）
普通高等院校城市轨道交通"十三五"规划教材
ISBN 978-7-302-56213-9

Ⅰ．①城… Ⅱ．①刘… ②宋… ③许… Ⅲ．①城市铁路－铁路车辆－电力牵引－控制系统－高等学校－教材　Ⅳ．①U239.5

中国版本图书馆 CIP 数据核字（2020）第 148999 号

责任编辑：许　龙
封面设计：常雪影
责任校对：王淑云
责任印制：丛怀宇

出版发行：清华大学出版社	
网　　址：https://www.tup.com.cn，https://www.wqxuetang.com	
地　　址：北京清华大学学研大厦 A 座	邮　编：100084
社 总 机：010-83470000	邮　购：010-62786544
投稿与读者服务：010-62776969，c-service@tup.tsinghua.edu.cn	
质量反馈：010-62772015，zhiliang@tup.tsinghua.edu.cn	
印 装 者：天津鑫丰华印务有限公司	
经　　销：全国新华书店	
开　　本：185mm×260mm　印　张：15.5	字　数：375 千字
版　　次：2020 年 9 月第 1 版	印　次：2025 年 1 月第 3 次印刷
定　　价：49.80 元	

产品编号：089864-01

前言
FOREWORD

电力牵引是我国最主要的轨道交通车辆的牵引方式。近年来我国城市轨道交通发展迅猛，从以往单一的铁路形式发展成为包括高速铁路、城际客运专线、城市地铁和轻轨以及磁悬浮列车等在内的多种形式，通过轨道交通车辆出行已经成为人们最重要的交通方式。随着轨道交通车辆的发展，电力牵引技术也得到了极大的提高和发展。目前电力牵引系统已经发展到了交-直-交的交流传动系统，并得到了空前的应用。微机、网络、FPGA 和智能控制等先进技术都在电力牵引系统中获得了广泛的运用，新型的电力牵引和控制系统在不断涌现。

为了适应城市轨道交通电力牵引控制系统的发展现状，使学生所学知识与现场技术发展同步，本书在编写的过程中力求体现以下特点：

（1）反映当前电力牵引系统的状态和水平，在理论上有一定的深度。

（2）内容结合实际，将当前实际应用的系统和技术与本书相结合。

（3）介绍有关方面应用的先进技术。

（4）对电力牵引系统做一个比较全面的介绍，以满足从事车辆工程专业（城市轨道交通车辆方向）学生学习和不同层次相关专业技术人员工作的需求。

（5）每章后有基本理论知识复习与思考题，方便学生对所学理论知识加以巩固。

全书共分 11 章，第 1 章介绍电力牵引传动的发展历程、电力牵引供电方式及供电系统、电力牵引控制系统的类型和电力牵引传动的控制方式；第 2 章介绍牵引理论基础；第 3 章介绍电力牵引控制系统常用的电力电子器件；第 4 章介绍电力牵引变流器；第 5 章介绍直流牵引系统；第 6 章介绍交流牵引系统；第 7 章介绍电气制动控制系统；第 8 章介绍黏着控制系统；第 9 章介绍电力牵引传动与电磁兼容。另外，作为知识拓展，将列车微机控制系统、高速磁悬浮列车控制系统等知识用二维码形式展现在本书中。

本书由华东交通大学刘敏军、宋平岗、许期英合作完成，刘敏军统稿。

本书在编写过程中得到了华东交通大学有关领导及专家、学者的大力支持和协助，也得到了南昌铁路局、上海地铁公司等有关技术人员的鼎力支持，在此对他们表示感谢。在本书的编写过程中参考了许多文献资料，在参考文献中一一列出，以示谢意！

由于编著者的水平所限，书中可能存在错误和不妥，殷切期望读者批评指正。

作　者

2020 年 7 月

目录

第1章 绪论 ·· 1
  1.1 电力牵引传动的发展历程 ·· 1
    1.1.1 电力牵引传动控制系统的概念 ······································ 1
    1.1.2 电力牵引传动的发展历程 ·· 1
  1.2 电力牵引供电方式及供电系统 ·· 7
    1.2.1 电力牵引供电方式 ·· 7
    1.2.2 电力牵引供电系统 ·· 8
  1.3 电力牵引控制系统的类型 ··· 10
    1.3.1 直流-直流(直-直)牵引系统 ·· 11
    1.3.2 交流-直流(交-直)牵引系统 ·· 12
    1.3.3 交流-直流-交流(交-直-交)牵引系统 ··························· 13
    1.3.4 直流-交流(直-交)牵引系统 ·· 14
  1.4 电力牵引传动的控制方式 ··· 14
  复习与思考题 ··· 15

第2章 牵引理论基础 ··· 16
  2.1 动轮与钢轨间的黏着与蠕滑 ··· 16
    2.1.1 黏着 ·· 16
    2.1.2 蠕滑 ·· 17
  2.2 牵引力的形成及限制 ··· 18
    2.2.1 牵引力的形成 ·· 18
    2.2.2 黏着对牵引力的限制 ··· 18
    2.2.3 黏着系数的影响因素及计算黏着系数 ··························· 19
  2.3 制动力的产生 ·· 21
    2.3.1 制动力的概念及制动方法 ·· 21
    2.3.2 制动力的产生 ·· 21

2.4 空转与滑行的产生及黏着的控制 ………………………………………………… 22
　　2.4.1 空转与滑行的产生及防止 …………………………………………………… 22
　　2.4.2 黏着控制的意义及分类 ……………………………………………………… 23
2.5 牵引运行及特性 …………………………………………………………………… 25
　　2.5.1 列车运行过程 ………………………………………………………………… 25
　　2.5.2 列车阻力 ……………………………………………………………………… 26
　　2.5.3 列车牵引特性 ………………………………………………………………… 27
复习与思考题 …………………………………………………………………………… 29

第3章 电力牵引控制系统常用的电力电子器件 ……………………………………… 31

3.1 普通晶闸管 ………………………………………………………………………… 31
　　3.1.1 晶闸管的结构与工作原理 …………………………………………………… 31
　　3.1.2 晶闸管的特性 ………………………………………………………………… 33
　　3.1.3 晶闸管的主要参数 …………………………………………………………… 34
　　3.1.4 晶闸管的触发电路 …………………………………………………………… 35
　　3.1.5 晶闸管的并联 ………………………………………………………………… 39
　　3.1.6 晶闸管的应用与保护 ………………………………………………………… 41
3.2 门极可关断晶闸管 ………………………………………………………………… 41
　　3.2.1 GTO 的结构与工作原理 ……………………………………………………… 41
　　3.2.2 GTO 的主要参数特性 ………………………………………………………… 45
　　3.2.3 GTO 的门极驱动电路 ………………………………………………………… 47
3.3 绝缘栅双极晶体管 ………………………………………………………………… 51
　　3.3.1 IGBT 的基本结构与工作原理 ………………………………………………… 52
　　3.3.2 IGBT 的特性 …………………………………………………………………… 53
　　3.3.3 IGBT 的擎住效应与安全工作区 ……………………………………………… 54
　　3.3.4 IGBT 的驱动与保护技术 ……………………………………………………… 56
3.4 功率集成电路 ……………………………………………………………………… 64
　　3.4.1 PIC 技术 ……………………………………………………………………… 64
　　3.4.2 智能功率模块 ………………………………………………………………… 65
3.5 缓冲电路 …………………………………………………………………………… 67
　　3.5.1 缓冲电路的作用与基本类型 ………………………………………………… 67
　　3.5.2 缓冲电路的基本结构 ………………………………………………………… 68
　　3.5.3 缓冲电路中 C_s 和 R_s 值的确定 ………………………………………… 70
复习与思考题 …………………………………………………………………………… 71

第4章 电力牵引变流器 ………………………………………………………………… 72

4.1 斩波电路(斩波器) ………………………………………………………………… 72
　　4.1.1 降压斩波电路 ………………………………………………………………… 72
　　4.1.2 升压斩波电路 ………………………………………………………………… 81

  4.1.3 升降压斩波电路和 Cuk 斩波电路 ············ 85
  4.1.4 Sepic 斩波电路和 Zeta 斩波电路 ············ 87
  4.1.5 复合斩波电路和多相多重斩波电路 ············ 87
4.2 整流电路(整流器) ············ 94
  4.2.1 入端整流器概述 ············ 94
  4.2.2 电压型四象限脉冲整流器 ············ 97
4.3 逆变电路(逆变器) ············ 111
  4.3.1 基本逆变电路 ············ 112
  4.3.2 正弦波脉宽调制逆变电路 ············ 116
  4.3.3 感性负载下三相桥式逆变器的电流波形和能量反馈 ············ 125
  4.3.4 三点式(三电平)逆变电路 ············ 128
复习与思考题 ············ 133

第 5 章 直流牵引系统 ············ 135

5.1 直流牵引电动机的牵引性能 ············ 135
  5.1.1 牵引电动机之间的负载分配 ············ 137
  5.1.2 电压波动对牵引电动机工作的影响 ············ 137
  5.1.3 直流牵引电动机的功率利用 ············ 139
  5.1.4 直流牵引电动机的黏着特性 ············ 139
5.2 直流牵引系统的牵引特性 ············ 140
  5.2.1 恒电压牵引特性 ············ 140
  5.2.2 恒功率牵引特性 ············ 140
  5.2.3 恒电流牵引特性 ············ 141
  5.2.4 恒速度牵引特性 ············ 141
  5.2.5 组合牵引特性 ············ 142
5.3 直流牵引系统的控制 ············ 142
  5.3.1 直流牵引电动机的调速 ············ 143
  5.3.2 直流牵引系统的控制方法 ············ 144
5.4 城市轨道交通车辆直流牵引控制系统 ············ 147
  5.4.1 变阻控制 ············ 147
  5.4.2 斩波调压控制 ············ 151
复习与思考题 ············ 163

第 6 章 交流牵引系统 ············ 164

6.1 概述 ············ 164
6.2 交流异步电动机的调速 ············ 165
  6.2.1 交流异步电动机的机械特性 ············ 166
  6.2.2 交流异步电动机的调速特性 ············ 167
6.3 交流牵引系统的逆变器 ············ 168

6.3.1 牵引逆变器的基本电路 169
6.3.2 牵引逆变器的主电路 170
6.3.3 牵引逆变器的控制 172
6.4 交流牵引系统的控制 177
6.4.1 牵引特性 177
6.4.2 交流牵引系统的主电路 179
6.4.3 交流牵引系统的控制方法 181
6.4.4 牵引控制单元 183
6.5 城市轨道交通车辆的交流牵引系统 184
6.5.1 城市轨道交通车辆牵引传动系统的主要设备和工作原理 184
6.5.2 VVVF控制下的城市轨道交通车辆牵引特性 185
6.5.3 磁场定向式矢量控制系统 186
6.5.4 直接转矩控制系统的结构及原理 190
复习与思考题 192

第7章 电气制动控制系统 193

7.1 概述 193
7.1.1 电气制动的种类 193
7.1.2 电气制动的特点 194
7.2 电气制动的基本原理 194
7.2.1 电阻制动和再生制动的基本原理 194
7.2.2 电磁制动的基本原理 196
7.3 电阻制动 199
7.3.1 直流牵引系统的电阻制动 199
7.3.2 电阻制动的控制 201
7.3.3 加馈电阻制动 203
7.4 再生制动 204
7.4.1 直-交牵引系统的再生制动 204
7.4.2 交-直牵引系统的再生制动 205
7.4.3 交-直-交牵引系统的再生制动 207
7.5 城市轨道交通车辆的制动控制系统 207
7.5.1 空-电联合制动控制系统 207
7.5.2 空-电联合制动中空气制动的指令传输与控制 210
复习与思考题 216

第8章 黏着控制系统 217

8.1 概述 217
8.2 黏着控制模式 218
8.2.1 黏着控制的功能目标 218

    8.2.2 黏着控制的基本模式 …………………………………………………… 219

    8.2.3 黏着状态检测 ………………………………………………………… 219

    8.2.4 黏着控制策略 ………………………………………………………… 220

  8.3 黏着控制系统的性能指标 …………………………………………………………… 221

  8.4 城市轨道交通车辆的黏着控制系统 ………………………………………………… 222

    8.4.1 电牵引与电制动的防空转与防滑行保护系统 ……………………… 222

    8.4.2 空气制动的滑行保护系统 …………………………………………… 223

  复习与思考题 ………………………………………………………………………………… 224

第9章 电力牵引传动与电磁兼容 …………………………………………………………… 225

  9.1 电磁兼容的基本概念 ………………………………………………………………… 226

  9.2 电磁干扰量及其传播途径 …………………………………………………………… 226

  9.3 电气化铁路的电磁干扰问题 ………………………………………………………… 228

  9.4 电力牵引系统的干扰 ………………………………………………………………… 230

  9.5 改善电磁兼容的措施 ………………………………………………………………… 231

  复习与思考题 ………………………………………………………………………………… 232

*第10章 列车微机控制系统 …………………………………………………………………… 233

*第11章 高速磁悬浮列车控制系统 …………………………………………………………… 235

参考文献 ……………………………………………………………………………………………… 236

---

  *：第10、11章作为拓展知识,用二维码形式展现。

第 1 章

绪　　论

1.1　电力牵引传动的发展历程

1.1.1　电力牵引传动控制系统的概念

在交通运输工具中采用电动机驱动的电气传动部分称为电力牵引传动控制系统，它以牵引电动机为控制对象，通过开环或闭环控制系统对电动机所产生的牵引力和速度进行调节，以满足车辆牵引和制动特性的要求，从而实现对各类交通运输工具的运行控制。电力牵引传动控制系统的应用范围很广，包括水上的运输船只、陆上的大型载重汽车以及电气传动的电动轿车和轨道交通车辆。本书第 1 章、第 2 章中的电力牵引传动控制系统主要是指应用于各种轨道交通车辆（注：本书中的轨道交通车辆是指电传动内燃机车、电力机车、高速动车组、城市轨道交通车辆以及磁悬浮列车，其中城市轨道交通车辆包括速度较低的地铁列车、轻轨列车、有轨电车等，由于磁悬浮列车不存在轮轨接触问题，因此在与轮轨接触有关章节的内容中，轨道交通车辆不包括磁悬浮列车）的主传动控制系统。

1.1.2　电力牵引传动的发展历程

电力牵引传动的发展可分为直流传动（直-直、交-直）控制阶段及交流传动控制阶段。

1. 直流传动控制阶段

1879 年出现的第一台电力机车和 1881 年出现的第一台城市电车均采用了直流供电牵引方式，1891 年德国西门子公司试验了三相交流直接供电、绕线式转子异步电动机牵引的机车，1917 年德国试制了采用"劈相机"将单相交流供电进行旋转、变换为三相交流供电的试验车。这些技术终因系统庞大、能量转换效率低、电能转化为机械能的能量小等因素，未能成为牵引动力的适用技术。

1955 年，水银整流器机车问世，标志着牵引动力电传动技术实用化的开始。1957 年，晶闸管（又称可控硅）整流器的发明，标志着电力牵引进入了电力电子时代。1965 年，晶闸管整流器机车问世，使牵引电传动系统发生了根本性的技术变革，全球掀起了单相工频交流电网电气化的高潮。交-直流传动电力机车相继问世,日本、德国、法国、苏联等铁路发达国家均研制成功了交-直流传动电力机车并投入运行。

1958年12月28日,我国第一台干线铁路电力机车试制成功,当时命名为$6Y_1$型。其采用引燃管整流器,机车持续功率3410kW,最高速度100km/h。在此基础上,从引燃管整流器到硅整流器,不断改进和提高机车的性能,并正式命名为韶山型(SS_1型)电力机车。SS_1型电力机车在1976年第131号机车时已基本定型,截至1989年停止生产。SS_1型电力机车共制造了926台,是中国电气化铁路干线的首批主型机车。

韶山型(SS型)电力机车是采用直流牵引系统的电力机车系列,共有9大型号——$SS_1 \sim SS_9$,其中还有许多子型号,如SS_{4G}、SS_{7E}等。从SS_1到SS_9,我国直流牵引的电力机车走过了40多年的发展历程,在这个过程中,电力牵引系统的技术得到了很大的发展,从引燃管整流器到硅整流器再到可控整流器;从有级调压控制到无级调压控制;从继电器逻辑控制到电子控制再到微机控制;从空转保护到黏着控制;单台牵引电动机的功率从500多千瓦到900kW等,我国的直流牵引系统技术逐步走向成熟。SS型机车还有着令人骄傲的业绩,如第一台列车微机控制系统是在SS_4型机车上研制成功的;设计时速为160km/h的准高速四轴电力机车SS_8曾创造了当时中国铁路机车的最高时速240km/h等。但随着国际上牵引技术从直流向交流的转换,我国也逐步停止了直流牵引技术的发展而转向交流牵引技术的研究和发展。

2020年7月29日,中车株洲电力机车有限公司与国家能源集团联合研制的全球最大功率神24电力机车在中车株洲电力机车有限公司下线。神24电力机车单机功率28800kW,单机牵引力2280kN,刷新了轨道交通装备的世界纪录,也是我国装备制造业自主创新的重大成果。神24电力机车6节编组、长106m,最大运行速度120km/h。

我国第一台自主制造的内燃机车是1958年大连机车车辆厂仿照苏联TЭ3型电传动内燃机车试制成功的。它就是"巨龙"号电传动内燃机车,后经过改进设计定型,命名为东风型并批量生产。同年,北京二七机车厂试制成功"建设"号电传动内燃机车,戚墅堰机车车辆厂试制成功"先行"号电传动内燃机车,但这两种机车都没有批量生产。四方机车车辆厂也于1958年开始设计内燃机车,1959年试制成功中国第一台液力传动内燃机车,当时命名为"卫星"号,代号NY_1。后经过长期试验和多次改进,定型为"东方红"型,于1966年批量生产。我国设计制造的内燃机车形成了"北京""东方红"和"东风"三个系列,质量达到世界先进水平。"北京"型和"东方红"型是液力传动内燃机车,而"东风"系列是电传动内燃机车,也是中国内燃机车的主力,其保有量占国产内燃机车总数的一半以上。

"东风"是个大家族,有东风(DF)、DF_2、DF_3、DF_4、DF_5、DF_6、DF_7、DF_8、DF_9、DF_{10}、DF_{11}和DF_{12}等型号。下面对各种型号进行简单介绍。

DF型内燃机车是大连机车车辆厂1964年开始批量生产的干线货运机车,机车标称功率是1500kW,最大速度100km/h,车长16685mm,轴式C_0-C_0,传动方式为直-直流电传动。

DF_2型内燃机车是戚墅堰机车车辆厂1964—1974年间制造的调车内燃机车,机车标称功率是650kW,最大速度95km/h,车长15140mm,轴式C_0-C_0,传动方式为直-直流电传动。

DF_3型内燃机车与"东风"型构造基本相同,仅牵引齿轮传动比由4.41改为3.38,机车标称功率降为1050kW,也是大连机车车辆厂1969年开始批量生产的干线货运机车,车长16685mm,轴式C_0-C_0,传动方式为直-直流电传动。

DF_4 型内燃机车是大连机车车辆厂 1969 年开始试制的大功率干线客货运内燃机车，1974 年投入批量生产。在实际运行中不断改进设计，生产了 DF_{4B} 型、DF_{4C} 型、DF_{4D} 型系列产品。DF_4 型的传动方式与第一代 DF 型内燃机车的最大不同是开始采用交-直流电传动。DF_{4B} 型内燃机车是 1984 年由大连、资阳、大同机车厂生产的干线客货运内燃机车，机车标称功率增加到 1985kW，最大速度分别为货运 100km/h、客运 120km/h，车长 20500mm，轴式 C_0-C_0，传动方式为直-直流电传动。DF_{4C} 型内燃机车分客运、货运两种，除牵引齿轮传动比不同外，两者结构完全相同。DF_{4C} 型是在 DF_{4B} 型内燃机车的基础上开发研制的升级产品，其提高了机车的经济性、可靠性，延长了使用寿命，使机车具有 20 世纪 80 年代世界先进水平。机车标称功率增加到 2165kW，最大速度分别为货运 100km/h、客运 120km/h，车长 20500mm，轴式 C_0-C_0，传动方式为交-直流电传动；DF_{4CK} 型内燃机车是资阳内燃机车厂开发的干线客运内燃机车，采用 A1A 轴式，牵引电机全悬挂、轮对空心轴驱动转向架。机车标称功率 2165kW，最大速度 160km/h，最大试验速度 176km/h，车长 20500mm，传动方式为交-直流电传动。DF_{4D} 型内燃机车是一种以成熟设计、成熟技术和成熟零部件集合而成的干线客货运内燃机车的新产品。机车标称功率 2425kW，最大速度分别为货运 100km/h、客运 145km/h，车长 20500mm，轴式 C_0-C_0，传动方式为交-直流电传动。DF_{4E} 型内燃机车是四方机车车辆厂生产的干线客货运内燃机车。机车标称功率 2×2430kW，最大速度 100km/h，轴式 2×(C_0-C_0)，传动方式为交-直流电传动。

DF_5 型内燃机车，1974 年开始设计试制，1985 年由大连机车车辆厂批量生产，适用于编组站和区段站进行调车作业，也可作为小运转及厂矿作业的牵引动力。机车标称功率 1210kW，最大速度 60km/h，车长 18000mm，轴式 C_0-C_0，传动方式为交-直流电传动。DF_{5B} 型内燃机车是大连机车车辆厂在原 DF_5 型的基础上变形设计而成的，其动力装置改用 12V240ZJF 型柴油机，机车车体采用外廊式，适合于调车作业和厂矿使用。机车标称功率 1500kW，最大速度 100km/h，车长 18000mm，轴式 C_0-C_0，传动方式为交-直流电传动。

DF_6 型内燃机车是大连机车车辆厂生产的新一代大功率、高性能的干线客货运内燃机车新产品，其机车动力装置采用的 16V240ZJD 型柴油机是与英国里卡多咨询工程公司合作改进的，传动装置是与美国 GE 公司合作改进的。机车采用了微机控制、电阻制动系统等多项先进技术。机车的牵引性能、经济性和耐久可靠性均进入世界先进行列。机车标称功率 2425kW，最大速度 118km/h，车长 21100mm，轴式 C_0-C_0，传动方式为交-直流电传动。

DF_7 型内燃机车是北京二七机车厂 1982 年设计、1985 年正式生产的，适用于大型枢纽、编组站场调车及工矿企业小运转作业。机车启动加速快，油耗低，噪声小，效率高，运行安全可靠，操纵和维修方便。机车标称功率 1470kW，最大速度 100km/h，车长 17800mm，轴式 C_0-C_0，传动方式为交-直流电传动。DF_{7B} 型内燃机车是北京二七机车厂生产的 DF_7 型电传动内燃机车系列产品的一种，柴油机装车功率 1840kW，适用于干线货运、大型枢纽、编组站场、工矿企业的调车和小运转作业。该机车能多机重联，机车可双向操纵，最大速度 100km/h，机车全长 18800mm，轴式 C_0-C_0，传动方式为交-直流电传动。DF_{7C} 型内燃机车是北京二七机车厂生产的 DF_7 型电传动内燃机车系列产品的一种，适应于调车作业。柴油机装车功率分 1470kW 和 1840kW 两种。其余技术参数与 DF_{7B} 型相同。同系列的产品还有 DF_{7D} 型，其适用于寒冷地区和山区线路。该型机车具有油耗低、维修方便等优点。

DF_8 型内燃机车是戚墅堰机车车辆厂于 1984 年 11 月 20 日试制成功的，其采用我国自主设计试制的 16V280ZJ 型中速柴油机，为国内首次采用球墨铸铁整体铸造机体，柴油机的运动件采用 42CrMo 合金钢全纤维挤压成形、全加工、氮化曲轴，并列式、全加工、抛物连杆，钢顶铝裙组合活塞，其气缸直径 280mm，活塞行程 285mm，标称功率 3676kW，是目前国内外机车上缸径最大、功率最大的柴油机。DF_8 型内燃机车的特点突出表现为功率大、效率高、结构合理、性能优良，与同类型货运内燃机车相比，在相同的条件下，可提高运输能力 28% 左右。DF_{8B} 型内燃机车是戚墅堰机车车辆厂在 DF_8 型内燃机车的基础上开发研制的升级换代产品，可满足繁忙干线货运重载高速的要求。机车具有可变换轴重，以供不同线路选择，微机控制和大屏幕彩色液晶显示屏，改善了乘务员工作条件，机车操纵更方便。机车标称功率 3100kW，最大速度 100km/h，机车全长 22000mm，轴式 $C_0—C_0$，传动方式为交-直流电传动。

DF_9 型内燃机车是戚墅堰机车车辆厂研制的准高速客运内燃机车，采用了轮对空心轴式牵引电动机全悬挂转向架、6 连杆万向轴两级弹性驱动、二系高柔圆弹簧串联瓦状橡胶垫车体悬挂、蛇型液压减振器等当代先进技术，可以满足高速运行要求。柴油机装车功率达到 4500kW，最大速度 160km/h，轴式 $C_0—C_0$，传动方式为交-直流电传动。

DF_{10D} 型内燃机车是 DF_{10} 系列机车中的一个品种，是大连机车车辆厂生产的重型调车和小运转作业内燃机车。其柴油机装车功率 2200kW，最大速度 100km/h，车长 18800mm，轴式 $C_0—C_0$，传动方式为交-直流电传动。DF_{10F} 型内燃机车是 DF_{10} 系列机车中的一个品种，是大连机车车辆厂生产的适用于客流繁忙干线开行速度为 140~160km/h 旅客列车的牵引动力。机车由结构完全相同的两个单节机车联挂而成。柴油机装车功率 2×2200kW，最大速度 160km/h，车长 2×18200mm，轴式为双 $C_0—C_0$，传动方式为交-直流电传动。

DF_{11} 型准高速客运内燃机车，1992 年由戚墅堰机车车辆厂试制成功，机车采用 16V280ZJA 型柴油机，并运用微机控制，采用电空制动、机车速度控制系统、轴温检测、独立作用式单元制动器及双流道散热器等一系列新技术，使机车在任何情况下均可恒功率运行。其转向架采用锥形空心轴全悬挂、双节连杆万向节驱动装置、高柔圆弹簧旁承等新技术，具有较好的动力学性能。机车标称功率 3040kW，最大运行速度 170km/h，最大试验速度达到 183km/h。其传动方式为交-直流电传动。

DF_{12} 型电传动内燃机车是资阳内燃机车厂生产的国内功率最大的调车机车，适用于路内大型编组站和工矿企业 5000t 级货物列车的调车和小运转作业，也可以用于牵引干线货物列车，是目前国内多功能、通用性最好的调车机车。机车标称功率为 1990kW，最大速度 100km/h，车长 19900mm，轴式 $C_0—C_0$，传动方式为交-直流电传动。

世界上第一条地铁诞生在英国伦敦。1863 年，短途的"大都市铁道"建成开通，该地铁采用"挖—盖"工序（即挖掘一条深沟，然后封盖其上面），全长 6.5km，当年达到了 950 万人的客流量。不久，其他国家城市也纷纷仿效伦敦，布达佩斯、波士顿、巴黎、纽约在 1896—1904 年相继开通了地铁。

北京地铁是中国第一条地铁。1965 年 7 月 1 日北京地铁第一期工程开工，经过 4 年的艰苦奋战，全长 23.6km 的地铁一期工程于 1969 年 10 月 1 日建成通车。从此，结束了中国没有地铁的历史。全长 16.1km 的二期工程于 1971 年 3 月开工，1984 年 9 月建成，并于 1987 年实现了两线的联网运营。从此，我国城市轨道交通发展又经历了三个阶段：

第一阶段为建设阶段，从 20 世纪 80 年代末至 90 年代中期。以上海地铁一号线

(21km)、北京地铁复八线(13.6km)、北京地铁一号线改造、广州地铁一号线(18.5km)建设为标志,我国真正以交通为目的的地铁项目开始建设。沈阳、天津、南京、重庆、武汉、深圳、成都、青岛等都开始建设轨道交通项目。

第二阶段为调整整顿阶段,从1995年至1998年。由于地铁建设发展迅猛,许多地方不考虑经济的承受能力和社会发展的需要,城市轨道交通建设带有很大的盲目性。针对工程造价高、轨道交通车辆全部引进、设备大量引进、城市地铁每公里造价1亿美元左右等问题,1995年国务院办公厅60号文件通知,除上海地铁二号线项目外,所有地铁项目一律暂停审批,并要求做好发展规划和国产化工作。这期间近3年国家没有审批城市轨道交通项目。1997年底开始,国家计委研究城市轨道设备国产化实施方案,提出深圳地铁一号线(19.5km)、上海明珠线(24.5km)、广州地铁二号线(23km)作为国产化依托项目,于1998年批复3个项目立项,城市轨道交通项目又重新开始启动。

第三阶段为快速发展阶段,从1999年至今。我国累计有40个城市开通城市轨道交通运营,共211条运营线路、运营里程达到6730.27km。

从不同的运营制式来看,截至2019年年底,我国城市轨道交通运营线路长度方面,地铁占比77.07%,占主导地位;轻轨占比3.08%;单轨占比1.46%;市域快轨占比10.63%;现代有轨电车占比6.03%;磁浮交通占比0.86%;APM(自动旅客捷运系统)占比0.15%。

截至2019年年底,我国城市轨道交通运营里程超过400km的城市有4个,分别为上海、北京、广州和成都。其中上海的运营总里程达到801.34km,排名第一,北京总里程为775.6km,排名第二。

地铁列车和轻轨列车速度都较低,一般采用直-直流电力传动。

2. 交流传动控制阶段

交流传动技术用于牵引传动是从20世纪70年代开始的。1971年联邦德国研制了第一批DE2500型交流传动内燃机车,经试运行后,证实了三相交流机车的一系列重大优点,如牵引力大、黏着利用好、制动性能优越以及维修量小等,从而掀起了研究三相交流机车的热潮。1983年,联邦德国联邦铁路公司将第1批BR120型交流传动干线电力机车投入运行,该机车在系统设计、总体布置、参数选择与优化规则、电路结构方面,以及在卧式主变压器、牵引变流器、牵引电动机、空心轴万向节传动装置、辅助变流器等主要部件的设计和制造方面,成功地进行了尝试,奠定了当代交流机车设计和运行的基本模式。自20世纪80年代末90年代初至今,已有多种型号的三相交流电力机车、交流电传动内燃机车和高速电动车组,分别在德国、法国、日本、中国等国家的铁路线上运行,其制造厂家有德国的西门子公司、法国的阿尔斯通公司、加拿大的庞巴迪公司、美国的GE公司、日本的日立公司和川崎重工、中国的南车集团和北车集团等。从20世纪90年代开始,发达国家已不再生产交-直传动电力机车和直流传动内燃机车,而全部采用交流传动控制技术。

采用交流传动控制技术具有以下优点:

(1) 可实现良好的牵引性能。交流传动控制技术可以合理地利用系统的调压、调频特性,实现宽范围的平滑调速,使机车和动车组的高速利用功率$K_P=1$,恒功率调速比$K_n=2\sim3$。另外,调节调频特性还能使机车和动车组在启动时发出较大的启动转矩。

(2) 电网功率因数高、谐波干扰小。在交-直-交电力机车和动车组上,其电源侧变流器可以采用四象限脉冲整流器,它可以通过PWM控制方法,调节电网输入电流的相位,使所取电流接近正弦波形,并能在广泛的负载范围内使机车和动车组的功率因数接近于1,这在减小对通信信号的谐波干扰和充分利用电网的传输功率方面都有很大的意义。另外,四象限脉冲整流器能方便地实现牵引和再生之间的能量转换,有显著的节能效果。

(3) 牵引系统功率大、体积小、质量轻、运行可靠。由于异步牵引电动机转速可达4000r/min,利用了直流电动机换向器所占的空间,所以交流电动机功率大、质量轻,与带换向器的直流(脉流)电动机相比,其单位质量功率(kW/kg)是直流电动机的3倍。在列车车体提供的空间范围内,异步电动机的功率可以达到1400~2000kW。另外,交流电动机没有换向器和电刷装置,机车或动车组主电路系统又可以省去许多有触点的电器,因此,可以进一步提高运行可靠性。

(4) 动态性能和黏着利用好。由于交流异步电动机有较硬的自然特性,其防空转(机车黏着利用)性能较好。当机车和动车组轮对发生空转(黏着破坏)时,牵引力会急剧下降,使黏着牵引力很快恢复。经过10多年的研究,机车和动车组的牵引控制已用矢量控制或直接转矩控制取代了转差-电流控制,这些控制技术,不但能使系统稳态精度高,而且能获得高的动态性能,可以使牵引力沿着轮轨之间蠕滑极限进行控制,非常适合当代动车组高速牵引、机车重载牵引的要求。

20世纪70年代,我国许多科研单位已开始进行电力半导体变流技术和三相交流传动技术的研究,容量从几千瓦逐渐扩大,到1989年交流传动系统的容量已达到300kW以上。与此同时,铁道科学研究院与株洲电力机车研究所等科研单位也在进行交流传动机车的研制,到1992年已经完成了单机功率为1000kW级的地面试验系统。根据地面试验系统研制取得的成果和经验,1996年研制成功单轴功率1000kW的AC4000型交流传动原型机车,这是我国牵引传动由交-直传动转变为交流传动的一个重要里程碑。1999年9月8日,中国第一台交流传动内燃机车在青岛四方机车车辆厂研制成功。我国已研制成功DJ_1、DJ_2等型交流传动大功率电力机车、"中华之星"等交流传动高速动车组以及"捷力"号交流传动内燃机车,另外研究比较成功的还有DF_{8BJ}型交流传动内燃机车,又名NJ_2型,是资阳内燃机车厂和株洲电力机车研究所联合研制的国产化交流传动干线客、货运内燃机车。DF_{8BJ}型交流传动内燃机车采用计算机控制等先进技术,柴油机采用电子喷射技术。在确保机车可靠性前提下,其主要部件均采用国产件,以降低机车制造和运用成本。机车按"重载5000t、最高速度120km/h"牵引要求进行设计,其总体技术水平达到20世纪90年代末世界先进水平。由于采用了微机控制等多项新技术,能在机车各种工况(牵引、电阻制动及自负荷)运行时,综合、分析、比较来自机车各系统的信号,并用来控制机车,使其按最佳状态运行。为了充分利用和发挥柴油机的最大运用功率,确保机车有一个较宽广的恒功率运行范围,这种机车采用了两套微机控制恒功率调节系统。其装车功率4000kW,最大速度120km/h,传动方式为交-直-交电力传动。

为加快实现我国铁路机车车辆现代化的步伐,遵照2004年4月国务院下发的《研究铁路机车车辆装备有关问题的会议纪要》精神,贯彻"引进先进技术,联合设计生产,打造中国品牌"的总体要求和"先进、成熟、经济、适用、可靠"的基本方针,以关键技术的引进为"龙头",以国内企业为主导,通过"市场换技术",以国内公开招标的方式,先后引进了200km/h及以上的多种铁路客车动车组和大功率电力机车制造技术,并在此基础上研发出具有我国自主知识产权的高速动车组和大功率交流传动电力机车。

目前,我国的高速列车有 CRH_1、CRH_2、CRH_2-300、CRH_3 以及 CRH_5 型高速动车组。CRH_1 型动车组是由青岛四方、庞巴迪、鲍尔铁路运输设备有限公司(简称 BSP)生产的动力分散型高速列车,动力配置为 5M3T;CRH_2 和 CRH_2-300 型高速动车组是由南车四方机车车辆股份有限公司生产的动力分散型高速列车,动力配置分别为 4M4T 和 6M2T;CRH_3 型动车组是由唐山轨道客车股份有限公司生产的动力分散型高速列车,动力配置为 4M4T;CRH_5 型高速动车组是由长春轨道客车股份有限公司生产的动力分散型高速列车,动力配置为 5M3T。

CRH380 为一系列型号动车组列车。CRH380A 型电力动车组,2010 年由南车青岛四方机车车辆股份有限公司自主研发的 CRH 系列高速电力动车组,也是"中国高速铁路自主创新联合行动计划"的重点项目,是中国标准动车组问世以前世界上运营速度最快、科技含量最高、系统匹配最优的动车组,持续速度为 350km/h,最大速度为 380km/h。后期衍生车型有 CRH380AL、CRH380B、CRH380C、CRH380D 等系列。

我国目前的大功率交流传动机车有 HXD_1、HXD_2、HXD_3 型电力机车,以及 HXN_3、HXN_5 型内燃机车。HXD_1 型电力机车是由株洲电力机车有限公司生产的 8 轴、9600kW、120km/h 的货运高速电力机车;HXD_2 型电力机车是由大同电力机车有限公司生产的 8 轴、10MW、120km/h 的货运高速电力机车;HXD_3 型电力机车是由大连机车车辆有限公司生产的 6 轴、500kW、120km/h 的货运高速电力机车。HXN_3 型内燃机车由中国北车集团大连机车厂及美国 EMD 公司于 2008 年 7 月共同研制成功,每辆机车均装有一台 6000 马力的柴油机及 6 台交流牵引电动机,可单机牵引 5000t 货物以最高速度 120km/h 运行;HXN_5 型内燃机车由美国通用电气(GE)公司研制,通过技术转移的方式,由中国南车集团戚墅堰机车车辆厂制造。其装备大功率 IGBT 变流器,额定功率达到 4660kW,使用 6 台交流牵引电动机,最大启动牵引力为 620kN,最大运用速度和最大恒功率速度为 120km/h。

这些高速动车组和大功率交流传动电力机车融合了世界各国最先进的交流传动技术,成为我国高速铁路和大功率机车的标志。

1.2 电力牵引供电方式及供电系统

1.2.1 电力牵引供电方式

当今世界各国电气化铁路牵引供电主要采用 4 种电流制式:欧洲部分电气化铁路采用 1500V、3000V 直流供电方式;德国、瑞士、奥地利部分电气化铁路采用 15kV、16.67Hz 的单相工频交流供电方式;新电气化铁路均采用 25kV、50/60Hz 单相工频交流供电方式。这些电流制式的出现和延续与某一时期的经济、技术发展状况以及社会背景有关,是历史遗留下来的。对今天仍然在使用的这些供电制式进行全面改造,要付出很大的人力、物力和财力,这似乎也没有必要。解决问题的一种方法是设计合适的电力机车,以适应多种供电制式。

为了简化接触网的结构和降低成本,牵引供电方式发展为单相交流供电方式和直流供电方式两种。在干线铁路交通中,采用单相工频 25kV 交流电具有更好的技术经济效益。20 世纪 50 年代我国电气化铁路开始建设就采用了 25kV、50Hz 单相牵引供电方式。直流供电方式主要用于城市地铁和轻轨,有采用第三轨供电的,也有采用高架接触网供电的。直流电压制式较多,我国地铁和轻轨主要采用直流 750V(北京、天津和长春等北方地区,采用第三轨供电)和直流 1500V(上海、广州和深圳等南方地区,采用高架接触网供电)两种制式,无轨电车采用直流 600V 供电制式。欧洲部分国家的干线铁路供电也采用直流供电制式。

目前世界上城市轨道交通中的直流牵引供电电压等级繁多,其发展趋向是 IEC 标准中的直流 600V、直流 750V 和直流 1500V。我国国家标准《地铁直流供电系统》规定为直流 750V 和直流 1500V 两种,其电压允许波动范围分别为 500~900V 和 1000~1800V,这两种直流供电电压制式(750V 和 1500V)都能满足城市轨道交通的要求。但是,从减少城市轨道交通牵引供电系统的电能损失和电压降,加大供电距离以降低牵引变电站数目及投资,降低受流接触网的悬挂质量,降低结构复杂性及投资,以及提高列车再生制动的回收率而言,采用直流 1500V 的牵引供电电压制式比采用直流 750V 的牵引供电电压制式要经济得多。高耐压电力电子器件的不断发展,为城市轨道交通牵引系统直流 1500V 供电提供了可靠的技术保障。

1950 年以来,干线铁路牵引的供电,各国开始广泛采用单相工频 25kV 交流制和 15kV、16.67Hz 的供电方式。后者主要是欧洲一些国家还在采用。城市地铁和轻轨牵引供电依然是直流供电,但各国都有提高供电电压的趋势。我国开始倾向采用 1500V 的直流制式。由于历史的延续,欧洲一些国家铁路供电采用多种电流制式。为了满足国际联运和越区运营的需要,许多机车采用双流制或多流制供电方式,即同一机车在不同区域可分别采用不同频率和不同电压的交流供电或直流供电。

现代直流供电方式主要是在变电站中把三相交流电通过 Y,y0 和 Y,d11 联结变压器变为 6 相,经二极管整流,得到 12 波的近似直流电压。然后通过车上的各种变换器供给牵引电机、辅助传动和照明等系统。

现代交流供电方式主要是通过安装在机车上的单相牵引变压器把电压变为机车所需的各种电压等级,然后通过车上的各种变换器供给牵引电机、辅助传动、照明等系统。由于牵引变压器很重,为此,人们提出了用变流器直接取代变压器的想法。通过多电平串接四象限变流器,多重化双向 DC/DC 变换器来取代工频变压器和整流器,可使包括变压器、整流器和滤波器在内的直流侧之前的设备质量减轻 50%,效率也大大提高,这种新概念装置已经得到了应用。

1.2.2 电力牵引供电系统

电力牵引供电系统是指从电力系统或一次供电系统接受电能,通过变压、变相或换流(将工频交流变换为低频交流或直流电压)后,向电力机车负载提供所需电流制式的电能,并完成牵引电能传输、配电等全部功能的完整系统。牵引供电系统的性能直接影响列车牵引功率的发挥和牵引传动控制系统的性能。

工频交流单相电力牵引供电系统主要由牵引变电所、牵引网、分区所、开闭所等部分组成,其系统组成结构与电力系统(一次供电)的联系如图 1-1 所示。

交流电力牵引供电系统,因牵引网对抑制通信干扰采取的技术措施不同,可区分为直接供电方式、带回流导线的供电方式、带吸流变压器(BT)的供电方式以及 2×25kV 自耦变压器(AT)供电方式,不同供电方式的系统和装置的结构也不同。

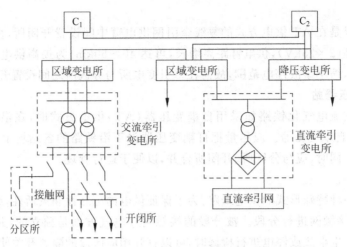

图 1-1 工频交流单相电力牵引供电系统构成

1. 牵引变电所

交流牵引变电所是工频交流单相电力牵引供电系统的重要环节,它完成变压、变相和向牵引网供电等功能,并实现三相交流一次供电系统和单相电力牵引系统的接口与系统变换。牵引变电所停电后,可由相邻变电所实现越区供电,但牵引网电压水平将下降。

根据交流牵引网的不同供电方式和牵引变电所为抑制单相牵引负载造成电力系统的不对称影响,可采用不同接线方式与结构的主变压器,将牵引变电所区分为三相牵引变电所(一般为Y/△型接线方式主变压器)、单相牵引变电所(含Y/Y型接线方式主变压器)和三相/两相牵引变电所(采用特种接线方式,用于变相的平衡变压器)。相对于牵引网不同的供电方式而言,牵引变电所可区分为一般供电方式(直供、BT方式)牵引变电所和自耦变压器(AT)供电方式牵引变电所。不同供电方式的牵引变电所,其主电气设备和结构也不相同。

2. 分区所

交流电气化铁路上为了增加供电的灵活性,提高运行的可靠性,在两个牵引变电所的供电区中间常加设分区所,分区所的作用可简述如下。

(1) 可以使两相邻的供电区段实现并联工作或单独工作。当实现并联工作时,分区所的断路器闭合,否则打开。

(2) 当相邻牵引变电所发生故障而不能继续供电时,可以闭合分区所的断路器,由非故障牵引变电所实行越区供电。

(3) 双边供电的供电区内发生牵引网短路事故时,可由分区所的断路器切除事故点所在处的一半供电区,非事故段仍可照常工作。

3. 开闭所

交流电力牵引系统开闭所,实际上是起配电作用的开关站,一般在下面两种情况或系统中设置。

一种情况是在离牵引变电所较远的铁路枢纽地区,由于站线多,接触网相应复杂,客货运交会、编组和机车整备作业繁忙,致使该地区故障概率增加,为保证枢纽地区供电的可靠性,缩小事故范围,一般将接触网横向分组及分区供电,由开闭所的多路馈线向接触网各分组和分区供电。

另一种情况是在 AT 供电方式的复线牵引网供电臂中间设置开闭所,由于 AT 供电方式供电电压增高(2×25kV),供电臂距离增长,可达 40~50km,为提高供电灵活性(如接触网停电检修等),缩小事故停电范围,故需在牵引变电所与分区所之间设置开闭所。

4. 自耦变压器站

工频单相交流电气化铁路如采用自耦变压器(AT)供电方式时,在沿线需每隔 10~15km 设置一台自耦变压器。应尽量把自耦变压器设于沿铁路的各站场上,大致和铁路区间的距离一样。同时,应与分区所、开闭所合并,以便于运行管理。

5. 接触网

接触网是一种特殊形式的供电线路,为了保证供电的可靠性和灵活性,缩小停电事故发生的范围,要对接触网进行分段。被分段的接触网在电气方面是独立的,并用隔离开关连接。当某区段发生事故或停电进行检修时,可以打开相应区段的隔离开关使该区段无电,而不影响其他区段接触网的运行。

接触网分段有横向分段和纵向分段两种形式。

在单相交流牵引供电系统中,电力机车是由单相供电的,为了平衡电力系统的 A、B、C 各相负荷,一般实行 A、B 相轮流供电。所以 A、B 相之间要分开,这称为电分相。电分相通常由分相绝缘器实现。

根据上述要求,在变电所出口处及两牵引变电所之间(供电臂末端),必须设置电分相装置。

两个牵引变电所之间的接触网,可以实现单边供电,也可以实现双边供电,如图 1-2 所示。在单边供电的情况下,在牵引变电所之间的适当位置设置分相装置,把接触网分成两段,每段由一个牵引变电所供电。在双边供电情况下,由两个牵引变电所同时向此区段供电。在实现双边供电时,两牵引变电所的负荷能均匀分配,接触网的网压可以得到相应改善。

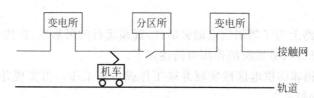

图 1-2 牵引网供电方式示意图

电分相装置分为 4 种类型,即常规电分相装置、地面自动转换电分相装置、柱上断载自动转换电分相装置及车载断电自动转换电分相装置。

1.3 电力牵引控制系统的类型

电力牵引控制系统包括多种电能变换的电气设备,是一个综合的电气系统。这个系统的组成受到列车种类、供电电源的性质、变流方式、牵引电动机种类等多方面的影响。而所有这些方面又可以用不同的方式进行组合,这就使得电力牵引控制系统的形式是多种多样的。

电力牵引控制系统结构如图 1-3 所示。

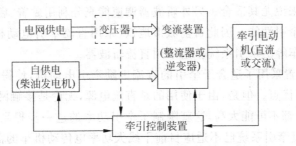

图 1-3　电力牵引控制系统结构示意图(内燃机车除外)

目前,电力牵引控制系统的分类方法、使用的名称均不尽相同。我们按照习惯上应用较多的分类方法,大体上进行如下分类。即按照牵引系统装置的电源性质及牵引电动机种类的不同,将牵引系统装置分为直流-直流牵引系统、交流-直流牵引系统、交流-交流牵引系统、直流-交流牵引系统。在用交流电源并采用交流牵引电动机的交流牵引系统,由于存在一个中间直流环节,所以习惯上又称为交流-直流-交流牵引系统。

1.3.1　直流-直流(直-直)牵引系统

直-直牵引系统是最早应用于轨道交通车辆的一种电力牵引传动系统。它使用的是直流电源(直流电网或直流发电机)和直流串励牵引电动机,如图 1-4 所示。目前采用这一装置较多的有各种工矿用直流电力机车、地铁列车以及城市电车等,我国早期的 DF 型内燃机车也采用这种系统。

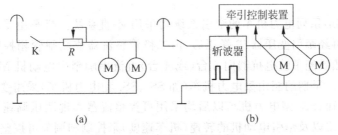

图 1-4　直-直牵引系统示意图

图 1-4(a)为一般工矿用电力机车的直-直牵引系统装置原理示意图。机车通过受电弓从接触网取得直流电,经启动电阻 R 向 2 台直流牵引电动机 M 供电。2 台牵引电动机把电能转换成机械能,再分别通过各自的减速齿轮驱动机车的动轮。我国早期的城市有轨电车和无轨电车的牵引系统就是采用这种传动装置。另外,早期的干线内燃机车也是采用这种直-直牵引系统。内燃机车上的柴油机直接驱动一台直流牵引发电机,供给 6 台直流牵引电动机使用。牵引电动机再把电能转换成机械能,并分别通过各自的减速齿轮驱动机车的动轮。在柴油机启动的过程中,直流牵引发电机又兼作启动电动机,用来启动柴油机。

上述系统中采用了可变电阻 R 来实现启动和调速,这种方法在电阻上消耗了大量的能量,使效率降低,同时也难以实现连续、平滑地调节。采用直流斩波器可以替代可变电阻的作用,并且可以实现连续、平滑地调节,如图 1-4(b)所示。

由于直流斩波器可以实现四象限运行,故而它的最大效益在于节能,这对于启动频繁的城市轨道交通车辆来说尤其适合。另外斩波器调速能充分利用黏着、启动平稳和无级调速,大大改善了车辆的牵引性能。因此目前城市地铁(采用直流牵引电动机的动车)、无轨电车和工矿企业所用机车等的牵引系统普遍采用直流斩波器。

直-直电传动装置采用了适合于牵引的直流串励牵引电动机,使得它具有调速方便、结构简单、造价经济等优点。但是,由于使用的是直流电源,无论是接触网的电压,还是直流发电机的功率和电压,都不可能太高,这就限制了牵引功率的进一步提高。因此,随着现代铁路运输的发展,直-直牵引系统已不适应目前干线大功率电传动机车的需要。

1.3.2 交流-直流(交-直)牵引系统

交-直牵引系统采用的是交流电源(交流电网或交流发电机),但仍然采用直流串励牵引电动机。随着大功率硅整流器和可控硅(晶闸管)、GTO和IGBT等器件的普遍运用,更加先进的交-直牵引系统得到了广泛的应用,其结构如图1-5所示。

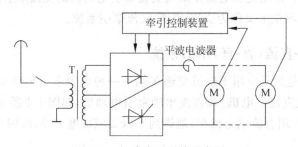

图1-5 交-直牵引系统示意图

我国韶山(SS)系列电力机车的牵引系统均采用交-直系统。机车由受电弓从接触网取得单相交流电,再经牵引变压器T降压后,由二极管整流器或晶闸管相控整流器将交流电转换为直流电,然后经平波电抗器向6台(或4台)直流串励牵引电动机M供电,实现电能向机械能的转换。早期的韶山型电力机车(如SS_1、SS_3型电力机车)采用变压器抽头和调压开关实现调压调速,SS_4型电力机车以后均采用可控整流器实现调压调速。牵引控制装置根据牵引特性曲线以及牵引电动机的转速(机车速度)来控制和调节可控整流器的晶闸管导通角,实现电压调节。

采用交-直传动牵引系统的电力机车,由单相高压供电,减少了接触网的用铜量和输电线的能量损失,同时也消除了直-直传动中电源电压与牵引电动机电压间的相互制约,为提高机车功率创造了条件。因此,在较长的一段时期内,大功率的干线电力机车均采用交-直牵引系统。

内燃机车的交-直牵引系统的原理如图1-6所示。柴油机直接驱动一台同步牵引发电机F。同步牵引发电机发出的三相交流电,经过硅整流器,把三相交流电整流成直流电,供给6台直流牵引电动机M使用,实现机车功率的传输。

同步牵引发电机是无整流子电机,结构简单。在功率相等的条件下,它的重量约为直流牵引发电机重量的一半。此外,同步牵引发电机不像直流牵引发电机那样,要受换向条件和机车空间的限制,还可以进一步加大功率。因此在采用直流牵引电动机的内燃机车上,采用交-直牵引系统是最佳的也是唯一的选择。

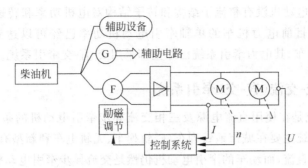

图 1-6 内燃机车交-直牵引系统示意图(以 2 台牵引电动机为例)

1.3.3 交流-直流-交流(交-直-交)牵引系统

交流异步牵引电动机较传统的直流牵引电动机具有结构简单、运行可靠、体积小、质量轻及造价低等一系列优点。人们为了利用这些优点,对采用交流异步牵引电传动的系统进行了长期的试验研究。但是,由于交流异步牵引电动机的调速困难,实现的方法复杂,因此在很长一段时期内交流异步牵引电动机未能在铁路机车的牵引系统上获得运用。

随着大功率半导体器件及电子技术的发展,20 世纪 70 年代采用晶闸管的变流(逆变)技术获得发展和应用,特别是 20 世纪 80 年代以来微型计算机技术的发展使牵引变流器得到飞速的发展和普遍的应用。自 20 世纪 90 年代以来国外的铁路牵引系统已经淘汰了交-直牵引系统,全部采用交流传动牵引系统。我国自 20 世纪 90 年代也开始研制干线电力机车的交-直-交牵引系统。

交-直-交牵引系统的结构如图 1-7 所示。牵引变压器输出的单相交流电经过四象限脉冲整流器整流成直流电,再经过可控硅逆变器,把直流电转换成可变频率的三相交流电,供给牵引电动机使用。由于在再生制动的工况下需要将能量反馈给电网,所以在实施电气制动时逆变器成为整流器,而整流器变成逆变器,我们将整个装置称为四象限变流器。由于该牵引系统中间存在一个直流环节,故称为交-直-交牵引系统,这就是与另一种交-交牵引系统的"区别"。在变流技术的发展过程中,曾经有一类变流装置称为交-交变频装置,即直接改变输入交流电源的频率实现交流牵引电动机的调速。但这种牵引系统的调速范围小,且有很大的局限性,再加上一些技术上的原因,现在轨道交通牵引领域内已经不再运用这种技术。

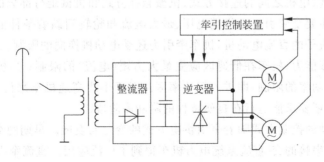

图 1-7 交-直-交牵引系统示意图

交流异步牵引电动机没有整流子结构和转子结构对电机功率和转速的限制,机车功率可以进一步提高。目前电力机车的单轴牵引电动机功率已经可以达到1600kW,速度在200km/h以上的列车,其电力牵引系统已经全部采用交-直-交牵引系统。

1.3.4 直流-交流(直-交)牵引系统

直-交牵引系统是在使用直流电源及三相交流异步牵引电动机的条件下所应用的牵引系统。这种牵引系统主要在城市地铁列车、轻轨列车、无轨电车和新型有轨电车上使用。其原因在于供电网为直流,而动车的牵引电动机仍然是交流异步牵引电动机。

图1-8为直-交牵引系统的示意图。动车由受电弓引入直流电,再经过逆变器将直流电转变成可变频率的三相交流电,供给三相交流异步牵引电动机使用。

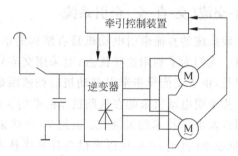

图1-8 直-交牵引系统示意图

综上所述,我们可以把电力牵引系统归为两大类:一类是采用直流牵引电动机的牵引系统,称为直流传动系统;另一类是采用交流异步牵引电动机的牵引系统,称为交流传动系统。这两类系统在使用的电子电气装置、控制的策略和方法以及实现的技术手段方面都有很大的不同,在系统的性能方面也有很大的差别。我们将在后续章节中分别进行介绍。

1.4 电力牵引传动的控制方式

电力牵引传动的控制方式是指为实现电传动机车启动、调速和制动特性要求的控制方式。机车在启动时希望有较大的牵引力,以得到较大的加速度或牵引更重的列车。但机车的牵引力(也包括制动力)受多种因素影响,如牵引电机本身的电气特性、电机的励磁方式、电机速度控制方式、电机之间的连接方式、机械悬挂方式和机械走行部分的结构等。机车所能发出的牵引力主要受牵引电动机端电压、最大电流和轮轨间黏着条件的限制。如果牵引电动机是机械整流子的直流电动机,机车牵引力还受电动机换向的限制。因此,为了发挥电力牵引设备的极限能力,机车在低速区应受最大力矩(电流)的限制;当机车加速到一定速度时,应受到最大功率的限制,即进入恒功率区。对于干线高速机车来说,为了给机车的高速运行留有裕量,还要求能运行在自然特性的降功率阶段。

电力牵引传动的控制方式随着牵引供电方式的变化而发展。早期的交流传动采用绕线式电机,通过转子串接的交-直流系统电力机车得到了广泛应用。直流牵引电动机在牵引工况下大多采用串励方式,也有采用他励和复励的情况,在制动工况下大多采用他励方式。其通过调压开关改变硅整流桥交流侧电压来改变牵引电动机的端电压,实现对机车的控制。

晶闸管（俗称可控硅）发明并获得应用以后，出现了"经济多段"可控硅相控机车。电机端电压可以获得无级调节，从而实现了电力机车的无级调速。为了更好地提高网侧的功率因数和减少谐波污染，1990年前后提出了以二极管整流桥加GTO斩波器来调节电机电流和校正功率因数的交-直-交电力机车控制方式。

采用直流供电方式的地铁列车和无轨电车，在直流传动控制系统的应用中，开始采用牵引电动机串并联切换加凸轮调阻的方式进行调控和控制。20世纪70年代，国外采用晶闸管代替凸轮进行斩波调阻在地铁车上开始普遍应用，实现了串联电阻无级调节。无论是凸轮调阻方案还是晶闸管调阻方案，牵引电动机的连接方式基本上都采用4台电机串联启动，启动完毕后进入到两串两并的工作状态。

1971年，首辆采用电力电子技术的DF-2500交流电传动内燃机车在联邦德国试验成功，开始了现代交流传动时代。现代交流传动的控制方式常见的有3种：转差频率控制、矢量控制、直接转矩控制。

转差频率控制的理论基础，是基于稳态下的电磁关系，实现了电动机调速控制过程中对电压、频率的平稳调节。其控制原理简单，易于实现。但该方法实施控制时难以保证系统获得良好的动态特性。

转子磁场定向矢量控制采用电机的动态模型，从理论上讲可获得理想的动态特性。根据转子磁场检测方式的不同，又可分为间接转子磁场控制和直接转子磁场控制两种。通过磁场定向方式，借助矢量变换，将交流电动机三相动态方程转化为旋转坐标系下的两相正交模型，从而将控制变量分解成磁链分量和转矩分量。由于其中采用了许多线性调节器，对磁场定向的精度要求较高，对系统参数辨识的精度要求也高，而且对系统参数变化敏感，所以实现起来有一定难度。

直接转矩控制以简明的物理过程为基础，不需要像矢量控制那样进行复杂的坐标转换计算，而是直接在定子坐标系中计算定子磁链与电机转矩，能极其方便地实现磁链与转矩的闭环控制，获得高动态响应的调速特性。但直接转矩控制方法在低速时受定子绕组电阻及转速测量的影响很大，而且在低速走六边形轨迹时，转矩脉动也很突出，且转矩频谱不断变化、不可预测。这使得变流装置的器件结温不易估算，从而影响到装置的优化设计。

为了提高轮轨之间的蠕滑率利用特性，改善黏着控制，一般希望1台电机接1台逆变器独立控制。国外有些干线交流传动列车已采用这种方式。但在地铁和轻轨交通的传动系统中，往往采用4台电机接1台逆变器或2台电机接1台逆变器的方式。

复习与思考题

1. 何谓电力牵引传动控制系统？
2. 综述电力牵引传动控制系统的发展历程。
3. 交流传动电力机车具有哪些优势？
4. 牵引供电主要有哪几种制式？单相工频交流电力牵引供电系统主要由哪几部分构成？
5. 电力牵引控制系统可分为哪几类？简要说明其原理。
6. 什么是电力牵引传动控制方式？常用的交流传动控制方式有哪几种？

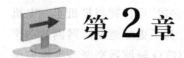

第 2 章

牵引理论基础

2.1 动轮与钢轨间的黏着与蠕滑

目前,绝大多数的轨道交通车辆属于钢轮钢轨式,运行的任何一种工况,都依赖于车轮和钢轨的相互作用力。

在钢轮钢轨式轨道交通车辆中,牵引动力由牵引电动机通过传动机构传递给轨道交通车辆的动力轮对(动轮),由车轮和钢轨的相互作用产生使轨道交通车辆运动的反作用力。根据物理学中关于摩擦的概念,轮轨之间的切向作用力就是静摩擦力,最大静摩擦力就是钢轨对车轮的反作用力的法向分力与静摩擦系数的乘积。但实际上,动轮与钢轨间的切向力的最大值比物理学上的最大静摩擦力要小,情况也更复杂。在分析轨道交通车辆的轮轨相互作用时,通常引入两个重要概念:"黏着"和"蠕滑"。

2.1.1 黏着

采用电传动方式的轨道交通车辆,由于能量变换方式简单,容易控制,因而得到广泛的应用。这种方式由牵引电动机通过传动机构,将电动机的转矩传递给列车(注:本章中的列车指机车及其车辆、高速电动车组、城市轨道交通车辆、磁悬浮列车。但磁悬浮列车不存在轮轨接触问题,因此本章中的列车不包括磁悬浮列车)轮对。这些传递电动机能量的列车轮对,称为动轮对。

图 2-1 所示为列车以速度 v 在平直线路上运行时,一个动轮对的受力情况(忽略内部各种摩擦阻力)。为了描述清晰,图中将动轮与钢轨分离。

G_i 为一个动轮对作用在钢轨上的正压力,又称为轮对的轴重。牵引电动机作用在动轮上的驱动转矩 T_i,可以用一对力形成的力偶代替。力 F'_i 和 F'_{ii} 分别作用在轮轴中心的 O 点和轮轨接触处的 O' 点,其大小为 $F_i = F'_i = T_i/R_i$,

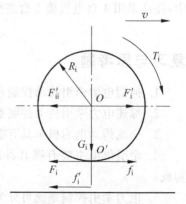

图 2-1 动轮对受力

R_i 为动轮半径。

在正压力 G_i 的作用下,车轮和钢轨的接触部分紧压在一起。切向力 F_i 使车轮上的 O' 点具有向左运动的趋势,由于作用力 G_i 及轮轨接触处摩擦的作用,车轮和钢轨间产生静摩擦力,f_i 为钢轨作用于车轮的力,其反作用力 f_i' 为车轮作用于钢轨的力,显然 $f_i'=f_i$。当车轮与钢轨间未产生滑动时,车轮上 O' 点受到两个相反方向的力 F_i 和 f_i 的作用,并且

$$f_i = F_i \tag{2-1}$$

这时,O' 点保持相对静止,轮轨之间没有相对滑动,在力 F_i' 的作用下,动轮对绕 O' 点作纯滚动运动。动轮与钢轨接触处,由于正压力而出现的保持轮轨接触处相对静止而没有滑动的现象称为黏着。黏着状态下的静摩擦力 f_i 称为黏着牵引力。

2.1.2 蠕滑

分析牵引工况下轮轨接触处的弹性变形(见图 2-2),可以进一步深化对黏着的认识。

在动轮正压力的作用下,轮轨接触产生弹性变形,形成椭圆形的接触面。从微观上看,两接触面是粗糙不平的。由于切向力 F_i 的作用,动轮的粗糙接触面产生新的弹性变形,接触面间出现微量滑动,即"蠕滑"。

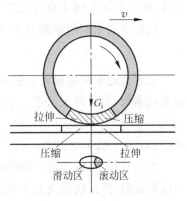

图 2-2 牵引工况下轮轨接触处的弹性变形

蠕滑的产生是由于在车轮接触面的前部与钢轨拉伸的金属相接触。随着动轮的滚动,车轮上原来被压缩的金属陆续得到放松,并被拉伸,而钢轨上原来被拉伸的金属陆续被压缩,因而在接触面的后部出现滑动。

轮轨接触面存在两种不同状态:接触面的前部,轮轨间没有相对滑动,称为滚动区,在图 2-2 中用阴影线表示;接触面后部轮轨间有相对滑动,称为滑动区。这两个区域的大小随切向力的变化而变化。当切向力增大时,滑动区面积增大,滚动区面积减小。当切向力增大超过一定程度时,滚动区面积为 0,整个接触面间出现相对滑动,轮轨间的黏着被破坏,即出现空转。

蠕滑是滚动体的正常滑动。动轮在滚动过程中必然会产生蠕滑现象。伴随着蠕滑产生静摩擦力,轮轨之间才能传递切向力。由于蠕滑的存在,牵引时动轮的滚动圆周速度将比其前进速度高。这两种速度的差值称为蠕滑速度,用蠕滑率 σ 表示蠕滑的大小

$$\sigma = \frac{\omega R_i - v}{v} \tag{2-2}$$

式中:v——动轮的前进速度;
ω——动轮转动的角速度。

轮轨间由于干摩擦产生的切向力(蠕滑力)反过来作用于驱动机构。随着切向力的增大,驱动机构内的弹性应力也增大。当切向力达到极限摩擦时,由于蠕滑的积累而涉及整个接触面,使之发展成为真滑动,能量将被用来加速车轮本身,这时驱动机构内的弹性应力被解除。因为车轮的惯性和驱动机构的弹性,而在轮轨间建立起黏滑振动。这种振动导致"滑动-黏着-再滑动-再黏着"的反复振荡过程,一直持续到重新在驱动机构中建立起稳定的弹性应力为止。

2.2 牵引力的形成及限制

2.2.1 牵引力的形成

由图 2-1 可知,由于轮轨间存在黏着,静止的动轮受驱动转矩 T_i 作用后,在动轮的 O' 点受到大小相等、方向相反的切向力 F_i' 和黏着力 f_i。O' 点保持相对静止,成为动轮的瞬时转动中心。作用在轮轴中心 O 的力 F_i' 将使动轮绕点 O' 转动,引起轴承对轮轴的水平反作用力 F_{ii}'。只要驱动转矩 T_i 足够大,动轮即绕瞬时转动中心 O' 转动,瞬时转动中心沿钢轨不断前移,轨道交通车辆产生平移运动。

从整个轨道交通车辆看,驱动转矩归算到轮心的作用力 F_i' 和轴承对轮轴的反作用力 F_{ii}' 是一对内力,而钢轨对动轮的摩擦反作用力 f_i 是动轮受到的唯一水平外力。只有 f_i 的存在,轨道交通车辆才有可能产生平移运动,故这个外力称为动轮的轮周牵引力。

轨道交通车辆的轮周力 F 为轨道交通车辆各动轮的轮周牵引力之和,即

$$F = \sum f_i \tag{2-3}$$

轨道交通车辆的轮周牵引力部分克服轨道交通车辆的各种阻力,其余通过转向架、车体传递到车钩,牵引列车前进。车钩上的那部分牵引力称为车钩牵引力,以 F_w 表示,则

$$F_w = F - \omega' \tag{2-4}$$

式中:ω'——机车总阻力。

由上可知,轨道交通车辆的牵引力是动轮受驱动转矩作用后形成的。因为驱动转矩是可以控制的,因而轨道交通车辆的牵引力可以受司机的控制。

2.2.2 黏着对牵引力的限制

如上所述,调节牵引电动机转矩的大小,可以改变切向力 F_i' 的值,只要黏着没有破坏,就可以得到不同的轮周牵引力,所以轨道交通车辆所能实现的最大牵引力受黏着条件的限制。由黏着条件决定的最大黏着力,也就是动轮不空转所能实现的最大牵引力,称为轨道交通车辆的最大黏着牵引力,用 F_{max} 表示,其值为 $F_{max} = \mu_{max} G$,其中 μ_{max} 为轨道交通车辆的最大黏着系数,G 为轨道交通车辆的黏着重力。

轨道交通车辆的黏着重力的常用单位为吨力(9.8kN),简称为吨(t),与轨道交通车辆黏着质量之间的关系为 $G = P_\mu g$,则有

$$F_{max} = \mu_{max} P_\mu g \tag{2-5}$$

式中:P_μ——轨道交通车辆黏着质量,t;
g——重力加速度,m/s²。

轨道交通车辆牵引力的单位为 N 或者 kN,式(2-5)中的牵引力为 kN。当轨道交通车辆各动轴中的驱动转矩归算到轮缘的作用力超过黏着牵引力时,黏着条件相对最差的动轴首先发生空转,轨道交通车辆的牵引力立即下降。

因为每轴的正压力,亦称为轴重,受到钢轨、路基、桥梁等限制,所以欲增加轨道交通车辆的牵引力,一般是增加轨道交通车辆的动轴数。

2.2.3 黏着系数的影响因素及计算黏着系数

1. 黏着系数的影响因素

轨道交通车辆的黏着质量确定之后,实际能够得到的最大牵引力,取决于动轮与钢轨间黏着系数 μ。

轨道交通车辆在运行中,影响动轮与钢轨间黏着系数的因素很多,主要有以下几种。

1) 动轮踏面与钢轨表面的状态

干燥清洁的动轮踏面与钢轨表面黏着系数高,冰、霜、雪等天气的冷凝作用或小雨使轨面黏着系数降低,大雨冲刷、雨后生成的薄锈使黏着系数增大,油垢使黏着系数减小。在钢轨上撒砂能较大幅度地提高黏着系数。图 2-3 为干燥钢轨与潮湿钢轨黏着系数的变化情况,该图是法国国铁的试验结果,图中实线为计算平均值。不同轨道的黏着系数不同,需要经多次试验后计算其平均值。图 2-4 是日本 JR、JNR、营团等城市轨道及日本新干线干燥与潮湿时的黏着特性曲线。

显然,黏着系数受轨面状态的影响很大。

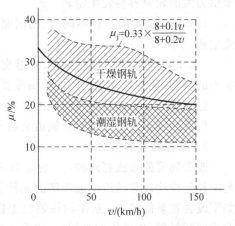

图 2-3 黏着系数与轨面状态的关系

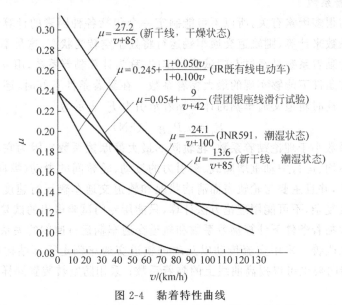

图 2-4 黏着特性曲线

2) 线路的质量

钢轨越软或道砟的下沉量越大,黏着系数越小,钢轨不平或直线地段两侧钢轨顶面不在同一水平,动轮所处位置的轨面状态不同,黏着系数减小。

3) 轨道交通车辆运行速度和状态

轨道交通车辆运行速度增高,加剧了动轮对钢轨的纵向和横向滑动即轨道交通车辆振动,使黏着系数减小。特别是轮轨表面被水污染的情况下,黏着系数随车辆运行速度的增加而急剧下降。

轨道交通车辆运行中由于各种因素导致的轴重转移,也影响黏着系数。如轨道交通车辆通过弯道时,会造成黏着系数大幅降低,曲线半径越小,黏着系数降低越多。

牵引与制动工况对黏着系数也有影响,牵引时的黏着系数比制动时要大一些。

4) 轨道交通车辆有关部件的状态

(1) 各动轴上牵引电动机的特性不完全相同,在同一运行速度下发出的轴牵引力不同,牵引力大的轮对容易发生空转。

(2) 每个动轮的直径不同,在相同驱动转矩时,直径小的动轮发出的力大,容易首先发生空转。

(3) 每个动轮的动负荷不同,轨道交通车辆运行中因车钩的作用以及弹簧悬挂和线路状态的影响,使得各动轮之间的负荷重新分配,动负荷轻的动轮首先空转。

空转必然导致动轮与钢轨间的黏着系数减小。

以上所述 4 种情况都导致轨道交通车辆的黏着系数减小。

2. 改善黏着的方法

改善黏着的方法有两种:一种是修正轮轨表面接触条件,改善轮轨表面不清洁的状态;另一种是设法改善轨道交通车辆的悬挂系统,以减轻轮对减载带来的不利影响。通常采用如下改善黏着的措施:从车辆往钢轨上撒干砂,用机械或化学等方法清洗钢轨、打磨钢轨,改进闸瓦材料,如采用增黏闸瓦,改善轨道交通车辆悬挂,减小轴重转移。

3. 计算黏着系数

黏着系数与很多因素有关,所以不可能制定一个包括各种因素的计算公式。牵引计算若按最大黏着系数来计算,则轨道交通车辆运行将处于空转的状态,这是不允许的。因而牵引计算中采用的黏着系数是经过专门试验制定的,称为计算黏着系数,用 μ_j 表示,它是轨道交通车辆在通常条件下能够实现的最大黏着系数。在黏着条件不好时,还必须采用撒砂等措施改进黏着。这时轨道交通车辆的计算黏着牵引力 F_j 表示为

$$F_j = \mu_j P_\mu g \quad (kN) \tag{2-6}$$

计算黏着系数小于理论黏着系数(轮轨间的最大静摩擦系数),因为它考虑了列车轴重和牵引力分配不均、运行中轴重增减载、牵引力的波动、轮轨间的滑动(纵向的和横向的)等不利因素的影响,并且主要与轮轨表面清洁状况和轨道交通车辆运行速度有关。计算黏着系数的影响因素复杂,不可能用理论方法计算,只能用专门试验得出的试验公式表达。试验公式表示在正常黏着条件下计算黏着系数和轨道交通车辆运行速度的关系。黏着条件不好时可以用撒砂来改善。采用交流传动以及改进轨道交通车辆走行部结构可以提高黏着系数;采用径向转向架也可以提高曲线上的黏着系数;采用防空转装置同样可以提高黏着系数的利用程度。

黏着系数是轨道交通车辆运行速度的函数,与机车的结构有关。各国铁路根据自己的具体情况,各自采用自己的计算公式。我国采用的公式为

$$干燥: \mu_s = 0.0624 + \frac{45.6}{260+v}, \mu_0 = 0.24 \tag{2-7}$$

$$潮湿: \mu_s = 0.0405 + \frac{13.55}{120+v}, \mu_0 = 0.15 \tag{2-8}$$

式中:v——轨道交通车辆运行速度,km/h。

2.3 制动力的产生

2.3.1 制动力的概念及制动方法

为了降低列车运行速度或停车,利用制动装置产生与列车运行方向相反的外力,称为制动力。

制动方法可分为以下3类。

(1) 摩擦制动:包括闸瓦制动和盘式制动。

闸瓦制动是将制动缸的力,通过一套制动杠杆传动系统传给闸瓦,并通过闸瓦压在轮对的踏面上产生机械制动力,这种制动方式会引起轮对与闸瓦的磨损,需要经常更换闸瓦。

盘式制动是由数字式电控制动系统或电子模拟式无级制动系统控制压缩空气,对盘式制动器实施制动或缓解。

(2) 电气制动:包括电阻制动和再生制动。

电气制动是利用电机的可逆性,在制动工况时把牵引电动机变为发动机,将列车的动能转化为电能。这时,牵引电动机轴上的反转力矩作用在动轮上形成电制动力,称为电气制动。采用这种制动方法可以提高列车的运行速度,降低轮对与闸瓦的磨损。

如果利用电阻使电气制动时牵引电动机所产生的电能转化为热能散发掉,称为电阻制动或能耗制动。如果将电能重新反馈回电网重新加以利用,就称为再生制动或反馈制动。

摩擦制动和电气制动产生的制动力,同牵引力一样,都是通过轮轨黏着产生的。

(3) 电磁制动:包括磁轨制动和涡流制动。

磁轨制动是将电磁铁落在钢轨上,并接通激磁电流将电磁铁吸附在钢轨上,通过磨耗板与轨面摩擦产生制动力。

涡流制动是将电磁铁落至距轨面7~10mm处,电磁铁与钢轨间的相对运动引起电涡流作用形成制动力。

电磁制动的最大优点是所产生的制动力不受轮轨间黏着条件的限制。

2.3.2 制动力的产生

摩擦制动和电气制动都是通过轮轨黏着产生制动力。下面以闸瓦制动为例,说明通过轮轨黏着产生制动力的过程。

图2-5是一个轮对利用闸瓦制动产生制动力的示意图。

假设一个轮对上有两块闸瓦,在忽略其他各种摩擦阻力的情况下,轮对在平直轨道上滚动惰行。

若每块闸瓦以力K压向车轮踏面,闸瓦与踏面间引起与车轮转动方向相反的滑动摩擦力$2K\Psi_K$(Ψ_K为动轮与闸瓦间的滑动摩擦系数)。对于列车来说,此摩擦力是内力,不能使列车减速,可是它通过与轮轨间的黏着,引起与列车

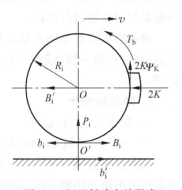

图2-5 闸瓦制动力的形成

运行方向相反的外力,实现列车的减速。

摩擦力对车轮的作用,相当于制动转矩 T_b:

$$T_b = 2K\Psi_K R_i \tag{2-9}$$

利用类似牵引力形成的分析方法,转矩可以用轴心和轮轨接触处的力偶(B_i、B_i')来代替。作用力 $B_i = B_i' = T_b/R_i = 2K\Psi_K$。轮轨接触处因轮对的正压力 P_i 而存在黏着,切向力 B_i 引起钢轨对车轮的静摩擦反作用力 b_i, $b_i = B_i = 2K\Psi_K$。b_i 作用在车轮踏面的 O' 处,作用方向与列车运行方向相反,是阻止列车运行的外力,称为制动力。制动力 b_i 也是轮轨间的黏着力,因而也受到黏着条件的限制,即

$$b_i \leqslant \mu_b P_i \tag{2-10}$$

式中:P_i——轮对的轴重;

μ_b——制动时轮轨间的黏着系数。

整个列车总的闸瓦制动力为所有轮对闸瓦制动力之和,即

$$B = \sum b_i \tag{2-11}$$

制动力的大小可以采用加减闸瓦压力来调节,但不得大于黏着条件所允许的最大值,否则车轮被闸瓦"抱死",车轮与钢轨间产生相对滑动,车轮的制动力变为滑动摩擦力,数值立即减小,这种现象称为"滑行"。滑行时制动力大为降低,不仅制动距离增加,还会擦伤车轮与钢轨的接触面,因此应尽量避免。

电气制动与摩擦制动的不同之处在于其制动转矩是由牵引电动机产生的,而制动力同样是通过轮轨黏着产生的,同样应尽量避免出现"滑行"现象。

2.4 空转与滑行的产生及黏着的控制

2.4.1 空转与滑行的产生及防止

1. 空转与滑行的产生

当轮对的牵引力大于最大黏着力时,轮对就会产生空转。空转时轮对的转速迅速上升,如果任其发展往往可能在数秒或略长时间内超出构造速度,这样不仅使牵引力下降,而且由于高速空转使轮对的踏面严重擦伤。若是带有轮箍结构形式的轮对,还会导致轮箍因过热而松动脱落,同时牵引电动机转子绕组也可能因离心力过大而飞散"扫膛",引起重大事故。因此必须对空转进行保护。

城市轨道交通车辆在制动时,当制动力过大,以至于破坏了黏着,使轮对"抱死"时,不仅会造成滑行,增加制动距离,还会擦伤轮对的踏面和轨面,因此也必须采取措施对滑行加以保护。

2. 防空转设计

1) 主电路防空转设计

(1) 牵引电动机全并联结构

当两台串励牵引电动机串联连接时,在恒电压下如果一台电动机发生空转,则流过两台电动机的电流会快速下降,即磁通快速减小,转速进一步上升,加剧了空转。而两台串励牵引电动机并联连接时,就不会产生这种电压转移的现象,从而改善防空转性能。

(2) 采用机械特性更硬的牵引电动机

机械特性硬的牵引电动机,负载大幅度变化时转速变化很小,电动机的转速略有上升就会引起转矩的大幅变化,因而具有良好的防空转性能。

2) 传动系统防空转设计

(1) 采用单电机转向架传动系统。

(2) 机械走行部采用低位牵引,以及采用合适的悬挂系统等措施。

2.4.2 黏着控制的意义及分类

1. 黏着控制的意义

黏着控制是通过控制来实现轮轨之间黏着力的最佳利用。黏着控制装置的主要作用是优化黏着力的利用。为此,必须及早判别空转、打滑极限值的出现,可靠地避免空转(牵引时)和打滑(制动时)现象。在出现诸如轨面状态变化的情况下,应当要求电动机发出的转矩迅速与之相适应,保证在牵引和制动运行中,车轮和钢轨的摩擦最大,防止出现颤振现象,因为激烈的颤振会引起齿轮传动装置、轴承、轮轴的损坏。

直流传动系统大多采用串励直流牵引电动机,机械特性为很软的双曲线,当电机转速上升时,转矩变化不大,所以不利于空转的自恢复,一旦发生空转,要依靠黏着控制系统造成短时的硬特性,适时恢复黏着,以提高城市轨道交通车辆的黏着利用。

从机械特性上讲,采用交流传动的城市轨道交通车辆并非自然具有高黏着性能。虽然频率给定的交流电机相当于电压给定的直流他励电动机一样,有硬的机械特性,一旦轮对发生空转就相当于空载,电机立即卸载,从而使轮对飞转不起来,但只靠这种自然硬特性并不能提高黏着性能。所有的交流传动城市轨道交通车辆都是依靠黏着控制系统来保证黏着特性的。

因此,在城市轨道交通车辆的控制系统中一般都设置黏着控制系统——防空转与防滑行保护系统,使轮轨黏着运用到接近最大值而不超过最大值,或稍有超过立即拉回来,从而使城市轨道交通车辆的黏着利用率提高,也就提高了平均牵引力。

2. 黏着控制分类

1) 按控制类型分

目前,国内外常见的黏着控制系统有校正型和蠕滑率控制型两种。

(1) 校正型黏着控制系统

当机车发生空转时会产生如下信号:

① 空转轮对转速不正常地大幅度上升(较大的 dn/dt);

② 空转牵引电动机电流不正常地大幅度下降(较大的 di/dt);

③ 串联电路中一台电动机的端电压迅速上升,而另一台迅速下降(有较大的 du/dt);

④ 轮对空转前有一定频率的扭振。

控制系统是通过检测装置测得上述信号的。当动轮牵引力一旦超过黏着值,空转或空转趋势达到一定程度时,控制系统快速并大大减小动轮驱动转矩,使空转得到迅速的控制,进入再黏着恢复区后,又迅速恢复牵引力;当回升到空转前转矩的一定百分比时,再以缓慢的速率增长,以便寻找下一个黏着极限点。采用这种短时超越黏着最大值,又控制空转发展的简单办法,可使轮轨经常运行在高黏着区,而每次校正减小造成的牵引力损失都减小到最小。

(2) 蠕滑率控制型黏着控制系统

利用安装在城市轨道交通车辆底部的分米波无线电雷达,经过一个较复杂的频谱分析的数据处理系统,能得到精度在1%以内的城市轨道交通车辆平移速度,再将每个轮对的转速与之比较,可以得出蠕滑率值,再根据各电动机电流(相当于轮轨驱动力),测量出蠕滑特性梯度,判断是接近还是远离最大黏着值。通过快速但幅度较小的牵引力校正使轮对接近最大黏着值,又不超越到空转的不稳定区,只有当轨面黏着突然大幅度降低时才深度减载一次。虽然系统较复杂,但平均黏着利用比校正型可提高10%~20%。

对于城市轨道交通车辆而言,其主要要求是动车具有良好的防空转和防滑行性能,因此大多采用校正型的控制系统,只要检测到空转(或滑行),就及时减少牵引力(或减少制动力)。

2) 按控制对象分

按控制对象分,黏着控制有集中控制和分散控制两种。

集中控制:是一个黏着控制系统控制整台机车的动轴。

分散控制:也叫单轴控制,每一根动轴单独控制。

从黏着控制角度讲,牵引电动机的分散控制比集中控制效果好得多。尤其是采用校正型黏着控制系统时,因为需要不断地自行寻找黏着最大值,当高黏着运用时要不断地产生校正削弱过程,造成牵引力波动。当某一轮对发生空转时,集中控制将引起全车牵引力波动,平均牵引力也不可能提高;对于分散控制,效果明显改善,单轴控制最好,牵引力波动小,平均黏着利用高,也不必从机械设计方面考虑轴重转移的影响,其缺点是主控电路复杂,成本较高。

3) 按控制的发展历程分

按控制的发展历程分,黏着控制方法分为传统型和现代型两种。传统型黏着控制的主要方法是在空转和滑行发生后,通过消减电动机转矩来实现黏着利用,其一般过程如下:

(1) 根据轮对间速度差、轮对的加速度及加速度的变化率,检测空转或滑行的发生。

(2) 在检测到空转或滑行后,根据空转或滑行的程度,减小电动机转矩值并维持一定的时间,以消除空转或滑行。

(3) 在空转或滑行结束后,按一定时间常数的指数规律,逐渐地增加电动机转矩,直至达到空转或滑行时电动机转矩值的80%。

(4) 在一定的时间内,保持电动机转矩不变。

(5) 如果在电动机转矩不变的时间内未发生空转或滑行,则在保持时间结束后,按一定时间常数的指数规律继续增加电动机转矩,直至达到由司机手柄给出的电动机转矩给定值。如果再次发生空转或滑行,则按照步骤(2)处理。

由于传统的黏着控制方法一方面需要大幅度地减小电动机转矩以消除已经发生的空转或滑行,另一方面又需要缓慢地增加电动机转矩以防止空转或滑行的再次发生,这样,黏着工作点常常远离峰值点,黏着利用率因而一般较低。

现代黏着控制方法的显著特点是能够自动搜索黏着峰值点,并使黏着工作点保持在黏着峰值点附近,从而能够获得较高的黏着利用率。

2.5 牵引运行及特性

2.5.1 列车运行过程

列车运行过程是一个非常复杂的控制过程,它与牵引供电、行车信号、线路断面、各种限速、列车编组、列车牵引/制动性能以及司机自身的驾驶经验等多种因素密切相关,控制目标包括安全正点和高速度、大密度运行,并需充分考虑乘车舒适性、停车精度、能量消耗等多个方面,其控制系统是典型的滞后、非线性、多目标的复杂系统。其核心问题是针对不同的运行环境实时地控制列车的牵引/制动力,达到控制目标。因此,对列车运行过程进行数学描述是研究和分析列车牵引控制的基础。

列车在具有坡道和弯道的轨道上是靠车辆的黏着牵引力行驶的,从物理意义上讲类似于蛇行运动。假设坡道的长度远远大于列车的长度,那么可以将列车看作一个质点,其运动方程可表示为

$$\frac{dv}{dt} = \xi \cdot c \tag{2-12}$$

$$\frac{ds}{dt} = v \tag{2-13}$$

$$J = \int_0^T p(t) dt \tag{2-14}$$

式中:c——作用于列车上的单位合力,N/kN;

ξ——加速度系数,$\xi = \dfrac{0.00981}{1+\gamma}$,其中 γ 为回转质量系数,一般取 0.06;

J——列车能耗,J;

$p(t)$——列车单位时间的能耗,kW;

T——整个行程所用的时间,s;

v——列车运行速度,m/s;

s——列车走行距离,m;

t——列车运行时间,s。

式(2-12)~式(2-14)是以时间 t 为独立变量的函数,而坡道、限制速度等是距离的函数,若以距离为独立变量,则上述 3 个公式可分别写成

$$\frac{dv}{ds} = \frac{\xi \cdot c}{v} \tag{2-15}$$

$$\frac{dt}{ds} = \frac{1}{v} \tag{2-16}$$

$$J = \int_0^s \frac{\rho(s)}{v} ds \tag{2-17}$$

式中:$\rho(s)$——列车单位距离的能耗,kW;

s——整个行程列车行走距离,m。

以距离为变量的数学模型更适合列车运行的计算和仿真。

列车的运行工况可分为牵引、惰行和制动,运行工况不同,作用于列车上的合力也不相同。

由于 $f(v)$、$\omega_0(v)$(列车单位基本运行阻力见 2.5.2 节)都是速度 v 的函数,$g(s)$ 是距离 s 的函数,c 是速度 v 的函数,且不同工况下 c 的表达式不同,因此,由式(2-12)~式(2-17)可知速度和距离的关系是非线性函数,为了表述方便将列车运动方程描述为

$$v\frac{\mathrm{d}v}{\mathrm{d}s}=F(v,s)=\xi(f(v)-\omega_0(v)-g(s)) \tag{2-18}$$

从列车运动的数学模型可以看出,列车运行速度主要由列车的牵引/制动力、列车运行的基本阻力和附加阻力决定。

以整列车作为一个质点进行计算和以列车的每节车厢为质点进行计算,虽然区间运行时的误差很小,但是,这样计算出来的列车在区间上运行的速度曲线与实际运行情况相差甚远,因此,在实际中都是以列车的每节车厢为质点,建立多质点模型进行计算。

2.5.2 列车阻力

列车阻力分为列车运行的基本阻力和附加阻力。附加阻力是由线路坡道、曲线、桥梁隧道等线路条件决定的。

1. 列车运行基本阻力的产生

列车运行的基本阻力是零部件之间、列车表面与空气之间、车轮与钢轨之间的摩擦和冲击产生的,包括列车的机械阻力(如轴承的摩擦阻力、车轮的滚动阻力、轮轨之间的滑动阻力、冲击振动引起的阻力等)和空气阻力。

影响基本阻力的主要因素是运行速度。大量试验表明:机械阻力与运行速度成正比,而空气阻力与速度的平方成正比。因此,低速时,基本阻力的 90% 来自轴承摩擦力和滚动阻力;速度提高后,轮轨间的滑动摩擦、冲击和振动、空气阻力占的比重也随之逐渐增大,速度达到 120km/h 时,空气阻力占 50%;高速时,则以空气阻力为主,速度达到 200km/h 时,空气阻力约占 80%,速度达到 300km/h 时,空气阻力占 95% 以上。

2. 列车运行基本阻力的计算

从上面分析可知,列车运行基本阻力与列车的外形、结构、技术状态、编组与牵引质量、线路情况、气候条件、列车运行速度等因素密切相关。这些因素极为复杂,甚至相互矛盾,实际运用中很难用理论公式进行精确的计算,常常使用大量的经验公式来计算列车运行的基本阻力,其表达式为

$$W_0=(a+bv+cv^2)Mg \tag{2-19}$$

式中:W_0——列车运行基本阻力,N;

M——牵引质量,t;

v——列车运行速度,km/h;

g——重力加速度,m/s²;

a、b、c——与机械阻力相关的系数。

列车阻力通常以单位阻力来表示,即

$$w_0(v)=\frac{W_0}{M} \tag{2-20}$$

下面给出几种典型列车运行的基本阻力。

CRH$_1$ 型动车组运行的基本单位阻力为

$$w_0(v) = 5.2 + 0.0252v + 0.000677v^2 \quad (\text{N/t}) \tag{2-21}$$

CRH$_2$ 型动车组运行的基本单位阻力为

$$w_0(v) = 8.63 + 0.07295v + 0.00112v^2 \quad (\text{N/t}) \tag{2-22}$$

CRH$_3$ 型动车组运行的基本单位阻力为

$$w_0(v) = 7.75 + 0.062367v + 0.00113v^2 \quad (\text{N/t}) \tag{2-23}$$

CRH$_5$ 型动车组运行的基本单位阻力为

$$w_0(v) = 6.796 + 0.062v + 0.00143v^2 \quad (\text{N/t}) \tag{2-24}$$

HXD$_1$ 型电力机车运行的基本单位阻力为

$$w_0(v) = 1.4 + 0.00038v + 0.0003v^2 \quad (\text{N/t}) \tag{2-25}$$

HXD$_2$ 型电力机车运行的基本单位阻力为

$$w_0(v) = 0.84 + 0.0012v + 0.000313v^2 \quad (\text{N/t}) \tag{2-26}$$

HXD$_3$ 型电力机车运行的基本单位阻力为

$$w_0(v) = 1.67 + 0.002v + 0.000243v^2 \quad (\text{N/t}) \tag{2-27}$$

2.5.3 列车牵引特性

牵引特性(含动力制动特性)是列车最重要的特性,用列车轮缘牵引/制动力与轮缘线速度的关系曲线表示,是计算列车牵引与制动性能最重要的原始数据。列车要求恒牵引力启动、恒功率运行,其牵引特性曲线如图 2-6 所示,图中 A 点是恒功率转换点,$v_{\max}$ 是列车运行的最高速度。列车的牵引/制动功率决定列车的牵引特性,列车的牵引力与功率的关系为

$$F_k = \frac{P_k \times 3.6}{v_k} \tag{2-28}$$

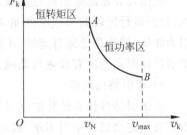

图 2-6 列车牵引特性示意图

式中:F_k——轮周牵引力,kN;
P_k——列车牵引功率,kW;
v_k——列车运行速度,km/h。

1. 牵引功率的计算

列车牵引功率主要与列车运行最高速度、牵引质量、最高速度时的列车运行阻力和剩余加速度等有关,其计算公式为

$$P_k = \frac{(Mw_0 + (1+\gamma)M \times 10^3 \times \Delta a)v_{\max} \times 10^{-3}}{3.6} \tag{2-29}$$

$$P_d = \frac{P_k}{\eta_{\text{Gear}} \eta_{\text{MM}}} \tag{2-30}$$

式中:Δa——剩余加速度,m/s;
$v_{\max}$——列车运行的最大速度,km/h;
P_d——列车电机总功率;
η_{Gear}——齿轮传动效率;
η_{MM}——牵引电机效率。

牵引电动机的功率为总功率除以列车电动机的总台数 N，即 $P_\mathrm{M}=\dfrac{P_\mathrm{d}}{N}$。

为保障列车安全运行必须满足上述技术条件。在确定牵引功率时还必须考虑传动效率、最大坡道上的最低运行速度、故障运行时的要求等多种因素的综合影响，在确定牵引功率时一般要略高于上述技术条件的规定。

2. 牵引特性的计算

牵引特性的计算是设计列车牵引/制动性能的基础，也是进行列车设计必需的基础工作，还是进行列车运输组织、确定运输时间间隔和运行图的重要基础数据，也是列车运用部门和列车乘务员操纵列车的依据。计算牵引特性一般分为以下几个步骤。

1）确定最高速度时的列车牵引力

将确定后的城市轨道交通车辆牵引功率、最大运行速度代入式(2-26)即可求出最高速度时的牵引力，即

$$F_\mathrm{k}(v_{\max})=\frac{3.6P_\mathrm{k}}{v_{\mathrm{kmax}}} \tag{2-31}$$

2）确定列车启动牵引力

根据列车启动最大加速度和启动平均加速度的要求确定启动牵引力。

3）确定恒牵引力、恒功率运行的转折点

根据启动牵引力与恒功率曲线，求出其相交点即为恒牵引力、恒功率运行的转折点。

4）牵引特性仿真计算

根据计算出的牵引特性曲线，针对相应的线路根据列车运行方程进行列车运行模拟仿真，得到运行区段的列车速度-距离曲线、运行时分、加速度/减速度-时分曲线、能耗曲线、牵引力曲线、坡道最低运行速度、不同线路坡度的加速距离和制动距离、故障模拟运行结果等牵引计算要求的所有参数与曲线。

5）牵引特性校验

将牵引特性仿真计算的结果与列车牵引运行的技术要求进行对比分析，并进行必要的修正直至完全满足牵引需求，最终设计出列车的牵引/制动特性曲线。

需要验证的技术参数主要包括以下几种：

(1) 满功率平直轨道最大速度运行时的剩余加速度验算。

(2) 启动时的加速度和平均加速度验算。

(3) 不同坡道上的爬坡能力验算。

(4) 故障运行时的牵引能力验算。

(5) 最大坡度满功率运行时的最低速度验算。

(6) 加速距离和制动距离的验算。

列车动力制动特性的计算与牵引特性计算相同。

3. 列车牵引特性的特点

(1) 低速区牵引力恒定或随速度升高而略有下降，与高速区列车的黏着特性随速度的变化趋势相适应。

(2) 高速区为列车牵引特性恒功率曲线，牵引力随速度升高而呈双曲线关系下降，这一点与普通内燃、电力的恒功率牵引特性曲线是相似的，对于最高运行速度为300km/h的动

车组,恒功率范围起点多在100km/h以上。

(3) 如采用动力分散牵引模式,在正常轨面状态下,启动及低速区范围时的牵引力低于黏着限制曲线较多。因此,在动车组的牵引特性曲线图中黏着特性曲线通常是不画出来的。

(4) 在动车组的牵引特性曲线上通常不标注最低持续速度。因为在全功率下,即便在20‰以上,甚至接近30‰的坡道上,列车的运行速度仍然在恒功率区范围内,牵引电动机的散热能力仍在允许范围之内,换言之,在正线运行时(坡道12‰以下)不会出现全功率低速持续运行的工况。

典型动车组的牵引特性曲线如图2-7所示,典型货运电力机车的牵引特性曲线如图2-8所示。

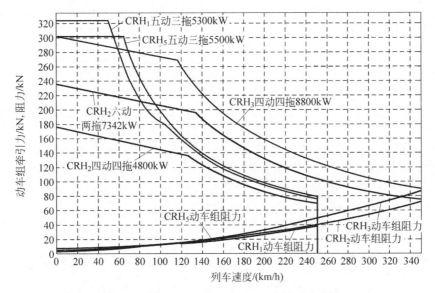

图 2-7　CRH_1、CRH_2、CRH_3、CRH_5 型动车组的牵引特性曲线

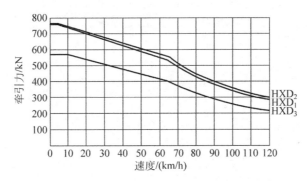

图 2-8　HXD_1、HXD_2、HXD_3 型电力机车的牵引特性曲线

复习与思考题

1. 何谓黏着、黏着牵引力、轮周牵引力、车钩牵引力、黏着重力、轴重、计算黏着系数、计算黏着牵引力?

2. 城市轨道交通车辆在运行中，影响动轮与钢轨间黏着系数的因素主要有哪些？
3. 何谓制动力？列车制动方法有哪些？
4. 列车运行基本阻力是由哪些因素产生的？
5. 什么是列车的牵引特性？牵引特性有何作用？
6. 计算牵引特性一般分为哪几个步骤？
7. 列车牵引特性有哪些特点？

第 3 章

电力牵引控制系统常用的电力电子器件

3.1 普通晶闸管

晶闸管(thyristor)是硅晶体闸流管的简称,俗称可控硅(SCR),其正式名称是反向阻断三端晶闸管。除此之外,在普通晶闸管的基础上还派生出许多新型器件,包括工作频率较高的快速晶闸管(fast switching thyristor,FST)、反向导通的逆导晶闸管(reverse conducting thyristor,RCT)、两个方向都具有开关特性的双向晶闸管(TRIAC)、门极可以自行关断的晶闸管(gate turn off thyristor,GTO)、门极辅助关断晶闸管(gate assisted turn off thyristor,GATO)及用光信号触发导通的光控晶闸管(light triggered thyristor,LTT)等。

3.1.1 晶闸管的结构与工作原理

晶闸管的外形及图形符号如图 3-1 所示。晶闸管是三端四层半导体开关器件,共有 3 个 PN 结:J_1、J_2 和 J_3,如图 3-2(a)所示,其电路符号见图 3-2(b),图中 A(anode)为阳极,C(cathode)为阴极,G(gate)为门极或控制极。若把晶闸管看成由两个三极管 $T_1(P_1N_1P_2)$ 和 $T_2(N_1P_2N_2)$ 构成,见图 3-2(c),则其等值电路可表示成图中虚线框内的两个三极管(见图 3-2(d))。对三极管 VT_1 来说,P_1N_1 为发射结 J_1,N_1P_2 为集电结 J_2;对三极管 VT_2 来说,P_2N_2 为发射结 J_3,N_1P_2 为集电结 J_2,因此 $J_2(N_1P_2)$ 为公共的集电结。当 A、C 两端加正电压时,J_1、J_3 结为反偏置,中间结为正偏置。晶闸管未导通时,加正电压时的外加电压由反偏置的 J_2 结承担,而加反电压时的外加电压则由 J_1、J_3 结承担。

如果晶闸管接入如图 3-2(d)所示外电路,外电源 E_A 正端经负载电阻 R_L 引至晶闸管阳极 A,电源 E_A 的负端接晶闸管阴极 C,一个正值触发控制电压 E_G 经电阻 R_G 后接至晶闸管的门极 G,如果 $VT_1(P_1N_1P_2)$ 的集电极电流分配系数为 α_1,$VT_2(N_1P_2N_2)$ 的集电极电流分配系数为 α_2,那么对 VT_1 而言,VT_1 的发射极电流 I_A 的一部分 $\alpha_1 I_A$ 将穿过集电结 J_2。此外,J_2 受反偏电压作用,要流过反偏饱和电流 i_{CBO1},因此图 3-2(d)中 I_{C1} 可表示为

$$I_{C1} = \alpha_1 I_A + i_{CBO1} \tag{3-1}$$

同理对 VT_2 而言,VT_2 的发射极电流 I_C 的一部分 $\alpha_2 I_C$ 将穿过集电结 J_2。此外,J_2 受

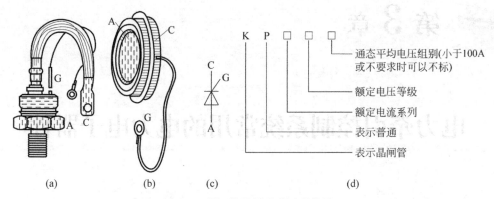

图 3-1 晶闸管的外形及图形符号
(a) 螺栓形；(b) 平板形；(c) 晶闸管的符号；(d) 晶闸管的型号及意义

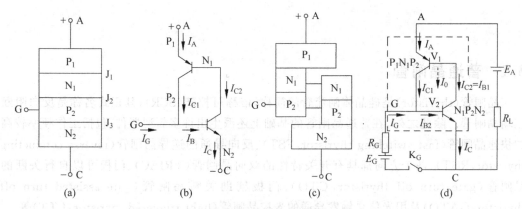

图 3-2 晶闸管的结构
(a) 晶闸管示意图；(b) 晶闸管的电路符号；(c) 晶闸管的构成；(d) 晶闸管外接电源电路

反偏置电压作用，要流过反偏饱和电流 i_{CBO2}，因此，图 3-2(d) 中的 I_{C2} 可表示为

$$I_{C2} = \alpha_2 I_C + i_{CBO2} \tag{3-2}$$

由图 3-2(d) 可以看出

$$I_A = I_{C1} + I_{C2} = \alpha_1 I_A + i_{CBO1} + \alpha_2 I_C + i_{CBO2} = \alpha_1 I_A + \alpha_2 I_C + I_0 \tag{3-3}$$

式中，$I_0 = i_{CBO1} + i_{CBO2}$ 为 J_2 结的反向饱和电流之和，或称为漏电流。

再从整个晶闸管外部电路来看，有

$$I_A + I_G = I_C \tag{3-4}$$

由式(3-3)和式(3-4)，可得到阳极电流为

$$I_A = \frac{I_0 + \alpha_2 I_G}{1 - (\alpha_1 + \alpha_2)} \tag{3-5}$$

晶闸管外加正向电压 U_{AC}，当门极断开，$I_G = 0$ 时，中间结 J_2 承受反偏电压，阻断阳极电流，这时 $I_A = I_C$ 很小，由式(3-5)得

$$I_A = I_C = I_0 / [1 - (\alpha_1 + \alpha_2)] \approx 0 \tag{3-6}$$

在 I_A、I_C 很小时，晶闸管中电流分配系数 α_1、α_2 也很小，α_1、α_2 都随电流 I_A、I_C 的增大而增大。如果门极电流 $I_G = 0$，在正常情况下，由于 I_0 很小，$I_A = I_C$ 仅为很小的漏电流，

$\alpha_1+\alpha_2$ 不大,这时的晶闸管处于阻断状态。一旦引入了门极电流 I_G,将使 I_A 增大,I_C 增大,这将使电流分配系数 α_1、α_2 变大,α_1、α_2 变大后,I_A、I_C 进一步变大,又使 α_1、α_2 变得更大。在这种正反馈作用下使 $\alpha_1+\alpha_2$ 接近于1,晶闸管从断态转为通态。内部的两个等效三极管都进入饱和导电状态,晶闸管的等效电阻变得很小,其通态压降仅为 1~2V,这时的电流 $I_A \approx I_C$,则由外电路电源电压 E_A 和负载电阻 R_L 限定,即 $I_A \approx I_C \approx E_A/R_L$。当晶闸管从断态转为通态后,因 I_A、I_C 已经很大,即使撤除门极电流 I_G,由于 $\alpha_1+\alpha_2 \approx 1$,由式(3-5)可知 $I_A=I_C$ 仍然会很大,晶闸管仍继续处于通态,并保持由外部电路所决定的阳极电流 $I_A=I_C=E_A/R_L$。

3.1.2 晶闸管的特性

晶闸管阳极与阴极间的电压和阳极电流的关系称为晶闸管的伏安特性。晶闸管的伏安特性位于第一象限的是正向伏安特性,位于第三象限的是反向伏安特性(见图 3-3),其主要特性表现如下。

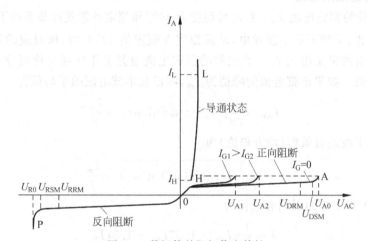

图 3-3 晶闸管的阳极伏安特性

0A—正向阻断状态;A—转折点;U_A—转折电压;U_{DRM}—断态重复峰值电压;U_{DSM}—断态不重复峰值电压;L—擎住点;I_L—擎住电流;0P—反向阻断状态;P—击穿点;U_{R0}—击穿电压;U_{RSM}—反向不重复峰值电压;U_{RRM}—反向重复峰值电压;H—关断点;I_H—维持电流

(1) 在正向偏置下,器件开始处于正向阻断状态,当 $U_{AC}=U_{A0}$ 时,发生转折,经过负阻区由阻断状态进入导通状态。从图 3-3 中可以看到,这种状态的转换,可以由电压引起(电压触发导通),也可以由门极电流引起(门极触发导通)。

(2) 当 $I_{G2}>I_{G1}>I_G$ 时,$U_{A2}<U_{A1}<U_{A0}$,一旦触发导通后,即使去掉门极信号,器件仍能维持导通状态不变。这是二极管、三极管所没有的,而是晶闸管所特有的性质,称为自锁或擎住特性。可见,晶闸管一旦导通,门极就失去控制作用。因此,触发电流常采用脉冲电流,而无须采用直流电流。

(3) 导通之后,只要流过器件的电流逐渐减小到某值,器件又可恢复到阻断状态,这种关断方式称为自然关断。除此之外,还可采用加反偏电压的方法进行强迫关断,或施加负的门极信号进行门极关断。

(4) 在反向偏置下,其伏安特性和整流管的完全相同。

3.1.3 晶闸管的主要参数

1. 晶闸管的电压定额

(1) 额定电压 U_R。在门极开路($I_G=0$),器件额定结温时,图 3-3 中正向和反向折转电压的 80% 值称为断态正向重复峰值电压 U_{DRM} 和断态反向重复峰值电压 U_{RRM}。因此,对晶闸管在其额定结温、门极开路时允许重复施加 U_{DRM} 和 U_{RRM},U_{DRM} 和 U_{RRM} 这两个电压中较小的一个电压值规定为该晶闸管的额定电压 U_R。

由于在电路中可能偶然出现较大的瞬时过电压而损坏晶闸管,因此在实际电力电子变换和控制电路的设计和应用中,通常将电路中晶闸管正常工作峰值电压的 2~3 倍选定为晶闸管的额定电压,以确保足够的安全裕量。

(2) 通态峰值电压 U_{TM}。U_{TM} 规定为额定电流时的管压降峰值,一般为 1.5~2.5V,且随阳极电流的增大而略微增加。额定电流时的通态平均电压降一般为 1V 左右。

2. 晶闸管的额定电流

(1) 晶闸管的额定电流 I_R。在环境温度为 40℃ 和规定的散热冷却条件下,晶闸管在电阻性负载的单相、工频正弦半波导电,结温稳定在额定值 125℃ 时,所对应的通态平均电流值定义为晶闸管的额定电流 I_R。晶闸管的额定电流也是基于功耗发热而导致结温不超过允许值而限定的。如果正弦电流的峰值为 I_m,则正弦半波电流的平均值为

$$I_{AV} = \frac{1}{2\pi}\int_0^\pi I_m \sin(\omega t)\mathrm{d}(\omega t) = \frac{I_m}{\pi} \tag{3-7}$$

已知正弦半波的有效值(均方根值)为

$$I = \sqrt{\frac{1}{2\pi}\int_0^\pi I_m \sin(\omega t)^2 \mathrm{d}(\omega t)} = \frac{I_m}{2} \tag{3-8}$$

由式(3-7)和式(3-8)得到有效值为

$$I = \frac{1}{2}\pi I_{AV} = 1.57 I_{AV} = 1.57 I_R \tag{3-9}$$

由式(3-9)可知,产品手册中额定电流为 $I_R = I_{AV} = 100\mathrm{A}$ 的晶闸管可以通过任意波形、有效值为 157A 的电流,其发热温升正好是允许值。在实际应用中由于电路波形可能既非直流(直流电的平均值与有效值相等),又非半波正弦,因此应按照实际电流波形计算其有效值,再将此有效值除以 1.57 作为选择晶闸管额定电流的依据。当然,由于晶闸管等电力电子半导体开关器件热容量很小,实际电路中的过电流又不可能避免,故在设计应用中通常留有 1.5~2 倍的电流安全裕量。

(2) 浪涌电流 I_{TSM}。I_{TSM} 系指晶闸管在规定的极短时间内所允许通过的冲击性电流值,通常 I_{TSM} 比额定电流 I_R 大 4π 倍。例如,100A 的元件,其值为 1.3~1.9kA;1000A 的元件,其值为 13~19kA。

(3) 维持电流 I_H。I_H 是使晶闸管维持导通所必需的最小阳极电流。当通过晶闸管的实际电流小于维持电流 I_H 时,晶闸管转为断态,大于 I_H 时晶闸管还能维持其原有的通态。

(4) 擎住电流 I_L。晶闸管在触发电流作用下被触发导通后,只要管子中的电流达到某一临界值时,就可以把触发电流撤除,这时晶闸管仍然自动维持通态,这个临界电流值称为擎住电流 I_L。擎住电流 I_L 和维持电流 I_H 都随结温的下降而增大。但是要注意,擎住电流

和维持电流在概念上是不同的,通常擎住电流 I_L 要比维持电流 I_H 大 2~4 倍。

3. 动态参数

(1) 开通时间 t_{on} 和关断时间 t_{off}。承受正向电压作用但处于断态作用的晶闸管,当门极触发电流来到时,由于载流子渡越到基区 P_2 需要一定的时间,阳极电流 I_A 要延迟 t_d 才开始上升,而后再经过一个 t_r(使基区载流子浓度足够), I_A 才达到由外电路所决定的阳极电流稳定值。晶闸管从断态到通态的开通时间 t_{on} 定义为 $t_{on}=t_d+t_r$,其中, t_d 为延迟时间, t_r 为上升时间。

当已处于通态的晶闸管从外电路施加反向电压于晶闸管 A、C 两端,并迫使它的阳极电流 I_A 从稳态值开始下降为 0 后,晶闸管中各层区的载流子必须经过一定的时间才能消失,恢复其正向阻断能力。晶闸管的关断时间 t_{off} 定义为从阳极电流下降到 0 开始,到晶闸管恢复了阻断正向电压的能力,并能承受规定的而不误导通所必需的时间。

晶闸管的关断时间与元件的结温、关断前的阳极电流大小及所加的反向阳极电压有关。普通晶闸管的 t_{off} 约为几十微秒。为缩短关断时间应适当加大反压,并保持一段反压作用时间,以使载流子充分复合而消失。快速晶闸管的 t_{off} 可减小到 10~20μs 以下,可用于高频开关电路的高频晶闸管,其关断时间更短(<10μs)。

(2) 断态电压临界上升率 du/dt。是指在规定条件下,不会导致从断态到通态转换的最大阳极电压上升率。其数值对于不同等级(共 7 级)的晶闸管是不同的,最差的 A 级器件为 25V/μs,最好的 G 级晶闸管高达 1000V/μs,一般为 100~200V/μs。

即使晶闸管阳极电压低于转折电压 U_A,在过大的 du/dt 下也会引起误导通。因为在阻断状态下的晶闸管上突然加以正向阳极电压,相当于在其内部一个电容的 J_2 结上,就会有充电电流流过结面,这个电流流经 J_3 结时,起到了触发电流的作用,因此过大的充电电流会引起晶闸管的误触发导通。

为了限制断态电压上升率,可以在晶闸管阳极与阴极间并上一个 R-C 阻容缓冲支路,利用电容两端电压不能突变的特点来限制晶闸管 A、C 两端电压上升率。电阻 R 的作用是防止并联电容与阳极主回路电感产生串联谐振。此外,晶闸管从断态到通态时,电阻 R 又可限制电容 C 的放电电流。

(3) 通态电流临界上升率 di/dt。是指在规定的条件下,晶闸管能够承受而不致损害的通态电流的最大上升率。目前最差的 A 级晶闸管为 25A/μs,最好的 G 级晶闸管为 500A/μs,一般为 100~200A/μs。

过大的 di/dt 可使晶闸管内部局部过热而损坏,因为当门极流入触发电流后,晶闸管开始只在靠近门极附近的小区域内导通,然后导通区才逐渐扩大,直至全部结面都导通。如果电流上升太快,很大的电流将在门极附近的小区域内通过,造成局部过热而烧坏。

3.1.4 晶闸管的触发电路

1. 触发电路

可变电阻触发电路如图 3-4 所示。改变电阻 R 可以改变晶闸管的触发相位。晶闸管的触发条件是

$$I_G = \frac{u_{AO} - u_D}{R} \tag{3-10}$$

式中：u_{AO}——阳极交流电压瞬时值；
　　　I_G——晶闸管门极触发电流；
　　　u_D——二极管VD和晶闸管门极电压降之和（一般取2V）。

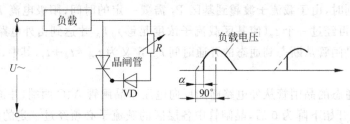

图 3-4　可变电阻触发电路

2．集成触发电路

这里主要介绍用于三相大功率变流器的集成化触发电路。它可以分为3个部分，如图3-5所示，图中的相位控制电路用来产生每组6个间隔为60°的脉冲，这些脉冲与晶闸管整流器的三相电源同步。改变控制信号，这些脉冲的位置可在180°范围内移动。图3-6给出了某一相电源相控电路的原理图。

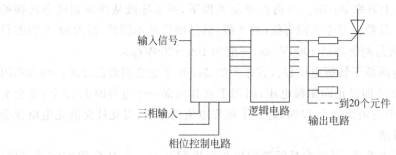

图 3-5　集成化触发电路框图

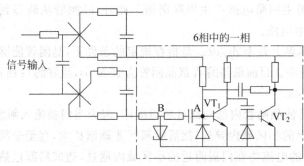

图 3-6　相控电路的原理图

图3-6中由双星型电路经A点(10-0-10V)加到晶体管VT_1基极的电压，产生30°相移。这样，能有效地减少三相电源接入电路时产生的噪声和谐波幅值。由双星型电路加到B点的电压产生60°相移，因此，A、B点之间的相位差为90°。经稳压管削波后，B点的波形为矩形波，经过微分电路，产生正负尖峰电流。这些尖峰电流的相位与A点波形保持一定的关系。

加到晶体管 VT_1 的基极电压控制其导通或截止。VT_1 输出的矩形波电压经微分电容后加到晶体管 VT_2 的基极，VT_2 输出负的尖峰电压，该尖峰电压即为逻辑电路的输入信号，从 VT_2 的集电极到 VT_1 的基极加入较弱的正反馈信号可以缩短转换时间。

将直流控制信号加到输入端（即变压器中点），在 A 点加上偏压后，整个偏压经过 A 点加到晶体管 VT_1 的基极，因而改变了转换点的位置。改变输入信号，相控电路的输出脉冲可在 180°范围内移动，如图 3-7 所示。

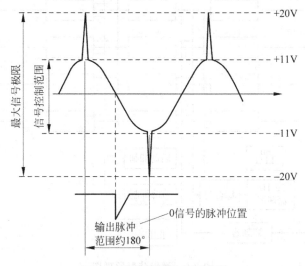

图 3-7 相控电路的电压波形

"终端停止"尖峰波用来提供合理的输入控制信号。在控制范围内的中心位置（控制信号为 90°），相控电路性能如下：如果两相间一对脉冲的匹配（如这些脉冲相差 180°）＞1°，那么所有脉冲的匹配＞4°。控制信号电压范围根据三相电压而定，但通常为 ±11V，其中 −11V 为全超前状态，如图 3-8 所示。

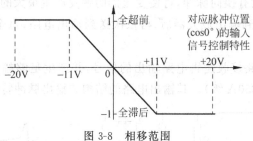

图 3-8 相移范围

集成触发电路的逻辑装置原理如图 3-9 所示。相位控制电路产生的间隔 60°的脉冲为逻辑电路的输入信号。这些脉冲依次触发双稳态触发器，使之截止，经 120°周期后双稳态触发器重新导通。

每个触发器输出 120°负脉冲，其他触发器输出的脉冲经过微分及整形后产生宽度为 10°的正脉冲。该脉冲与每个触发器的输出脉冲叠加在一起，构成一个宽度为 $10\mu s$ 的脉冲链，以取代彼此相差 60°的脉冲。由于这些脉冲与触发器的转换一致，因此，这些接到晶闸管整流器门极上的起始脉冲链称为换向脉冲。

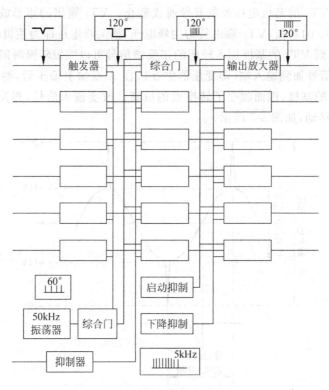

图 3-9　逻辑装置原理图

换向脉冲加到 5kHz 振荡器的输出端。振荡器包括转换频率为 5kHz 的触发器和脉冲发生电路,它可以产生频率为 5kHz、宽度为 10μs 的正脉冲。混合脉冲链在综合门相加,送到每个对应的输出放大器,以产生相隔 120°的触发脉冲。每个触发脉冲由一个换向脉冲引导,该换向脉冲用来防止最大可能达到 190μs(3.4°)的等候时间。触发器转换后,在输出端产生 5kHz 脉冲以前,没有换向脉冲,将使变流器的触发产生很大的不平衡。

综合门输出信号加到输出放大器后,再依次送到输出电路,每个输出电路可驱动 20 个晶闸管门极。

图 3-5 中的输出电路接收逻辑电路输出的信号,并产生足够幅度的控制脉冲以驱动大功率晶闸管整流器(如 250A 级)。其输出电路的结构和输出脉冲特性如图 3-10 所示。

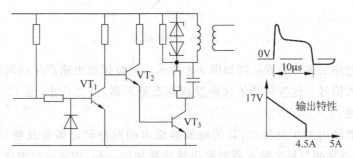

图 3-10　输出装置电路原理图

在无脉冲输入时,晶体管 VT_1 导通。当输出负脉冲时,VT_1 截止,VT_2 导通,VT_3 集电极电流流过脉冲变压器一次侧,因而在变压器二次侧产生负脉冲。输入端的正常工作电平为+4V,为避免由于信号线上的噪声产生不必要的门极脉冲,特将电平升高到 20V。一般系统的输入阻抗为 500Ω。

晶体管 VT_1 的集电极连到作为射极跟随器的 VT_2 的基极。VT_2 的集电极负载由脉冲变压器与 RC 并联回路串联而成。VT_3 导通时,通过电容的起始充电电流很大,因此,变压器可以输出前沿很陡的门极脉冲。

VT_3 截止时,变压器所产生的反电势由接在变压器一次侧的电阻和稳压管限制。

脉冲变压器采用铁氧体环形铁芯,一次侧线圈由高强度漆包线绕制,匝数为 20 圈;二次侧匝数为 14 圈。匝间保持电容均匀分布。

输出脉冲的特性如下:
(1) 脉冲上升时间<200ns(典型值为 100ns);
(2) 脉冲宽度最窄为 10μs(最宽为 15μs);
(3) 由触发电路到门极的最小电阻为 4Ω;
(4) 触发电流脉冲前沿幅值为 2A;
(5) 10μs 以后触发电流脉冲幅值为 0.1A;
(6) 输出绝缘电平为 2000V。

3.1.5 晶闸管的并联

当一个晶闸管的额定电流不能满足负载的要求时,可以采用几个晶闸管并联的方式,但是一般情况下,应尽量避免小容量晶闸管并联使用。因为晶闸管并联使用时,由于各个晶闸管特性不一致以及主回路电流的影响,会造成晶闸管的电流不均衡。

1. 主回路对并联晶闸管电流分配的影响

晶闸管的正向压降等于与正向电流无关的恒定压降与内阻压降之和。由于晶闸管的内阻很小,并联晶闸管各回路的阻抗又不同,因此,各支路电流分配也不均衡。当负载电流很大时,各并联支路的电阻和自感必须相等,互感也应尽量相等。

如图 3-11 所示,晶闸管并联时,即使各支路的电阻和电感相等,但主回路母线 A 及 B 的磁通也会使并联的晶闸管电流分配不均匀。

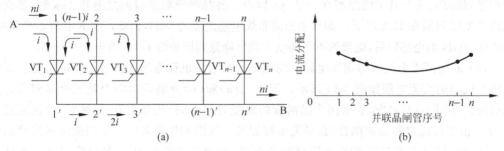

图 3-11 主回路对并联晶闸管电流分配的影响

2. 正向压降对并联晶闸管电流分配的影响

与硅二极管相比,晶闸管的内阻较大,正向压降的分散性也大。两只正向压降不同的晶闸管并联,正向电流分配如图 3-12 所示。

另外,晶闸管并联使用时,由于其触发特性不同,也会产生电流分配不均衡的问题。所以,应该使并联晶闸管触发时间尽可能一致。

为了使并联晶闸管电流分配均衡,除选择正向压降基本一致的晶闸管外,还应采用适当的均流电路,常用的均流电路有以下几种。

(1) 串联电阻均流电路。串联电阻均流电路如图 3-13(a)所示。当晶闸管的额定电流比较小时,在阳极电路中串联较小的电阻,就可以减小并联晶闸管电流不均匀的程度。一般来说,电阻损耗可忽略不计。均流电阻的数值应保证晶闸管流过最大电流时,产生的压降为 0.5V。

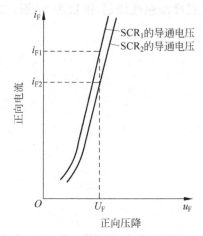

图 3-12 主回路对并联晶闸管电流
分配的影响

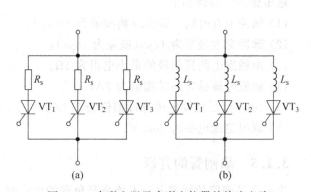

图 3-13 串联电阻及串联电抗器的均流电路
(a) 串联电阻均流电路;(b) 串联电抗器均流电路

(2) 串联电抗器均流电路。串联电抗器均流电路如图 3-13(b)所示。在整流电路或斩波电路内,晶闸管重复流过脉冲电流,为使并联晶闸管中的电流分配均匀,通常都采用这种电路。当多个晶闸管并联时,串入电感的数值能使晶闸管导通时的电流上升率低于允许的 di/dt。这样,就能够防止并联晶闸管因 di/dt 过大而损坏。

为了改进并联晶闸管的电流分配,应串入电感的数值取决于并联支路的自感和互感。同时,也取决于晶闸管的触发时间。例如,当并联晶闸管承受 500V 电压时,如果串入 $50\mu H$ 的电感,最高电流上升率能限制在 $10A/\mu s$ 以内。各晶闸管触发时间之差达 $1\mu s$ 时,各支路电流之差能限制在 10A 以下。如果主回路布线电感之差为 $5\mu H$,由此产生的电流不平衡时,则串联 $50\mu H$ 的电感以后,电流的不平衡度大致可降低到原来的 1/10,即 $+0\% \sim -5\%$。

(3) 采用直流电抗器的均流电路。均流电抗器通常也称为均衡器或平衡电抗器。采用均衡电抗器的均流电路如图 3-14 所示。图 3-14(a)和(b)分别表示两个及三个晶闸管的并联电路。在图 3-14(a)中,如果两个晶闸管的触发时间不同,比如 VT_1 先触发,电流流过线圈 OA,由于线圈之间为紧耦合,在平衡电抗器另一线圈 OB 两端将产生如图所示极性的电压。这个电压提高了 VT_2 阳极和阴极间的电压,因而可以缩短 VT_2 的触发时间。另外在 VT_1 和 VT_2 触发时,由于平衡电抗器的电感作用,电流上升率下降,因而能够保证电流分配较均衡。由于二极管 VD_1、VD_2 是隔离元件,它可防止反向电流流入门极。

平衡电抗器对并联晶闸管具有很好的均流作用。但是如果晶闸管的额定电流很大,或者晶闸管的个数很多,平衡电抗器体积就较大,而且配置也很复杂。因此,这种均流电路通常适用于中、小容量的晶闸管装置。

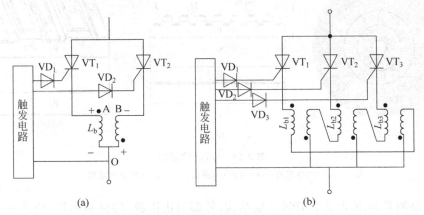

图 3-14 使用均衡电抗器的均流电路

3.1.6 晶闸管的应用与保护

对晶闸管的保护主要考虑过电压保护和过电流保护。

晶闸管过电压有以下几种原因:雷电原因,变压器一次侧突然接通或突然断开,正向电流突然切断,直流侧负载突然断开等。过电压的保护措施主要是在晶闸管的两端并联阻容吸收电路。另外,在电路设计时,选择晶闸管的额定电压为线路中经常发生的最大电压的 2~3 倍,以提高电压裕度。还可以将两个晶闸管串接,再用并联电阻均压后使用。采用这种办法的好处是经济,同时还可以防止电路中一个器件被击穿时造成其他器件的连续损坏。

晶闸管过流的主要原因有:过负载,负载侧短路,器件本身短路。对其进行过电流保护一般采用串联快速熔断器的方法,还可以利用电源、变压器或直流回路的内阻抗来限制故障电流的大小及上升率。

3.2 门极可关断晶闸管

门极可关断晶闸管(GTO)是一种具有自断能力的晶闸管。处于断态时,如果阳极有正向电压,在其门极加上正向触发脉冲电流后,GTO 可由断态转入通态;已处于通态时,门极加上足够大的反向脉冲电流,GTO 由通态转入断态。由于不需用外部电路强迫阳极电流为 0 而使之关断,仅由门极加脉冲电流去关断它,所以在直流电源供电的 DC-DC、DC-AC 变换电路中应用时不必设置强迫关断电路,这就简化了电力变换主电路,提高了工作的可靠性,减少了关断损耗,与 SCR 相比还可以提高电力电子变换的最高工作频率。因此,GTO 是一种比较理想的大功率开关器件。

3.2.1 GTO 的结构与工作原理

1. 结构

GTO 是一种 PNPN 4 层结构的半导体器件,如图 3-15 所示。

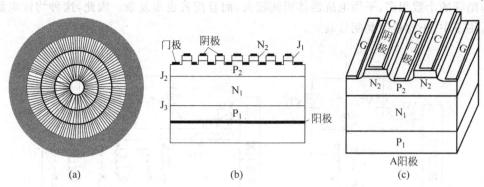

图 3-15 GTO 的结构

(a) GTO 芯片；(b) GTO 纵断面；(c) GTO 的立体结构

普通晶闸管 SCR 也是 PNPN 4 层结构，外部引出阳极、门极和阴极，构成一个单元器件。GTO 外部同样引出 3 个电极，但内部却包含数百个共阳极的小 GTO，我们把这些小 GTO 称为 GTO 元，它们的门极和阴极分别并联在一起。与 SCR 不同，GTO 是一种多元的功率集成器件，这是为便于实现门极控制关断所采取的特殊设计。

图 3-15(a) 是 GTO 芯片的实际图形。由图可见，GTO 是多元结构，它的阴极是由数百个细长的小条组成的，每个小阴极均被门极所包围。图 3-15(b) 是 GTO 结构的纵断面图，图 3-15(c) 为图 3-15(b) 的立体图形。

GTO 的开通和关断过程与每一个 GTO 元密切相连，但 GTO 元的特性又不等同于整个 GTO 器件的特性，多元集成使 GTO 的开关过程产生了一系列新的问题。

GTO 的等效电路如图 3-16 所示。图中，A、G 和 C 分别表示 GTO 的阳极、门极和阴极。α_1 为 $P_1N_1P_2$ 晶体管的共基极电流放大系数，α_2 为 $N_2P_2N_1$ 晶体管的共基极放大系数，图中的箭头表示各自的多数载流子运动方向。通常 α_1 比 α_2 小，即 $P_1N_1P_2$ 晶体管不灵敏，而 $N_2P_2N_1$ 晶体管灵敏。GTO 导通时器件总的放大系数 $\alpha_1+\alpha_2$ 稍大于 1，器件处于临界饱和状态，为用门极负信号去关断阳极电流提供了可能。

2．开通原理

由图 3-16 所示 GTO 的等效电路可以看出，当阳极加正向电压，门极同时加正触发信号时，GTO 元导通，其具体工作过程如图 3-17 所示。

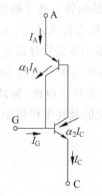
图 3-16 一个 GTO 元件的等效电路

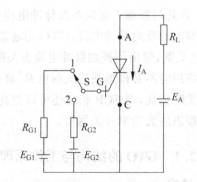
图 3-17 GTO 的工作电路

显然这是一个正反馈过程。当流入的门极电流 I_G 足以使晶体管 $N_2P_2N_1$ 的发射极电流增加,进而使晶体管 $P_1N_1P_2$ 的发射极电流也增加时,$α_1$ 和 $α_2$ 也增大。当 $α_1+α_2>1$ 之后,两个晶体管均饱和导通,GTO 则完成了导通过程。可见,GTO 开通的必要条件是

$$α_1+α_2>1 \tag{3-11}$$

此时注入门极的电流为

$$I_G=\frac{1-(α_1+α_2)}{α_2}I_A \tag{3-12}$$

式中:I_A——GTO 的阳极电流;

I_G——GTO 的门极电流。

由式(3-12)可知,当 GTO 门极注入正的电流 I_G 但尚不满足开通条件时,虽有正反馈作用,但器件仍不会饱和导通。这是因为门极电流不够大,不满足 $α_1+α_1>1$ 的条件,这时阳极电流只流过一个不大而且是确定的电流值。当门极电流 I_G 撤销后,该阳极电流也就随之消失。与 $α_1+α_1=1$ 状态所对应的阳极电流为临界导通电流,定义为 GTO 的擎住电流。当 GTO 在门极正触发信号的作用下开通时,只有阳极电流大于擎住电流后,GTO 才能维持大面积导通。

由此可见,只要能引起 $α_1$ 和 $α_2$ 变化,并使之满足 $α_1+α_1>1$ 条件的任何因数,都可以导致 PNPN 4 层器件的导通。所以,除了注入门极电流使 GTO 导通外,在一定条件下过高的阳极电压和阳极电压上升率 du/dt,过高的结温及火花发光照射等均可能使 GTO 触发导通。所有这些非门极触发都是不希望的非正常触发,应采取适当措施加以防止。

实际上,因为 GTO 是多元集成结构,数百个以上的 GTO 元制作在同一硅片上,而 GTO 元的特性总会存在差异,使得 GTO 元的电流分布不均,通态压降不一,甚至会在开通过程中造成个别 GTO 元的损坏,以致引起整个 GTO 的损坏。为此,要求在制造时尽可能使硅片微观结构均匀,严格控制工艺装备和工艺过程,以求最大限度地达到所有 GTO 元的特性一致。另外,要提高正向门极触发电流脉冲上升沿陡度,以求达到缩短 GTO 阳极电流的滞后时间、加速 GTO 阴极导电面积的扩展、缩短 GTO 开通时间的目的。

3. 关断原理

GTO 开通后可在适当外部条件下关断,其关断电路原理与关断时的阳极和门极电流如图 3-18(a)所示。关断 GTO 时,开关 T 闭合,门极施以负偏置电压 E_G。晶体管 $P_1N_1P_2$ 的集电极电流 I_{C1} 被抽出形成门极负电流 $-I_G$,此时晶体管 $N_2P_2N_1$ 的基极电流减小,进而引起 I_{C1} 的进一步下降,如此循环反复,最终导致 GTO 的阳极电流消失而关断。

GTO 的关断过程分为三个阶段:存储时间 t_s 阶段,下降时间 t_f 阶段,尾部时间 t_t 阶段。关断过程中相应的阳极电流 i_A、门极电流 i_G、管压降 u_{AK} 和功耗 P_{off} 随时间变化的波形如图 3-18(b)所示。

(1) t_s 阶段。GTO 导通时,所有 GTO 元中两个等效晶体管均饱和,要用门极控制 GTO 关断,首先必须使饱和的等效晶体管退出饱和,恢复基区控制能力。为此应排除 P_2 基区中的存储电荷,t_s 阶段即是依靠门极负脉冲电压抽出这部分存储电荷。在 t_s 阶段所有等效晶体管均未退出饱和,3 个 PN 结都还是正向偏置,所以在门极抽出存储电荷的同时,GTO 的阳极电流 i_A 仍保持原先稳定导电时的数值 I_A,管压降 u_{AC} 也保持通态压降。

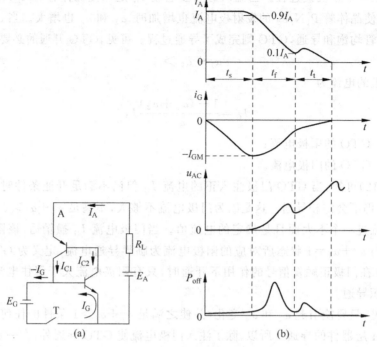

图 3-18 GTO 的关断原理图
(a) 关断过程等效电路；(b) 关断过程波形

(2) t_f 阶段。经过 t_s 阶段后，$P_1N_1P_2$ 等效晶体管退出饱和，$N_2P_2N_1$ 晶体管也恢复了控制能力，当 i_G 变化到其最大值 $-I_{GM}$ 时，阳极电流开始下降，于是 α_1 和 α_2 也不断减小，当 $\alpha_1+\alpha_2 \leqslant 1$ 时，器件内部正反馈作用停止，此点称为临界关断点。GTO 的关断条件为

$$\alpha_1 + \alpha_2 < 1 \tag{3-13}$$

关断时需要抽出的最大门极负电流 $-I_{GM}$ 为

$$|-I_{GM}| > \frac{(\alpha_1+\alpha_2)-1}{\alpha_2} I_{ATO} \tag{3-14}$$

式中：I_{ATO}——被关断的最大阳极电流；

I_{GM}——抽出的最大门极电流。

由式(3-14)得出的两个电流的比表示 GTO 的关断能力，称为电流关断增益，用 β_{off} 表示如下：

$$\beta_{off} = \frac{I_{ATO}}{|-I_{GM}|} \tag{3-15}$$

β_{off} 是一个重要的特征参数，其值一般为 3～8。

在 t_f 阶段，所有 GTO 元中两个等效晶体管从饱和退出到放大区，所以随着阳极电流的下降，阳极电压逐步上升，因而关断时功耗较大。在电感负载条件下，阳极电流与阳极电压有可能同时出现最大值，此时的瞬时关断损耗尤为突出。

(3) t_t 阶段。从 GTO 阳极电流下降到稳定导通电流值的 10% 至阳极电流衰减到断态漏电流值时所需的时间定义为尾部时间，用 t_t 表示。

在 t_t 阶段中,如果 U_{AK} 上升 du/dt 较大时,可能有位移电流通过 P_2N_1 结注入 P_2 基区,引起两个等效晶体管的正反馈过程,轻则出现 I_A 的增大过程,重则造成 GTO 再次导通。随着 du/dt 上升减慢,阳极电流 I_A 逐渐衰减。

如果能使门极驱动负脉冲电压幅值缓慢衰减,那么在 t_t 阶段,门极依旧保持适当负电压,则 t_t 时间可以缩短。

3.2.2 GTO 的主要参数特性

1. 静态特性

1) 阳极伏安特性

GTO 的阳极伏安特性如图 3-19 所示。当外加电压超过正向转折电压 U_{DRM} 时,GTO 正向导通,这种现象称为电压触发。此时不一定破坏器件的性能,但是若外加电压超过反向击穿电压 U_{RRM} 之后,就会发生雪崩击穿现象,损坏器件。

U_{DRM} 值的 90% 定义为正向额定电压,U_{RRM} 值的 90% 定义为反向额定电压。

GTO 的阳极耐压与结温和门极状态有着密切关系,随着结温升高,GTO 的耐压降低,如图 3-20 所示。当 GTO 结温高于 125℃ 时,由于 α_1 和 α_2 大大增加,自动满足了 $\alpha_1+\alpha_2>1$ 的条件,所以没有触发信号 GTO 即可自行导通。为了减小温度对阻断电压的影响,可在其门极与阴极之间并联一个电阻,即相当于增设了一个短路发射极。

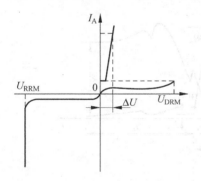

图 3-19 GTO 的阳极伏安特性图

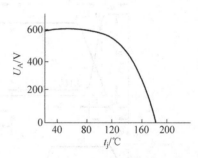

图 3-20 GTO 的阳极耐压与结温的关系

GTO 的阳极耐压还与门极状态有关,门极电路中的任何毛刺电流都会使阳极耐压降低,开通后又会使 GTO 擎住电流和管压降增大。由图 3-21 可以看出门极状态对 GTO 阳极耐压的影响,图中 I_{G1} 和 I_{G2} 相当于毛刺电流,$I_{G0}<I_{G1}<I_{G2}$。显然,当门极出现 I_{G1} 或 I_{G2} 时,GTO 正向转折电压大大降低,因而器件的正向额定电压相应降低。

2) 通态压降特性

GTO 的通态压降特性曲线如图 3-22 所示。结温不同时,GTO 的通态压降 U_{TM} 随着阳极通态电流 I_A 的增加而增加,只是趋势不同。图 3-22 中所示曲线为 GFF200E 型 GTO 的通态压降特性。一般希望通态压降越小越好,管压降越小,GTO 的通态损耗越小。

2. 动态特性

GTO 的动态特性是指 GTO 从断态到通态,或者从通态到断态的变化过程中,电压、电流以及功率损耗随时间变化的规律。

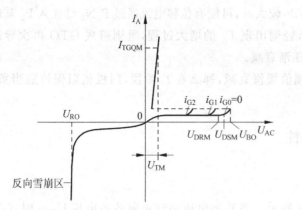
图3-21 GTO的阳极耐压与门极状态的关系

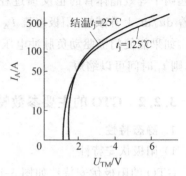
图3-22 GTO的通态压降特性

1) GTO的导通特性

GTO的开通特性如图3-23(左边)所示。当阳极施以正电压,门极注入一定电流时,阳极电流大于擎住电流之后,GTO完全导通。GTO的开通时间 t_{on} 由延迟时间 t_d 和上升时间 t_r 组成。t_{on} 的大小取决于元件特性、门极电流上升率 di_G/dt 以及门极脉冲幅值的大小。

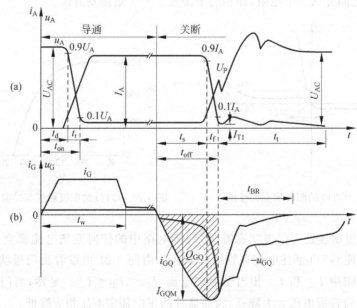
图3-23 GTO的导通和关断特性
(a) 阳极电压、电流波形;(b) 门极电压、电流波形

由图3-23可知,在延迟时间内功率损耗比较小,大部分的开通损耗出现在上升时间内。当阳极电压一定时,每个脉冲的GTO开通损耗将随着峰值阳极电流 I_A 的增加而增加。

2) GTO的关断特性

GTO的门极、阴极加适当负脉冲时,可关断导通着的GTO阳极电流。关断过程中阳极电流、电压及关断功率损耗随时间变化的曲线,以及关断过程中门极电流、电压及阳极电流、电压随时间变化的曲线如图 3-23(右边)所示。

由图 3-23(右边)可以看出，整个关断过程可由 3 个不同的时间间隔来表示，即存储时间 t_s、下降时间 t_f 和尾部时间 t_t。存储时间 t_s 对应着从关断过程开始，到出现 $\alpha_1 + \alpha_2 = 1$ 状态为止的一段时间间隔，在这段时间内从门极抽出大量过剩载流子，GTO 的导通区不断被压缩，但总的电流几乎不变。下降时间 t_f 对应着阳极电流迅速下降，门极电流不断上升和门极反电压开始建立的过程，在这段时间里，GTO 中心结开始退出饱和，继续从门极抽出载流子。尾部时间 t_t 是指从阳极电流降到极小值开始，直到最终达到维持电流为止的这段时间。在这段时间内仍有残存的载流子被抽出，但是阳极电压已建立，因此很容易由于过高的电压变化率 du/dt，使 GTO 关断失效，这一点必须充分重视。

GTO 的关断损耗在下降时间 t_f 阶段内相当集中，其瞬时功耗与尖峰电压 U_P 有关。过大的瞬时功耗会出现类似晶体管二次击穿的现象，造成 GTO 损坏。在实际应用中应尽量减小缓冲电路的杂散电感，选择电感小的二极管及电容等元件，以减小尖峰电压 U_P。

阳极电流急剧减小以后，呈现出一个缓慢衰减的尾部电流。由于此时阳极电压已经升高，因此 GTO 关断时的大部分功率损耗出现在尾部时间。在相同的关断条件下，GTO 的型号不同，相应的尾部电流起始值 I_{T1} 和尾部电流的持续时间也不同。在存储时间内，过大的门极反向电流上升率 di_{RG}/dt 会使尾部时间加长。此外，过高的电压变化率 du/dt 会使 GTO 因瞬时功耗过大而在尾部时间内损坏器件。因此必须很好地控制电压变化率 du/dt，设计适当的缓冲电路。一般来说，GTO 关断时总的功率损耗随阳极电流的增大而增大，随缓冲电容的增加而减小。

门极负电流、负电压波形是 GTO 特有的门极动态特性，如图 3-23(b)(右边)所示。门极负电流的最大值随阳极可关断电流的增大而增大。门极负电流增长的速度与门极所加负电压参数有关。如果在门极电路中有较大的电感，会使门极-阴极结进入雪崩状态。在雪崩期间，阴极产生反向电流，与阴极反向电流对应的时间为雪崩时间 t_{BR}。在这段时间内，阳极仍有尾部电流，门极继续从阳极抽出电流。门极负电流中既有从阳极抽出的电流又有阴极反向电流。如果门极实际承受的反向电流不超过门极雪崩电流 I_{GQM}，则不会出现阴极反向电流。实际应用中，多数情况下不使门极-阴极结产生雪崩现象，以防止因雪崩电流过大而损坏门极-阴极结。

除了以上特别提出讨论的几个工作特性外，GTO 的其他工作特性及参数都与普通晶闸管没有多少差别，这里不再赘述。

3.2.3 GTO 的门极驱动电路

GTO 对门极驱动电路的要求，不同于普通晶闸管，因为 GTO 的门极不仅要求控制开通，还要控制关断，而且 GTO 的多项电气参数均与门极驱动电路的参数有关，因而 GTO 门极驱动电路的设计和参数选择尤为重要。

GTO 的门极驱动电路除满足开通、关断要求外，还要考虑与门极所连接的主电路(强电电路)与控制电路(弱电电路)之间的绝缘隔离问题，而且门极开通电路、门极关断电路及负偏置电路之间不能相互干扰。

按门极控制的驱动方式和强、弱电隔离方式，可将门极驱动电路大致分为如图 3-24 所示的 3 种类型。图中点画线包围的部分与主电路同电位，其他部分与控制电路同电位，主电路与控制回路间的隔离一般采用变压器或变流器,而小功率信号的传递往往采用光电耦合的隔离方法。

图 3-24 中所示 3 种驱动方式的不同点在于:信号放大电路所在位置的不同,以及放大电路的电源不同。在图 3-24(a)中,直接驱动 GTO 的全部能量是由脉冲变压器提供的,这是最简便经济的方式,其驱动特性完全由脉冲变压器决定。这种方式一般发出窄脉冲,而在可调频的逆变器(半周期内在门极加连续驱动信号)或狭隘脉宽调制型逆变器(一个周期内在 GTO 的门极加开通、关断若干次的复杂信号)中,为了避免脉冲变压器体积过大或者饱和,一般采用数十千赫兹的载波信号。在图 3-24(b)中,由变压器提供电源,而信号的传送用脉冲变压器或光耦合器。除了直接利用工频电源外,也可利用直流电源或者数十千赫兹的交流电,后者可使变压器和整流电路的滤波器小型化。

在图 3-24(c)中,驱动电路的电源由加在 GTO 两端的电压或电流经 GTO 的电流供给。

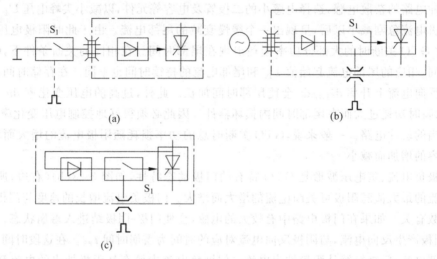

图 3-24 GTO 的 3 种驱动方式

GTO 的门极驱动电路组成如图 3-25 所示,它由门极触发电路、门极关断电路及负偏置电路 3 个部分组成。门极驱动电路的形式很多,下面仅对 3 种电路的原理进行分析。

1. 一个电源的直接驱动电路

图 3-26 所示为 GTO 门极直接驱动电路的原理图。VT_1 为光电隔离管,当在二极管 VD_2 中有触发信号电流流过时,VT_1 立即导通,继而晶体管 VT_2、VT_3 导通,GTO 的门极有触发电流流过。这个电流为通过 C_1 和 L_1 串联电路的电流 i_c ($i_c = E\sqrt{C_1/L_1}k(k<1)$) 和通过电阻 R_1 的电流 i_R 之和,因 i_c 是具有峰值的脉冲状的电流,因而 GTO 迅速导通。L_1 的作用是提高 C_1 的充电电压。当开通信号变为 0 时,VT_1、VT_2、VT_3 关断,晶闸管 VT_7 导通,GTO 由导通变为关断,门极阴极间的电感增加,C_1 就通过 VD_6 和 VD_5 的串联电路以及 R_2 放电。在这个回路中,当 C_1 的放电电流降至 VT_7 的维持电流以下时,VT_7 关断。

图 3-26 中的参数(用于 SG200JⅡ型 GTO 的门极电路)如下:C_1 充电至 35V,能关断 100A 电流时,I_{RG} 反向门极电流 $= 67A$,$di_{RG}/dt = 26A/\mu s$。若考虑到连接线的电感,则电容放电后的极性相反,有可能因 VT_7 的反向恢复电流使 GTO 再触发,为防止这种再触发的情况,可在 C_1 的放电回路中串入阻尼电阻 R_3。

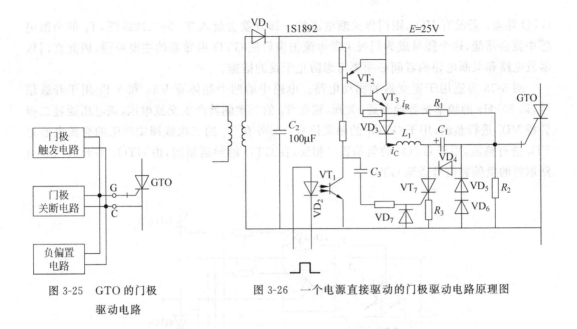

图 3-25　GTO 的门极驱动电路

图 3-26　一个电源直接驱动的门极驱动电路原理图

2. 通过脉冲变压器驱动（用于 600A 的 GTO）

图 3-27 所示为采用脉冲电压器的门极驱动电路。

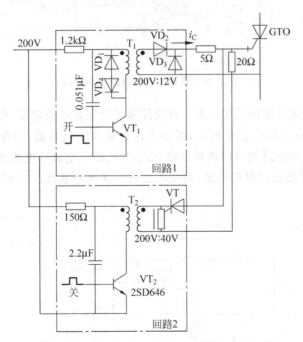

图 3-27　脉冲变压器驱动的门极驱动电路原理图

若晶体管 VT_1 导通，则脉冲变压器 T_1 的二次感应电压 E_1 使 GTO 导通。回路 2 是门极关断电路，由于 VT_2 的导通，T_2 的二次感应电压 E_2 使晶闸管 VT 点弧，则在 GTO 的门极阴极间有反向电流流过。二极管 VD_3 和晶闸管 VT 是用于防止回路 1 和回路 2 相互干扰，若没有 VT，开通门极电流 i_G 就不流过 GTO 的门极而完全通过 T_2 的二次线圈，不能使

GTO 导通；若没有 VD_3，则门极关断电流的一部分就会流入 T_1 的二次线圈，T_1 的杂散电感中就会储能，这个能量成为门极关断电流消失后使 GTO 再导通的主要原因，因此在门极触发电路和关断电路两者间必须要考虑防止干扰的措施。

图 3-28 为适用于逆变器的驱动电路。电路中的两个晶体管 VT_1 和 VT_2 用于开通信号，以 20kHz 的频率交替地开通、关断，则在 T_1 的二次侧就产生交流电压，该电压通过二极管桥 VD_1 进行整流，用于 GTO_1 的触发信号。另外在 T_1 的三次线圈中产生的交流电通过 VD_2 进行整流，用于 GTO_2 的负偏置。相反，在 GTO 的导通期间，由 GTO_2 的开通门极电路取得的负偏置信号送至 GTO_1。

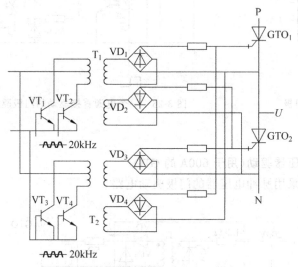

图 3-28 适用于逆变器的驱动电路

图 3-29 为门极关断电路的另一侧。在使用脉冲变压器的情况下，存在电流上升特性缓慢的问题。另一种方式是电容放电型，需要采用容量大的电容器，因此其充电回路也大型化。而图 3-29 所示的电路为两回路并用的方式，利用触发电路给电容充电，在关断时，由电容 C_1 立即提供前沿迅速放电的电流，而在此之后的宽脉冲电流由 T 提供。图 3-30 为该关断电流的波形。

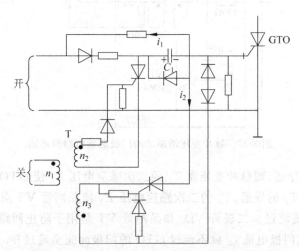

图 3-29 GTO 的门极关断电路

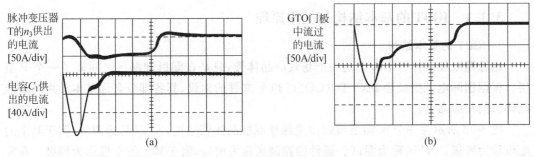

图 3-30 门极关断电流波形

(a) 脉冲变压器 n_3 及电容 C_1 中流过电流的波形；(b) GTO 门极关断电流波形

3. 利用电感存储能量的方式

图 3-31(a)所示为利用电感储能的门极关断电路的基本电路原理图。当晶体管 VT_1 导通时，通过变压器 T 向 GTO 提供门极触发电流 i_{FG}。T 很快达到饱和，门极电流降为 0 后，T 的一次线圈、电阻 R_1 和电源中有定值电流 I_1 继续流过，使励磁电感中储存能量。当 VT_1 关断时，其电流移至 T 的二次线圈，该电流由 GTO 的阴极流向门极，从而关断 GTO。在图 3-31(b)中，在 T 的二次线圈设一抽头，从而使反向关断电流增大。

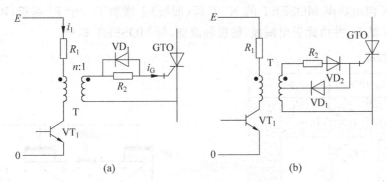

图 3-31 利用电感储能的门极关断电路

(a) 基本电路；(b) 为增大反向关断电流的电路

GTO 的保护电路类似于普通晶闸管。除了采用串联快速熔断器的方法外，还在其阳-阴极两端并联 L-C-VD-R 缓冲电路，以降低 GTO 的瞬态电压、电流变化率。另外还应在 GTO 电控系统中设置过压、欠压和过热保护单元，以保证其安全可靠地工作。

3.3 绝缘栅双极晶体管

绝缘栅双极晶体管(isolated gate bipolar transistor，IGBT)，也称绝缘门极晶体管。由于 IGBT 内具有寄生晶体管，所以也可称作绝缘门极晶闸管。由于它将 MOSFET 和 GTR 的优点集于一身，既具有输入阻抗高、速度快、热稳定性好和驱动电路简单的优点，又有通态电压低、耐压高的优点，因此发展快，受欢迎。在电极驱动、中频和开关电源以及要求快速、低损耗的领域，IGBT 有着主导地位，并有取代 GTR 的趋势。

3.3.1 IGBT 的基本结构与工作原理

1. IGBT 的基本结构

绝缘栅双极晶体管本质上是一个场效应晶体管,只是在漏极和漏区之间多了一个 P 型层。根据国际电工委员会 IEC/TC(CO)1339 号文件的建议,其各部分名称基本沿用场效应晶体管的相应命名。

图 3-32 所示为一个 N 沟道增强型绝缘栅双极晶体管结构,N^- 区称为源区,附于其上的电极称为源极。N^+ 区称为漏区。器件的控制区称为栅区,附于其上的电极称为栅极。在紧靠栅区边界形成沟道。在漏、源之间的 P 型区(包括 P^+ 和 P^- 区)(沟道在该区域形成),称为亚沟道区。而在漏区另一侧的 P^+ 区,称为漏注入区,它是 IGBT 特有的功能区,与漏区和亚沟道区一起形成 PNP 双极晶体管,起发射极的作用,向漏极注入空穴,进行导电调制,以降低器件的通态电压。附于漏注入区上的电极称为漏极。

为了兼顾长期以来人们的习惯,IEC 规定:源极引出的电极端子(含电极端)称为发射极端(子),漏极引出的电极端(子)称为集电极端(子),仍采用双极晶体管的术语,但仅此而已。

IGBT 的结构剖面图如图 3-33 所示。它在结构上类似于 MOSFET,其不同点在于 IGBT 是在 N 沟道功率 MOSFET 的 N^+ 基板(漏极)上增加了一个 P^+ 基板(IGBT 的集电极),形成 PN 结 J_1,并由此引出漏极、栅极和源极,与 MOSFET 相似。

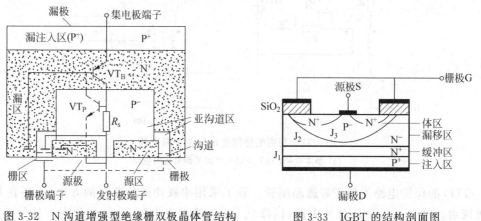

图 3-32 N 沟道增强型绝缘栅双极晶体管结构   图 3-33 IGBT 的结构剖面图

由图 3-33 可以看出,IGBT 相当于一个由 MOSFET 驱动的厚基区 GTR,其简化等效电路如图 3-34 所示。图中 R_{dr} 是厚基区 GTR 的扩展电阻。IGBT 是以 GTR 为主导件、MOSFET 为驱动件的复合结构。

N 沟道 IGBT 的图形符号有两种,如图 3-35(a)所示。实际应用时,常使用图 3-35(b)所示的符号。对于 P 沟道 IGBT,图形符号中的箭头方向与 N 沟道 IGBT 恰好相反。

IGBT 的开通和关断是由栅极电压来控制的。当栅极加正电压时,MOSFET 内形成沟道,并为 PNP 晶体管提供基极电流,从而使 IGBT 导通,此时,从 P^+ 区注入到 N^- 区进行电导调制,减少 N^- 区的电阻 R_{dr} 值,使高耐压的 IGBT 也具有低的通态压降。在栅极上加负电压时,MOSFET 内的沟道消失,PNP 晶体管的基极电流被切断,IGBT 即关断。

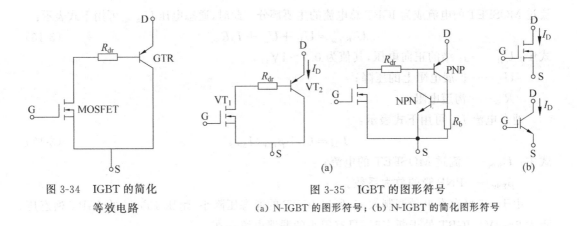

图 3-34　IGBT 的简化等效电路

图 3-35　IGBT 的图形符号
(a) N-IGBT 的图形符号；(b) N-IGBT 的简化图形符号

正是由于在 N 沟道 MOSFET 的基板上加一层 P^+ 基板,从而形成了 4 层结构,由 PNP-NPN 晶体管构成 IGBT。但是,NPN 晶体管和发射极由于铝电极短路,设计时尽可能使 NPN 不起作用。所以说,IGBT 的基本工作与 NPN 晶体管无关,可以认为是将 N 沟道 MOSFET 作为输入极,PNP 晶体管作为输出极的单向达林顿管。

采取这样的结构可在 N^- 层作电导率调制,提高电流密度。这是因为从 P^+ 基板经过 N^+ 层向高电阻的 N^- 层注入少量载流子的结果。IGBT 的设计是通过 PNP-NPN 晶体管的连接形成晶闸管。

2. IGBT 的工作原理

IGBT 的开关作用是通过加正向栅极电压形成沟道,给 PNP 晶体管提供基极电流,使 IGBT 导通。反之,加反向门极电压消除沟道,流过反向基极电流,使 IGBT 关断。IGBT 的驱动方法和 MOSFET 基本相同,只需控制输入极沟道 MOSFET,所以具有高输入阻抗特性。

当 MOSFET 的沟道形成后,从 P^+ 基极注入到 N^- 层的空穴(少子),对 N^- 层进行电导调制,减小 N^- 层的电阻,使 IGBT 在高电压时也具有低的通态电压。

3.3.2　IGBT 的特性

1. 静态特性

IGBT 的静态特性主要有伏安特性、转移特性和开关特性。

IGBT 的伏安特性是指以栅源电压为参变量时,漏极电流与栅极电压之间的关系曲线。输出漏极电流 I_D 受栅源电压 U_{GS} 的控制,U_{GS} 越高,I_D 越大。它与 GTR 的输出特性相似,也可分为饱和区Ⅰ、放大区Ⅱ和击穿特性Ⅲ部分。在截止状态下的 IGBT,正向电压由 J_2 结承担,反向电压由 J_1 结承担。如果无 N^+ 缓冲区,则正反向阻断电压可以做到同样水平;加入 N^+ 缓冲区后,反向关断电压只能达到几十伏水平,因此限制了 IGBT 的应用范围。

IGBT 的转移特性是指输出漏极电流 I_D 与栅源电压之间的关系曲线。它与 MOSFET 的转移特性相同,当栅源电压小于开启电压 $U_{GS(th)}$ 时,IGBT 处于关断状态。在 IGBT 导通后的大部分漏极电流范围内,I_D 与 U_{GS} 呈线性关系。最高栅源电压受最大漏极电流限制,其最佳值一般取 15V 左右。

IGBT 的开关特性是指漏极电流与漏源电压之间的关系曲线。IGBT 处于导通状态时,由于它的 PNP 晶体管为宽基区晶体管,所以其 β 值较低。尽管其等效电路为达林顿结构,但

流过 MOSFET 的电流成为 IGBT 总电流的主要部分。此时,通态电压 $U_{DS(on)}$ 可用下式表示:

$$U_{DS(on)} = U_{J1} + U_{dr} + I_d R_{oh} \qquad (3-16)$$

式中: U_{J1}——J_1 结的正向电压,其值为 $0.7 \sim 1V$;

U_{dr}——扩展电阻上的压降;

R_{oh}——沟道电阻。

通态电流 I_{DS} 可用下式表示:

$$I_{DS} = (1 + \beta_{PNP}) I_{MOS} \qquad (3-17)$$

式中: I_{MOS}——流过 MOSFET 的电流;

β_{PNP}——PNP 管的放大系数。

由于 N^- 区存在电导调制效应,所以 IGBT 的通态压降小,耐压 1000V 的 IGBT 通态压降为 $2 \sim 3V$。IGBT 处于断态时,只有很小的漏泄电流存在。

2. 动态特性

IGBT 在开通过程中,大部分时间是作为 MOSFET 来运行的,只是在漏源电压 U_{DS} 下降过程后期,PNP 晶体管由放大区至饱和,又增加了一段延迟时间。$t_{d(on)}$ 为开通延迟时间,t_{ri} 为电流上升时间。实际应用中常给出的漏极电流开通时间 t_{on} 即为 $t_{d(on)}$ 与之 t_{ri} 和。漏源电压的下降时间由 t_{fe1} 和 t_{fe2} 组成,如图 3-36(a) 所示。

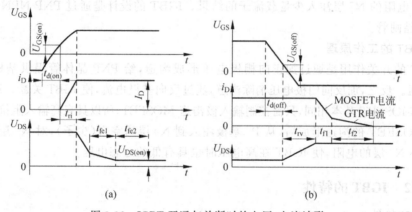

图 3-36 IGBT 开通与关断时的电压、电流波形

IGBT 在关断过程中,漏极电流的波形分为两段。因为 MOSFET 关断后,PNP 晶体管的存储电荷难以迅速消除,造成漏极电流较长的尾部时间,$t_{d(off)}$ 为关断延迟时间,t_{rv} 为电压 $U_{DS(t)}$ 的上升时间。实际应用中常常给出的漏极电流的下降时间 t_f 由图 3-36(b) 中的 t_{f1} 和 t_{f2} 两段组成,而漏极电流的关断时间为

$$t_{off} = t_{d(off)} + t_{rv} + t_f \qquad (3-18)$$

式中,$t_{d(off)}$ 与 t_{rv} 之和又称为存储时间。

3.3.3 IGBT 的擎住效应与安全工作区

1. IGBT 的擎住效应

在分析擎住效应之前,先回顾一下 IGBT 的工作原理(这里假定不发生擎住效应)。

(1) 当 $U_{DS} < 0$ 时,J_3 反偏,类似于反偏二极管,IGBT 反向阻断。

(2) 当 $U_{DS}>0$ 时,在 $U_G<U_{TH}$ 的情况下,沟道未形成,IGBT 正向阻断;在 $U_G>U_{TH}$ 情况下,栅极的沟道形成,N^+ 区的电子通过沟道进入 N^- 漂移区,漂移到 J_3 结,此时 J_3 结是正偏,也向 N^- 区注入空穴,从而在 N^- 区产生电导调制,使 IGBT 正向导通。

(3) IGBT 的关断。在 IGBT 处于导通状态时,栅极电压减至为 0,此时 $U_G=0<U_{TH}$,沟道消失,通过沟道的电子电流为 0,使 I_D 有一个突降。但由于 N^- 区注入大量电子、空穴对,I_D 不会立刻为 0,而有一个拖尾时间。

IGBT 为 4 层结构,其结构内存在一个寄生晶体管。其等效电路如图 3-37 所示。在 VT_2 的基极与发射极之间并有一个扩展电阻 R_{br},在此电阻上 P 型体区的横向空穴会产生一定的压降,对 J_3 结来说,相当于一个正偏置电压。在规定的漏极电流范围内,这个正偏置电压不大,VT_2 不起作用,当 I_D 大到一定程度时,该正偏置电压足以使 VT_2 开通,进而使 VT_2 和 VT_3 处于饱和状态,于是寄生晶体管开通,栅极失去控制作用,这就是所谓的擎住效应。IGBT 发生擎住效应后,漏极电流增大,会造成过高功耗,甚至导致损坏。可见,漏极电流有一个临界值 I_{DM},当 $I_D>I_{DM}$ 时便会产生擎住效应。

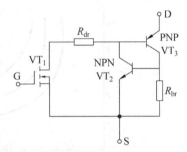

图 3-37　具有寄生晶体管的 IGBT 等效电路

在 IGBT 关断的动态过程中,假若 dU_{DS}/dt 过高,那么在 J_2 结中引起的位移电流 $C_{J2}(dU_{DS}/dt)$ 会很大,当该电流流过体区扩展电阻 R_{br} 时,也可产生足以使晶体管 VT_2 开通的正向偏置电压,满足寄生晶体管开通擎住效应的条件,形成动态擎住效应。因此,在应用中必须防止 IGBT 发生擎住效应,为此可限制 I_{DM} 值,或者用加大栅极电阻 R_g 的办法,延长 IGBT 的关断时间,以减小 dU_{DS}/dt 值。

值得指出的是,动态擎住效应所允许的漏极电流比静态擎住效应所允许的要小,故生产厂家所规定的 I_{DM} 值是按动态擎住效应所允许的最大漏极电流来确定的。

2. 安全工作区

安全工作区(SOA)反映了一个晶体管同时承受一定电压和电流的能力。IGBT 开通时的正向偏置安全工作区(FBSOA),由电流、电压和功耗三条边界的极限围成。最大漏极电流 I_{DM} 是根据避免动态擎住效应而设定的,最大漏源电压 U_{DSM} 由 IGBT 中晶体管 VT_3 的击穿电压所确定,最大功耗则由最高允许结温 T_C 所决定。IGBT 导通时间越长,发热越严重,安全工作区则越窄,见图 3-38(a)。

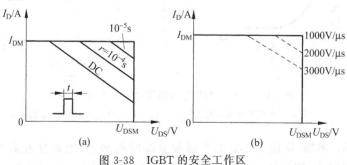

图 3-38　IGBT 的安全工作区
(a) 正向偏置;(b) 反向偏置

IGBT 反向偏置安全工作区(RBSOA)见图 3-38(b),它随 IGBT 关断时的 dU_{DS}/dt 而改变,dU_{DS}/dt 越高,RBSOA 越窄。

3.3.4 IGBT 的驱动与保护技术

1. IGBT 的驱动条件

IGBT 的驱动条件与 IGBT 的特性密切相关。设计栅极驱动电路时,应特别注意开通特性、负载短路能力和 dU_{DS}/dt 引起的误触发等问题。

正偏置电压 U_{GS} 增加,通态电压下降,开通损耗 E_{ON} 也下降,分别如图 3-39(a)和(b)所示。由图中还可以看出,若 $+U_{GS}$ 固定不变,导通压降将随漏极电流增大而增高,开通损耗将随结温升高而升高。

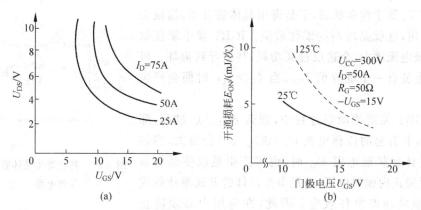

图 3-39 正偏置电压 $U_{GS(ON)}$ 与 U_{DS} 和 E_{ON} 的关系
(a) $U_{GS(ON)}$ 与 U_{DS} 的关系;(b) $U_{GS(ON)}$ 与 E_{ON} 的关系

负偏电压 $-U_{GS}$ 直接影响 IGBT 的可靠运行。负偏电压增高时,漏极浪涌电流明显下降,对关断能耗无显著影响,$-U_{GS}$ 与集电极浪涌电流和关断能耗 E_{OFF} 的关系分别如图 3-40(a)和(b)所示。

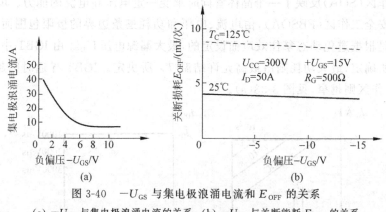

图 3-40 $-U_{GS}$ 与集电极浪涌电流和 E_{OFF} 的关系
(a) $-U_{GS}$ 与集电极浪涌电流的关系;(b) $-U_{GS}$ 与关断能耗 E_{OFF} 的关系

门极电阻 R_G 增加,将使 IGBT 的开通和关断时间增加,因而使开通与关断能耗均增加。而门极电阻减少,则又使 di/dt 增大,可能引发 IGBT 误导通,同时 R_G 上的损耗也有所增加。具体关系如图 3-41 所示。

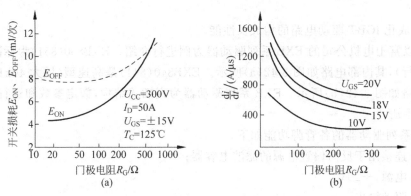

图 3-41　门极电阻 R_G 与 E_{ON}、E_{OFF} 及 di/dt 的关系
(a) R_G 与 E_{ON}、E_{OFF} 的关系；(b) R_G 与 di/dt 的关系

由上述不难得知：IGBT 的特性随门极驱动条件的变化而变化，就像双极型晶体管的开关特性和安全工作区随基极驱动而变化一样。但是 IGBT 的所有特性不能同时最佳化。

双极型晶体管的开关特性随基极驱动条件 (I_{B1}, I_{B2}) 而变化。然而，对于 IGBT 来说，正如图 3-40 和图 3-41 所示，门极驱动条件仅对其关断特性略有影响。因此，我们应将更多的注意力放在 IGBT 的开通、短路负载容量上。

IGBT 对驱动电路的要求可归纳如下。

(1) IGBT 与 MOSFET 都是电压驱动，都具有一个 2.5～5V 的阈值电压，有一个容性输入阻抗，因此 IGBT 对栅极电荷非常敏感，故驱动电路必须很可靠，要保证有一条低阻抗值的放电回路，即驱动电路与 IGBT 的连线要尽量短。

(2) 用内阻小的驱动源对栅极电容充放电，以保证栅极控制电压 U_{GS} 有足够陡的前后沿，使 IGBT 的开关损耗尽量小。另外，IGBT 开通后，栅极驱动源应能提供足够的功率，使 IGBT 不至因退出饱和而损坏。

(3) 驱动电路要能传递几十千赫兹的脉冲信号。

(4) 驱动电平也必须综合考虑。$+U_{GS}$ 增大时，IGBT 的通态压降和开通损耗均下降，但负载短路时 I_D 增大，IGBT 能承受短路电流的时间减小，对其安全不利，因此在有短路过程的设备中 U_{GS} 应选得小些，一般选 12～15V。

(5) 在关断过程中，为尽快抽取 PNP 管的存储电荷，须施加一负偏电压 U_{GS}，但它受 IGBT 的 G、S 间最大反向耐压限制，一般取 -1～-10V。

(6) 在大电感负载下，IGBT 的开关时间不能太短，以限制 di/dt 所形成的尖峰电压，确保 IGBT 的安全。

(7) 由于 IGBT 在电力电子设备中多用于高压场合，故驱动电路与控制电路在电位上应严格隔离。

(8) IGBT 的栅极驱动电路应尽可能简单实用，最好自身带有对 IGBT 的保护功能，有较强的抗干扰能力。

2. 集成化 IGBT 专用驱动器

现在，大电流高电压的 IGBT 已模块化，它的驱动电路除上面介绍的由分立元件构成之外,也已制造出集成化的 IGBT 专用驱动电路。其性能更好,整体的可靠性更高且体积也更小。

1) 集成化 IGBT 驱动电路的构成及性能

下面以富士电机公司的 EXB 系列驱动器为例进行介绍。EXB850(851)为标准型(最大 10kHz 运行),其内部电路如图 3-42(a)所示。EXB840(841)是高速型(最大 40kHz 运行),其内部电路如图 3-42(b)所示。EXB 系列驱动器为直插式结构,额定参数和运行条件可参考其使用手册。

EXB 系列驱动器的各管脚功能如下。

脚 1:连接用于反向偏置电源的滤波电容器;

脚 2:电源,+20V;

脚 3:驱动输出;

脚 4:用于连接外部电容器,以防止过流保护电路的误动作(大多数场合不需要该电容器);

脚 5:过流保护输出;

脚 6:集电极电压监视;

脚 7、8:不接;

脚 9:电源;

脚 10、11:不接;

脚 14、15:驱动信号输入(−,+)。

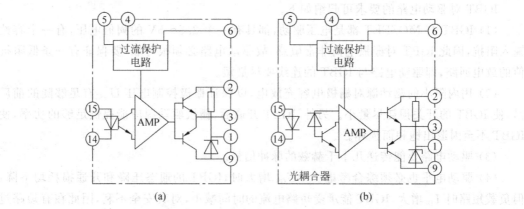

图 3-42 EXB 系列集成驱动器的内部结构
(a) EXB850,851(标准型); (b) EXB840,841(高速型)

由于该系列驱动器采用具有高隔离电压的光耦合器作为信号隔离,因此能用于交流 380V 的动力设备上。

IGBT 通常只能承受 10μs 的短路电流,所以必须有快速保护电路。EXB 系列驱动器内设有电流保护电路,根据驱动信号与集电极之间的关系检测过电流,其检测电路如图 3-43(a)所示。当集电极电压高时,虽然加入信号也认为存在过电流,但是如果发生过电流,驱动器的低速切断电路就慢速关断 IGBT(≤10μs 的过电流不响应),从而保证 IGBT 不被损坏。如果以正常速度切断过电流,集电极产生的电压尖脉冲足以破坏 IGBT,关断时的集电极电流波形如图 3-43(b)所示。

IGBT 在开关过程中需要一个电压以获得低开启电压,还需要一个 −5V 的关栅极电压

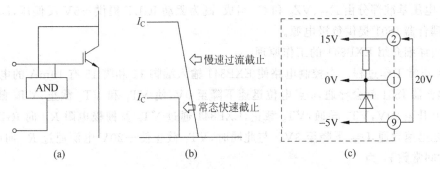

图 3-43 过电流检测器及其相关波形图
(a) 过电流检测器；(b) IGBT 关断时的集电极电流波形；(c) 低开启电压和关栅极电压的产生

以防止关断时的误动作。这两种电压（+15V 和 -5V）均可由 20V 供电的驱动器内部电路产生，如图 3-43(c)所示。

2) EXB841

为了更好地应用 IGBT，有关专家对 EXB841 作了拆解研究，经反复测试、整理，得到 EXB841 的原理图，见图 3-44，图中的参数均为实际测得，管脚标号与实际封装完全相同。

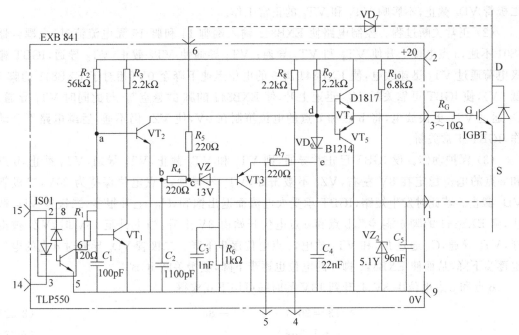

图 3-44 EXB841 的原理图

EXB841 由放大部分、过流保护部分和 5V 电压基准部分组成。

放大部分由光耦合器 IS01(TLP550)、VT_2、VT_4、VT_5 和 R_1、C_1、R_2、R_9 组成，其中 IS01 起隔离作用，VT_2 是中间级，VT_4 和 VT_5 组成推挽输出。

过流保护部分由 VT_1、VT_3、VD_6、VZ_1 和 C_2、R_3、R_4、R_5、R_6、C_3、R_7、R_8、C_4 等组成。它们实现过电流检测和延时保护功能。EXB841 的脚 6 通过快速二极管 VD_7 接至 IGBT 的集电极，显然它是通过检测电压 U_{DS} 的高低来判断是否发生短路的。

5V 电压基准部分由 R_{10}、VZ_2 和 C_5 组成,既为驱动 IGBT 提供 $-5V$ 反偏压,同时也为输入光耦合器 IS01 提供负极电源。

下面详细介绍 EXB841 的工作原理。

(1) 正常工作过程。当控制电路使 EXB841 输入端脚 14 和脚 15 有 10mA 的电流流过时,光耦合器 IS01 就会导通,a 点电位迅速下降至 0V,使 VT_1 和 VT_2 截止,VT_2 截止使 d 点电位上升至 20V,VT_4 导通,VT_5 截止,EXB841 通过 VT_4 及栅极电阻 R_G 向 IGBT 提供电流使之迅速导通,U_{DS} 下降至 3V。与此同时,VT_1 截止使 $+20V$ 电源通过 R_3 向电容 C_2 充电,时间常数 τ_1 为

$$\tau_1 = R_3 C_2 = 2.42\mu s \tag{3-19}$$

又使 b 点电位上升,它由 0 升到 13V 的时间可用下式求得

$$13 = 20(1 - e^{-t/\tau_1}) \tag{3-20}$$

$$t = 2.54\mu s \tag{3-21}$$

由于 IGBT 约 $1\mu s$ 后导通,U_{DS} 下降至 3V,从而将 EXB841 脚 6 的电位箝制在 8V 左右,因此 b 点和 c 点的电位不会充到 13V,而是充到 8V 左右,这个过程时间为 $1.24\mu s$。又稳压管 VZ_1 的稳压值为 13V,IGBT 正常开通时不会被击穿,VT_3 不通,e 点的电位仍为 20V 左右,二极管 VD_6 截止,不影响 VT_4 和 VT_5 的正常工作。

(2) 正常关断过程。控制电路使 EXB841 输入端脚 14 和脚 15 无电流流过,光耦合器 IS01 不通,a 点电位上升使 VT_1 和 VT_2 导通;VT_2 导通使 VT_4 截止,VT_5 导通,IGBT 栅极电荷通过 VT_5 迅速放电,使 EXB841 脚 3 的电位迅速下降至 0V(相对于 EXB841 的脚 1 低 5V),使 IGBT 可靠关断,U_{DS} 迅速上升,使 EXB841 的脚 6 "悬空"。与此同时 VT_1 导通,C_2 通过 VT_1 更快放电,将 b 点和 c 点的电位箝制在 0V,使 VZ_1 仍不通,后继电路不会动作,IGBT 正常关断。

(3) 保护动作。设 IGBT 已正常导通,则 VT_1 和 VT_2 截止,VT_4 导通,VT_5 截止,b 点和 c 点的电位稳定在 8V 左右,VZ_1 不被击穿,VT_3 不导通,s 点电位保持为 20V,二极管 VD_6 截止。若此时发生短路,IGBT 承受大电流而退出饱和,U_{DS} 上升很多,二极管 VD_7 截止,则 EXB841 的脚 6 "悬空",b 点和 c 点电位开始由 8V 上升,当上升至 13V 时,VZ_1 被击穿,VT_3 导通,C_4 通过 R_7 和 VT_3 放电,e 点电位逐步下降。二极管 VD_6 导通时 d 点的电位也逐步下降,从而使 EXB841 脚 3 的电位也逐步下降,缓慢关断 IGBT。

b 点和 c 点电位由 8V 上升到 13V 的时间可用下式求得

$$13 = 20(1 - e^{-t/\tau_1}) - 8e^{-t/\tau_1} \tag{3-22}$$

$$t = 1.3\mu s \tag{3-23}$$

C_3 与 R_7 组成的放电时间常数为

$$\tau_2 = R_7 C_3 = 4.84\mu s \tag{3-24}$$

e 点电位由 20V 下降到 3.6V 的时间可用下式求得

$$3.6 = 20e^{-t/\tau_2} \tag{3-25}$$

$$t = 8.3\mu s \tag{3-26}$$

此时慢关断过程结束,IGBT 栅极上所受偏压为 0V(设 VT_3 管压降为 0.3V,VT_6 和 VT_5 的管压降为 0.7V)。

这种状态一直持续到控制信号使光电耦合器 IS01 截止,此时 VT$_1$ 和 VT$_2$ 导通,VT$_2$ 导通使 d 点电位下降到 0V,从而使 VT$_4$ 完全截止,VT$_5$ 完全导通,IGBT 栅极所受偏压由慢关断时的 0V 迅速下降到 -5V,IGBT 完全关断。VT$_1$ 导通使 C$_2$ 迅速放电,VT$_3$ 截止,20V 电源通过 R$_8$ 对 C$_4$ 充电,RC 充电时间常数为

$$\tau_3 = R_8 C_4 = 48.4 \mu s \tag{3-27}$$

e 点电位由 3.6V 充至 19V 的时间可用下式求得

$$19 = 20(1 - e^{-t/\tau_3}) + 3.6 e^{-t/\tau_3} \tag{3-28}$$
$$t = 135 \mu s$$

e 点电位恢复到正常状态需 135μs,至此 EXB841 完全恢复到正常状态,可以进行正常的驱动。

与前述的 IGBT 驱动条件和保护策略相对照,以上所述说明 EXB841 充分考虑到 IGBT 的特点,其电路简单实用,有如下特点。

(1) 模块仅需要 $+20$V 电源供电,它通过内部 5V 稳压管为 IGBT 提供了 $+15$V 和 -5V 的电平,既满足了 IGBT 的驱动条件,又简化了电路,为整个系统设计提供了很大方便。

(2) 输入采用高速光耦隔离电路,既满足了隔离和快速的要求,又在很大程度上使电路结构简化。

(3) 通过精心设计,将过电流时降低 U_{GS} 与慢关断技术综合考虑,按前面所述,短路时 EXB841 各管脚波形如图 3-45 所示。可见一旦电路检测到短路后,要延迟约 1.5μs(VZ$_1$ 导通时,R$_4$ 会有压降)U_{GS} 才开始降低,再过约 8μs 后才降低到 0V(相对 EXB841 的脚 1)。在这 10μs 左右的时间内,如果短路现象消失,U_{GS} 会逐步恢复到正常值,但恢复时间取决于时间常数 τ_3,恢复时间是较长的。

根据以上分析,有以下几个方面需要注意。

(1) EXB841 只有 1.5μs 的延时,慢关断动作时间约 8μs,与使用手册上标明的"对 ≤10μs 的过电流不动作"是有区别的。

(2) 由于仅有 1.5μs 的延时,只要大于 1.5μs 的过流都会使慢关断电路工作。由于慢关断电路的放电时间常数 τ_2 较小,充电时间常数 τ_3 较大,后者是前者的 10 倍,因此慢关断电路一旦工作,即使短路现象很快消失,EXB841 中的脚 3 输出也难以马上达到 $U_{GS}=+15$V 的正常值。如果 EXB841 的 C$_4$ 已放电至终了值(3.6V),则它被充电至 20V 的时间约为 140μs,与本脉冲关断时刻相距 140μs 以内的所有后续脉冲正电平都不会达到 $U_{GS}=+15$V,即慢关断不仅影响本脉冲,而且可能影响后续的脉冲。

(3) 由图 3-44 可知光耦合器 IS01 由 $+5$V 稳压管供电,这似乎简化了电路,但由于 EXB841 的脚 1 接在 IGBT 的 S 极,IGBT 的开通和截止会造成其电位有很大的跳动,可能会有浪涌尖峰,这无疑对 EXB841 可靠运行不利。另外,从其印刷电路板 PCB 实际走线来看,光耦合器 IS01 的脚 8 到稳压管 VZ$_2$ 的走线很长,而且很靠近输出级(VT$_4$、VT$_5$),易受干扰。

(4) IGBT 开通和关断时,稳压管 VZ$_2$ 易受浪涌电压和电流冲击,而导致损坏。另外,从 PCB 实际走线看,VZ$_2$ 的限流电阻 R$_{10}$ 两端分别接在 EXB841 的脚 1 和脚 2 上,在实际电路测试时易被示波器探头等短路,从而可能损坏 VZ$_2$,使 EXB841 不能继续使用。

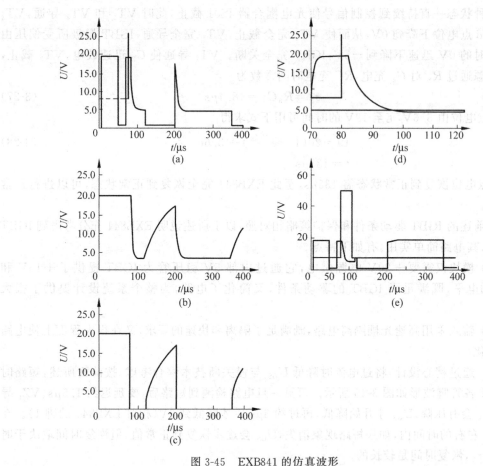

图 3-45 EXB841 的仿真波形

(a) 脚 3；(b) 脚 4；(c) 脚 5；(d) 延迟时间和慢关断过程；(e) 短暂短路时的脚 3

3）驱动器的应用

EXB850 和 EXB851 驱动器分别能驱动 150A/600V、75A/1200V、400A/600V、300A/1200V 的 IGBT，驱动电路信号延迟≤4μs，适用于高达 10kHz 的开关电路，其应用电路如图 3-46 所示。如果 IGBT 集电极产生大的电压尖脉冲，可增大 IGBT 栅极串联电阻 R_G 来加以限制。

EXB840/EXB841 高速型驱动器分别能驱动 150A/600V、75A/1200V、400A/600V、200A/1200V 的 IGBT，驱动电路信号延迟≤1μs，适用于高达 40kHz 的开关电路，它的应用电路如图 3-47 所示。

4）使用 EXB 系列驱动器应该注意的问题

(1) 输入与输出电路应分开，即输入电路（光耦合器）接线应远离输出电路，以保证有足够的绝缘强度和高的噪声阻抗。

(2) 使用时不应超过使用手册中给出的额定参数值。如果按照推荐的运行条件工作，IGBT 工作情况最佳。如果使用过高的驱动电压会损坏 IGBT，而不足的驱动电压又会增加 IGBT 的通态压降。过大的输入电流会增加驱动电路的信号延迟，而不足的输入电流会增加 IGBT 和二极管的开关噪声。

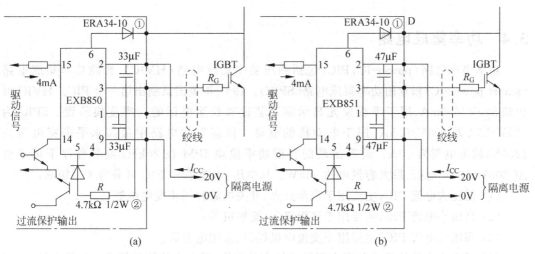

图 3-46 采用集成电路驱动 IGBT 的应用实例(1)
(a) EXB850；(b) EXB851

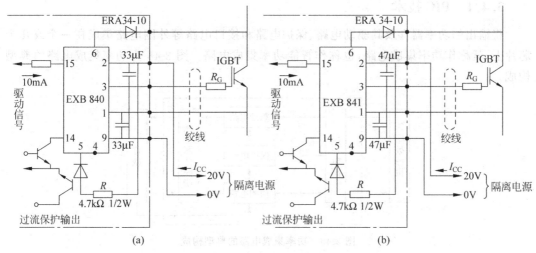

图 3-47 采用集成电路驱动 IGBT 的应用实例(2)
(a) EXB840；(b) EXB841

(3) IGBT 的栅、射极回路的接线长度一定要小于 1m，且应使用双绞线。

(4) 电路中的电容器 C_1 和 C_2 用来平抑因电源接线阻抗引起的供电电压变化，而不是用于电源滤波。

(5) 增大 IGBT 的栅极串联电阻 R_G，抑制 IGBT 集电极产生大的电压尖脉冲。

最后，再谈一下 IGBT 的保护问题。因为 IGBT 是由 MOSFET 和 GTR 复合而成的，所以 IGBT 的保护可按 GTR、MOSFET 的保护电路来考虑，主要是栅源过压保护、静电保护、准饱和运行、采用 R-C-VD 缓冲电路等。这些前面已经讲过，故不再赘述。另外还应在 IGBT 电控系统中设置过压、欠压、过流和过热保护单元，以保证其安全可靠地工作。应该指出的是，必须保证 IGBT 不发生擎住效应。具体做法是，实际中 IGBT 使用的最大电流不超过其额定电流。

3.4 功率集成电路

功率集成电路(power-IC,PIC)包括高压功率集成电路(HVIC)、智能功率集成电路(smart power-IC)和专用功率集成电路(SPIC)。1981年美国试制出第一个PIC。HVIC可达到500V/600mA,用于平板发光显示驱动装置和长途电话的功率变换装置。SPIC为110V/13A及500V/0.5A,用于电动机的驱动。目前单片电路中最高水平击穿电压为1200V,输出电流为40A。最近出现的智能功率模块IPM在20kHz高频程序下可承受AC200V/400V电压、最大容量可达55kW。从电压、电流来看,PIC可分为3个领域:

(1) 低压大电流PIC,主要用于汽车点火、开关电源和同步发电机等;
(2) 高压小电流PIC,主要用于平板显示、交换机等;
(3) 高压大电流PIC,主要用于交流电机控制、家用电器等。

PIC是电力半导体技术与微电子技术结合的产物,其根本特征是使动力与信息结合,成为机和电的接口,是机电一体化的基础元件。

3.4.1 PIC技术

将输出的功率器件及其驱动电路、保护电路和接口电路等外围电路集成在一个或几个芯片上,就称作功率集成电路,也称作智能功率集成电路。图3-48为功率集成电路的典型构成。

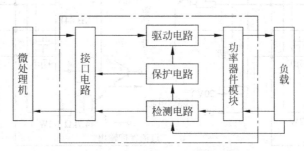

图3-48 功率集成电路的典型构成

功率集成电路最重要的部分是处理大电流和高电压的功率器件。对于PIC,有的定义规定至少能流过电流1A,或输出电压大于50V,但大多数定义必须大于1W(或2W)。

比起最小功率额定值来,确定PIC的智能化就比较困难了。所谓"智能化"是指控制功能、接口能力及对故障的诊断、处理或自保护功能。不管是单片电路还是混合电路,都具有一定的自保护功能。另外由于功率电路都包含在单一的封装中,因此还具有尺寸小、可靠性高、使用方便等优点。

1. PIC的分类与发展

如前所述,功率集成电路可以分为智能功率集成电路(SPIC)和高压功率集成电路(HVIC)。通常认为,SPIC是指一个或几个具有纵型结构的功率器件与控制和保护电路的集成。而HVIC是由多个高压器件与低压模拟器件或逻辑电路集成在一个单片之上而成的,其功率器件是横向的,电流容量较低。

随着半导体的发展和工艺技术的进步,PIC 发展的动向必然是高压化(100～1200V)和智能化。另外,由于单片 IC 在耗电、散热等方面的限制,将单个的器件组装在一起形成模块,从而驱动大的负载,这种动向也存在。同时,随着芯片制造技术的改进及成本的降低,PIC 的单片化、模块化已成为今后的发展方向。

2. SPIC 的基本功能

SPIC 的 3 个基本功能是功率控制、传感/保护和接口。功率控制部分具有处理高电压大电流或两者兼有的能力。其驱动电路一般被设计成能在直流 30V 下工作,这样才能对 MOS 器件的栅极提供足够的电压。另外,驱动电路必须能够使控制信号传递到高压侧。

SPIC 的保护电路一般是通过含有高频双极晶体管的反馈电路来完成。反馈环路的响应时间对于良好的关断是很关键的,由于在发生故障期间系统电流以很快的速度增加,因此这一部分需要由高性能模拟电路来实现。

SPIC 的接口功能是通过完成编码操作的逻辑电路来实现的。SPIC 芯片不仅需要对微处理机的信号作出反应,而且必须能够传送与工作状态或负载监测有关的信息,如过热关断、无负载或环路等。这需要在 SPIC 功率芯片上集成高密度的 CMOS 电路。为避免产生闭环现象,SPIC 中 CMOS 电路的设计也比较复杂。

3. SPIC 的开发和应用

SPIC(智能功率集成电路)的应用正在逐渐扩大,它在电动机控制、工厂自动化和汽车电子学等方面都产生了重大的影响。除特殊定制产品外,还产生了通用的 SPIC 产品。

(1) 美国国家半导体公司的 LM1951、线性技术公司的 LT1188、HARRIS 公司的 SP306,日本日立公司的 HA13703A,以及德国西门子公司的 BTS412 和 BTS432 等,均属于 SPIC,都具有对短路、过热、过载及对反向电压和欠压状态的自保护功能,大部分还具有自诊断功能。其功率器件的电流额定值为 1～12A,采用 5 管脚 TO-22 封装,用于汽车高压电子驱动器,售价为 2～6 美元(1000 个以上)。

(2) 美国国际整流器公司生产的 IR2110(500V)和 HARRIS 公司生产的 SP606(600V)等。这些 SPIC 随着由双极工艺发展到将低压双极、CMOS 和高压 DMOS 集成在一起的 BCD 技术而产生,用于功率转换、电动机控制等方面。它们工作在大约 1MHz 的频率下,具有 2A 峰值电流额定值,有独立的高压侧和低压侧输出通道,各个通道处于图腾柱方式以使交叉传导减到最小。高压侧通道可以驱动耐压 500V 或 600V 的功率 MOSFET 或 IGBT;低压侧通道由固定电源驱动,在 10～20V 范围内工作。采用 14 管脚双列直插封装的 IR2110 和 SP606 的售价为 7 美元左右。

(3) 瑞士 SGS-THMOSON 公司生产的 L6280,是一种用于电动机和螺线管控制的单片三通道驱动器,如图 3-49 所示。该芯片使用多个功率输出 BCD 技术,将 15 个 VDMOS 功率晶体管和用作控制保护和接口电路的 4000 个晶体管组装在一个芯片上,可以承受 60V 的电压。另外,在这个芯片上还集成了两个 1A 的电机驱动器、一个 3A 的螺线管驱动器、一个 5V/1A 的开关电源和一个微处理机接口。

3.4.2 智能功率模块

智能功率模块(IPM)又称智能集成电路,是电力集成电路的一种。在电力电子变流电路中,电力电子器件必须有驱动电路(或触发电路)、控制电路和保护电路的配合,才能按人

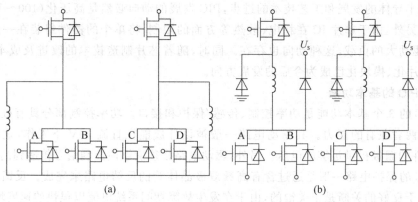

图 3-49 L6280 的输出通道简图
(a) 双半桥；(b) 双螺线管

们的要求实现一定的电力控制功能。以往电力电子器件和配套控制电路是分离器件构成的电路装置,而今半导体技术达到了可以将电力电子器件及控制电路所需的有源或无源器件集成,比如功率二极管、BJT、IGBT、高低压电容、高阻值多晶硅电阻、低阻值扩散电阻及各器件之间的连接等。这种功率集成电路特别适应电力电子技术高频化发展方向的需要。由于其高度集成化,结构十分紧凑,避免了由于分布参数、保护延迟所带来的一系列技术难题。

IPM 是以 IGBT 为基本功率开关元件构成一相或三相逆变器的专用功能模块,尤其适合于电动机变频调速装置的需要。图 3-50 为采用 IPM 制作的逆变器框图。

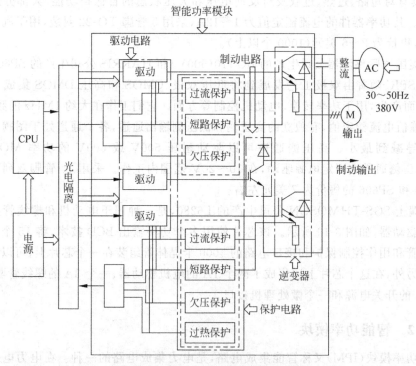

图 3-50 采用 IPM 制作的逆变器框图

由图 3-50 可见,IPM 模块的特点是集功率变换、驱动及保护电路于一体。其保护功能主要有过流、控制电源欠压和管芯过热等保护。而在原先 IGBT 模块的使用中,单单这些保护功能,就使电路十分复杂,而且其可靠性也差。使用 IPM 模块,仅需提供各桥臂对应 IGBT 的驱动电源和相应的开关控制信号,从而大大方便了应用系统的设计,并使可靠性大大提高。富士电机公司伴随着功率器件的智能化,于 1989 年成功开发出双极型的智能化功率模块。其后,以进一步降低损耗和提高频率为目标,于 1992 年成功开发出具有低损耗特点的 J 系列 IGBT-IPM(J-IPM)。1995 年,开发出具有低成本、低噪声特点的 N 系列 IGBT-IPM(N-IPM),并实现了产品化;后来又开发出具有高性价比特点的第三代 R 系列 IGBT-PM(R-IPM)。经过十几年的努力,IPM 已经在中频(<20kHz)中功率范围内的应用上取得了成功。IPM 的应用比较方便,对于其中的每一个 IGBT 器件,只要一个+15V 的单电源即可。但其也存在着内部死区时间及过流、短路保护阈值不可由用户调节的缺陷,往往用于定型逆变器等类产品。

3.5 缓冲电路

3.5.1 缓冲电路的作用与基本类型

电力电子器件的缓冲电路(snubber circuit)又称吸收电路,它是电力电子器件一种重要的保护电路,不仅用于半控型器件的保护,而且在全控型器件(如 GTR、GTO、功率 MOSFET 和 IGBT 等)的应用中,也起着重要的作用。

GTO 等全控型自关断器件运行中必须配有开通和关断缓冲电路,但其作用与晶闸管的缓冲电路不同,电路结构也有差别。原因是全控型器件的工作频率要比晶闸管高得多,因此,开通与关断损耗是影响这种开关器件正常运行的重要因素。

GTO 的开通缓冲电路用来限制导通时的 di/dt,以免发生元件内的过热,而且它在 GTO 逆变器中还起着抑制贯穿短路电流的峰值及其 di/dt 的作用。GTO 的关断缓冲电路不仅为限制 GTO 关断时重加电压的 di/dt 及过电压,而且对降低 GTO 的关断损耗,使 GTO 发挥应有的关断能力,充分发挥它的负荷能力起着重要作用。

IGBT 的缓冲电路功能更侧重于开关过程中过电压的吸收与抑制,这是由于 IGBT 的工作频率可以高达 30~50kHz,因此,很小的电路电感就可能引起很大的 Ldi_D/dt,从而产生过电压而危及 IGBT 的安全。图 3-51(a)和(b)是 PWM 逆变器中 IGBT 在关断和开通中的 u_{DS} 和 i_D 波形。由图 3-51(a)可见,在 i_D 下降中 IGBT 出现了过电压,其值为电源电压 u_{DS} 和 Ldi_D/dt 两者的叠加。图 3-51(b)为开通时的 u_{DS} 和 i_D 的波形,图中增加极快的 i_D 出现了过电流尖峰 i_{DP},当 i_{DP} 回落到稳定值时,过大的电流下降率同样会引起元件上的过电压而需要加以吸收。逆变器中的 IGBT 开通时出现尖峰电流,其原因是刚导通的 IGBT 负载电流上叠加了桥臂中互补管上反并联的续流二极管的反向恢复电流,所以,此二极管恢复阻断前,刚导通的 IGBT 上形成逆变桥臂的瞬时贯穿短路,使 i_C 出现尖峰,为此,需串入抑流电感,即串联缓冲电路,或放大 IGBT 的容量。

综上所述,缓冲电路对于工作频率高的自关断器件,通过限压、限流、抑制 di/dt、du/dt,可以把开关损耗从器件内部转移到缓冲电路中去,然后再消耗在缓冲电路的电阻上,或

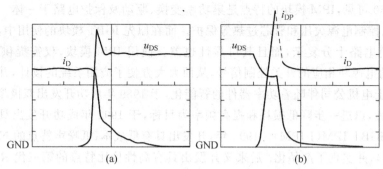

图 3-51 逆变器中 IGBT 在关断和开通时的波形
(a) 关断时的 u_{DS} 和 i_D；(b) 开通时的 u_{DS} 和 i_D

者由缓冲电路设法再反馈到电源中去。由此，缓冲电路可分为两大类：前一种是能耗型缓冲电路；后一种是反馈型缓冲电路。能耗型缓冲电路的电路简单，在电力电子器件的容量不太大、工作频率也不太高的环境下，应用很广泛。

3.5.2 缓冲电路的基本结构

缓冲电路的功能有抑制和吸收两个方面。图 3-52(a)是这种电路的基本结构，串联的 L_s 用于抑制 di/dt 的过量，并联的 C_s 用于吸收器件上的过电压能量，即器件在关断时 C_s 通过快速二极管 VD_s 充电，吸收器件上出现的过电压能量，由于电容电压不会跃变，限制了电压变化率 du/dt。当器件开通时，C_s 上的能量经 R_s 泄放。对于工作频率较高、容量较小的装置，为了减少损耗，图 3-52(a)的串并联 RLCVD 缓冲电路，可简化为图 3-52(b)的形式。这种由 RCVD 网络构成的缓冲电路普遍用于 GTR、GTO、电力 MOSFET 及 IGBT 等电力电子器件的保护。

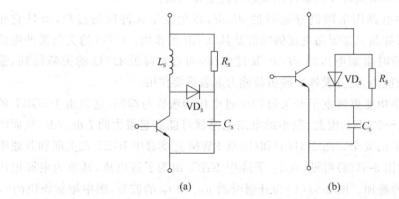

图 3-52 电力电子器件的基本缓冲电路
(a) 串并联 R-L-C-VD 缓冲电路；(b) 并联 R-C-VD 缓冲电路

图 3-53 所示的几种缓冲电路是上述基本 RCD 缓冲电路的简化或演变。它们既适用于逆变器中 IGBT 模块的保护，也适用于其他电力电子器件的缓冲保护，但其性能有所不同。

图 3-53(a)是最简单的单电容电路，适用于小容量的 IGBT 模块(10～50A)或其他容量较小的器件。但由于电路中有无阻尼元件，容易产生振荡，因此 C_s 中可串入 R_s 加以抑制。

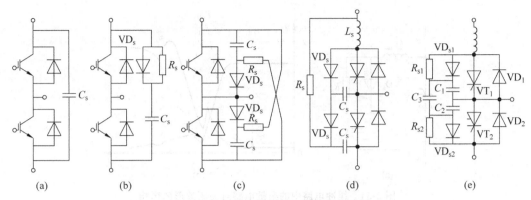

图 3-53 电力电子器件的其他缓冲电路

(a) IGBT 桥臂模块的单电容电路；(b) 桥臂模块公用的 RCVD 电路；(c) 有反馈功能的 RCVD 电路；
(d) 不对称有反馈功能的 RCVD 电路；(e) 三角形吸收电路

这种 RC 缓冲电路在晶闸管的保护中已应用得很普遍。

图 3-53(b) 是把 RCVD 缓冲电路用于由两只 IGBT 组成桥臂的模块上。此电路比较简单，但吸收功能较单独使用 RCVD 时略差，多用于小容量元件的逆变器桥臂上。有时还可以把图 3-53(a)、(b) 两种缓冲电路并联使用，以增强缓冲吸收的功能。

图 3-53(c) 是有反馈功能的缓冲电路，该电路中 R_s 交叉连接，当器件关断时，C_s 经 VD_s 充电，抑制 du/dt。当器件开通前，C_s 经电源和 R_s 释放电荷，同时有部分能量得到反馈。这种电路对大容量的器件，例如 400A 以上的 IGBT 模块比较适合。

图 3-53(d) 是不对称有反馈功能的 RCVD 缓冲电路。图中限流电感 L_s 经过 VD_s 和 R_s 释放磁场能量。GTO 开断时，C_s 经 VD_s 吸收能量并经 R_s 把部分能量反馈到电网上去，因此损耗较小，适用于大容量的 GTO 逆变器。图 3-53(d) 与图 3-53(c) 的功能类似，其 C_s 具有吸收电能和电压箝位双重功能，且效率较高。

图 3-53(e) 是三角形吸收电路。这里，吸收电容 $C_1 \sim C_3$ 为三角形联结，在 VT_1 关断时，并联在 VT_1 两端的总吸收电容量由 C_3 和 C_2 串联再和 C_1 并联后组成，即总电容量 $C_\Sigma = C_1/(C_2+C_3)$。这种电路的特点如下：

(1) 3 个电容器之间几乎不需要连接线，所以寄生电感极小；

(2) 在电力电子器件的工作过程中每个电容器都参与工作，电容器利用率高；

(3) 电路的损耗较小，日立公司曾在一定的条件下进行试验比较，这种电路的损耗约为 RCD 电路损耗的 40%。

缓冲电路引线中的杂散电感 L_s' 必须限制到最小，以防止电力电子器件在关断时出现电压尖峰，并消除杂散电感与缓冲电路中 C_s 构成谐振回路所产生的振荡。图 3-54 以电感性负载中 GTO 的缓冲电路为例，说明杂散电感 L_s' 对关断过程中阳极电压产生尖峰电压 U_P 的影响。在阳极电流迅速下降时，随着 C_s 快速充电，L_s' 上所产生的 $L_s' di_s/dt$ 电动势加在 GTO 上，故 L_s' 越大，U_P 越大，管耗 P_{off} 也越严重。此外，在感性负载下阳极电流下降率 di_A/dt 与缓冲电路中的电流上升率 di_s/dt 相等，故负载电流越大，下降越快，$L_s' di_s/dt$ 也越大，同样会产生严重后果。所以，缓冲电路中的 R、C、VD 等元件也应力求采用无感元件。

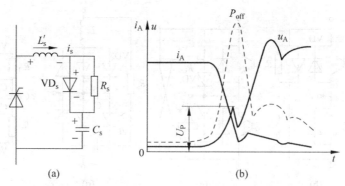

图 3-54 缓冲电路中的杂散电感对关断波形的影响
(a) 缓冲电路中的 L'_s；(b) L'_s 使阳极电压产生尖峰

3.5.3 缓冲电路中 C_s 和 R_s 值的确定

1. 吸收电容 C_s 值的确定

IGBT 制造商（三菱公司）所推荐的 C_s 参数计算方法是避开不易确定的下降时间 t_f，其认为主电路关断时不能续流释放的那部分磁场能量都转换成 C_s 的电场能量，这时，C_s 的最高电压 U_{CSP} 不应该超过设计允许值。这样，C_s 在电子器件关断时其充电电压就由两部分组成：一部分是由电源输入的充电电压 U_d；另一部分则是没有释放的磁场能量转换过来的充电电压。故有

$$\frac{1}{2}L_M I_L^2 = \frac{1}{2}C_s(U_{CSP} - U_d)^2 \tag{3-29}$$

式中：L_M——主电路电感，主要是没有续流的杂散电感；

U_{CSP}——C_s 上的最大充电电压。

由此可得

$$C_s = \frac{L_M I_L^2}{(U_{CSP} - U_d)^2} \tag{3-30}$$

由图 3-55 可见，U_{CSf} 和 U_{CSP} 是在不同时间里出现的电容电压，U_{CSP} 远大于 U_{CSf}。在电力电子器件允许的耐压下，U_{CSP} 值为已知，例如是电源电压 U_d 的 1.5 倍，即可求得 C_s 的值。GTO 的耐压性能高，它的缓冲电路作用如上面所述，L_s 和 C_s 的作用是限制过大的 di/dt 和 du/dt，故有下列计算式

$$L_s \geqslant \frac{U_d}{(di/dt)_{max}} \tag{3-31}$$

$$C_s \geqslant \frac{I_{TGQM}}{(du/dt)_{max}} \tag{3-32}$$

式中：$(di/dt)_{max}$——GTO 开通时允许的最大电流上升率；

$(du/dt)_{max}$——GTO 关断时允许的最大电压上升率；

I_{TGQM}——GTO 阳极最大可关断峰值电流。

不同的 GTO 允许值也不同，如 4500V/3000A 的 GTO，其 $di/dt < 500A/\mu s$，$du/dt < 1000V/\mu s$。

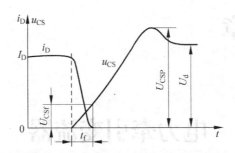

图 3-55　IGBT 关断时缓冲电容电压波形

2. R_s 阻值的确定

缓冲电路中若 R_s 阻值过大,则 C_s 放电时间过慢,在下一次开关过程中 C_s 不能充分发挥吸收能量的作用。但若 R_s 阻值过小,在器件导通时,$R_s C_s$ 的放电电流过大、过快,可能危及器件的安全,也可能引起振荡。为此可取开关器件的工作周期 T 等于 $3\sim 6$ 倍的 $R_s C_s$。

在功率较大的 GTO 缓冲电路中,一般取 R_s 的值为 $5\sim 10\Omega$。

复习与思考题

1. 概述电力电子器件的应用场合。
2. 电力电子器件有哪些基本类型?其特点和发展趋势如何?
3. 使用简单的直接并联或串联晶闸管会出现什么问题?应如何解决?
4. 说明 GTO 的工作原理及其可以关断的原因。
5. 说明 IGBT 的实际等效电路及其擎住效应。
6. 与半控型开关相比,全控型开关器件在性能和使用上有哪些优点?
7. 电力电子开关器件为什么必须设置缓冲电路?缓冲电路有哪些类型?

第 4 章

电力牵引变流器

4.1 斩波电路(斩波器)

与干线铁路相比,距离较短的城市轨道交通体系中,从高压交流到低压直流(IEC 电压标准为 1500V、750V 或 600V)的变压、整流是在地面变电站完成的。城市轨道交通车辆的电力牵引系统中,主电路用于车辆的牵引和制动,辅助电路用于为空调、压缩机等辅助设备的三相交流电动机提供电源。

斩波电路是把恒定直流电压转换成为负载所需直流电压的变流电路。它通过周期性地快速通、断,把恒定直流电压斩成一系列的脉冲电压,改变这一脉冲列的脉冲宽度或频率就可调节输出电压的平均值。斩波电路还可以用来调节电阻的大小和磁场的强弱。作为直流电动机调速的有效手段,斩波电路广泛应用于城市轨道交通车辆和其他电动运输车辆,如城市无轨电车、工矿企业的电力机车、高速动车组以及由蓄电池供电的搬运车、叉车、电动汽车等。斩波电路有 6 种基本电路:降压斩波电路、升压斩波电路、升降压斩波电路、Cuk 斩波电路、Sepic 斩波电路和 Zeta 斩波电路,其中前两种是最基本的斩波电路,另外还有复合斩波电路——不同斩波电路的组合,多相多重斩波电路——相同结构斩波电路的组合。

直流斩波电路与三相逆变电路是城市轨道交通车辆电力牵引系统中广泛应用的电力电子电路,直流斩波电路用于构成驱动直流电动机的调压调速主电路和辅助电路的前级。

下面主要介绍几种基本的斩波电路。

4.1.1 降压斩波电路

1. 概述

斩波电路的典型用途之一是拖动直流电动机,也可带动蓄电池负载。两种情况下负载中均会出现反电动势。20 世纪二三十年代开始的城市有轨电车,其速度控制采用的是调节电动机转速的传统方法:直流电动机由恒压直流电源供电,通过改变串联在电路中的电阻值来改变电动机的端电压,从而调节电动机转速。

直流电动机回路串联电阻调速的电路如图 4-1 所示,图中 K_1、K_2、K_3、K_4 为机械开关。

当分别闭合或断开电路中的开关时,改变了电动机回路中的电阻值,也就改变了直流电动机的端电压和转速。在串联电阻调速电路中,串入电阻和负载流过相同的电流,而其两端的电压为电源电压与负载电压之差,于是在电阻上将消耗大量的功率,特别是电动机的转速较低时,电源供给的功率大部分消耗在电阻上。显然,改变电阻值调速的方法能耗大,生成的热量又会带来地铁隧道温升等问题。

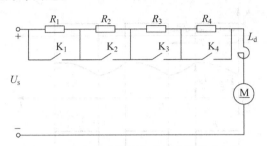

图 4-1 直流电动机回路串联电阻调速电路

用一个理想开关取代电阻就可以组成如图 4-2(a)所示的直流电动机斩波调速电路,图中 VD 为续流二极管,L 为平波电抗器。当 VT 导通时,负载两端的电压等于电源电压;开关断开时,续流二极管导通,负载两端的电压等于 0。如使开关 VT 周期地快速接通和断开,则在负载两端得到一系列脉冲电压,如图 4-2(b)所示。图中 T 为开关的切换周期,t_{on} 为开关的接通时间,t_{off} 为开关的断开时间。脉冲列电压的幅值等于电源电压 E。只要开关切换速度足够高,即切换周期 T 比电动机的机电时间常数小得多,电动机的转速就不会受到电压断续的影响,此时可以认为电动机的转速由电压平均值决定。电动机的机电时间常数是表征动态响应快速性能的重要指标,是指电动机空载的时候,电枢外施加一阶跃电压,其转速由 0 升至稳定转速的 63.2% 时所需要的时间。获得机电时间常数的方法,就是要获得电动机在阶跃电压下空载走动时的转速-时间曲线。通常的方法有示波器法、摄影法和光电脉冲法。

2. 降压斩波电路工作原理

降压斩波电路的原理如图 4-2(a)所示,其工作时的电压、电流波形如图 4-2(b)所示。降压斩波电路的工作原理如下:$t=0$ 时,驱动 VT 导通,电源 E 向负载供电,负载电压 $u_0 = E$,负载电流 i_0 按指数曲线上升;$t=t_1$ 时,控制 VT 关断,负载电流经二极管 VD 续流,负载电压 u_0 近似为 0,负载电流呈指数曲线下降。为了使负载电流连续且脉动小,通常使串接的电感 L 值较大,L 通常称为平波电抗器。由于斩波电路输出电压平均值小于输入电压 E,所以该电路被称为降压斩波电路,也称为 Buck 变换器。负载电动机的调速范围一般是 0 到额定转速。因此,一般电动机直流调速系统均采用降压斩波电路。

1) 数量关系

电流连续时,负载电压平均值为

$$U_0 = \frac{t_{on}}{t_{on}+t_{off}}E = \frac{t_{on}}{T}E = \alpha E \tag{4-1}$$

式中:t_{on}——VT 导通的时间;

t_{off}——VT 关断的时间;

α——导通占空比。

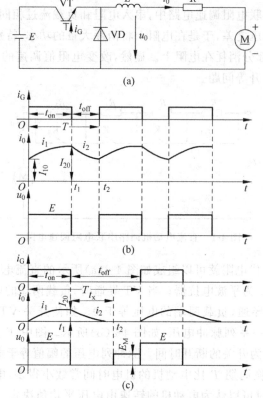

图 4-2 降压斩波电路的原理图及波形
（a）电路图；（b）电流连续时的波形；（c）电流断续时的波形

U_0 最大为 E，减小占空比 α，U_0 随之减小，因此称为降压斩波电路。

负载电流平均值为

$$I_0 = \frac{U_0 - E_M}{R} \tag{4-2}$$

式中：E_M——电动机感应电动势。

电流断续时，U_0 被抬高，一般不希望出现这种情况。

下面基于"分段线性"的思想，对降压斩波电路进行分析。

（1）VT 通态期间，设负载电流为 i_1，可列出如下方程：

$$L\frac{di_1}{dt} + i_1 R + E_M = E \tag{4-3}$$

设此阶段电流初值为 I_{10}，$\tau = L/R$，解式（4-3）得

$$i_1(t) = I_{10} e^{-\frac{t}{\tau}} + \frac{E - E_M}{R}(1 - e^{-\frac{t}{\tau}}) \tag{4-4}$$

（2）VT 断态期间，设负载电流为 i_2，可列出如下方程：

$$L\frac{di_2}{dt} + i_2(t) + E_M = 0 \tag{4-5}$$

设此阶段电流初值为 I_{20}，解式（4-5）得

$$i_2(t) = I_{20}e^{-\frac{t}{\tau}} - \frac{E_M}{R}(1-e^{-\frac{t}{\tau}}) \tag{4-6}$$

(3) 当电流连续时,有

$$I_{10} = i_2(t_2) \tag{4-7}$$

$$I_{20} = i_1(t_1) \tag{4-8}$$

即 VT 进入通态时的电流初值就是 VT 在断态阶段结束时的电流值,反过来,VT 进入断态时的电流初值就是 VT 在通态阶段结束时的电流值。

当电流连续时,由式(4-7)和式(4-8)可知电流最大值 I_{20} 和最小值 I_{10} 分别为

$$I_{10} = i_2(T) = I_{20}e^{-\frac{T-t_{on}}{\tau}} - \frac{E_M}{R}(1-e^{-\frac{T-t_{on}}{\tau}}) \tag{4-9}$$

$$I_{20} = i_1(T) = I_{10}e^{-\frac{t_{on}}{\tau}} + \frac{E-E_M}{R}(1-e^{-\frac{t_{on}}{\tau}}) \tag{4-10}$$

由图 4-2(b)可知, I_{10} 和 I_{20} 分别是负载电流瞬时值的最小值和最大值。

由式(4-9)和式(4-10)联立求解得

$$I_{10} = \frac{e^{\frac{t_{on}}{\tau}}-1}{e^{\frac{T}{\tau}}-1} \cdot \frac{E}{R} - \frac{E_M}{R} \tag{4-11}$$

$$I_{20} = \frac{1-e^{-\frac{t_{on}}{\tau}}}{1-e^{-\frac{T}{\tau}}} \cdot \frac{E}{R} - \frac{E_M}{R} \tag{4-12}$$

令 $\rho = \frac{T}{\tau}, \alpha = \frac{t_{on}}{T}, m = \frac{E_M}{E}$,并有 $\frac{t_{on}}{\tau} = \alpha\rho$,则

$$I_{10} = \left(\frac{e^{\alpha\rho}-1}{e^{\rho}-1} - m\right) \cdot \frac{E}{R} \tag{4-13}$$

$$I_{20} = \left(\frac{1-e^{-\alpha\rho}}{1-e^{-\rho}} - m\right) \cdot \frac{E}{R} \tag{4-14}$$

在 L 值足够大的条件下,用泰勒级数近似,由式(4-13)和式(4-14)可得

$$I_{10} \approx I_{20} \approx \frac{(\alpha-m)E}{R} = I_0 \tag{4-15}$$

式(4-15)表示平波电抗器 L 为无穷大,电流完全平直时的负载电流平均值 I_0,此时负载电流的最大值、最小值均等于平均值。

从能量传递关系出发进行的推导,由于 L 为无穷大,故负载电流维持为 I_0 不变,电源只在 VT 处于通态时提供能量,在整个周期 T 中,负载一直在消耗能量,消耗的能量为 $RI_0^2T + E_M I_0 T$。

在一个周期中,如果忽略损耗,则电源提供的能量与负载消耗的能量相等,即

$$EI_0 t_{on} = RI_0^2 T + E_M I_0 T \tag{4-16}$$

则

$$I_0 = \frac{\alpha E - E_M}{R} \tag{4-17}$$

在上述情况中,均假设 L 值为无穷大,负载电流平直的情况。这种情况下,假设电源电

流平均值为 I_1，则有

$$I_1 = \frac{t_{on}}{T} I_0 = \alpha I_0 \tag{4-18}$$

其值小于等于负载电流 I_0，由式(4-18)得

$$EI_1 = \alpha EI_0 = U_0 I_0 \tag{4-19}$$

即输出功率等于输入功率，可将降压斩波器看作直流降压变压器。

(4) 负载电流断续的情况：$I_{10} = 0$，且 $t = t_x$ 时，$i_2 = 0$，利用式(4-5)和式(4-6)可求出 t_x 为

$$t_x = \tau \ln \left[\frac{1 - (1-m) e^{-\alpha \rho}}{m} \right] \tag{4-20}$$

电流断续时 $t_x < t_{off}$，由此得出电流断续的条件为

$$m > \frac{e^{\alpha \rho} - 1}{e^{\rho} - 1} \tag{4-21}$$

对于电路的具体工况，可据此式判断负载电流是否连续。在负载电流断续工作的情况下，负载电流一降到 0，续流二极管 VD 即关断，负载两端电压等于 E_M。输出电压平均值为

$$U_0 = \frac{t_{on} E + (T - t_{on} - t_x) E_M}{T} = \left[\alpha + \left(1 - \frac{t_{on} + t_x}{T}\right) m \right] E \tag{4-22}$$

U_0 不仅和占空比 α 有关，也和反电动势 E_M 有关。

此时负载电流平均值为

$$I_0 = \frac{1}{T} \left(\int_0^{t_{on}} i_1 dt + \int_0^{t_x} i_2 dt \right) = \left(\alpha - \frac{t_{on} + t_x}{T} m \right) \frac{E}{R} = \frac{U_0 - E_M}{R} \tag{4-23}$$

例 4-1 降压式斩波电路，输入电压 U_i 为 $27V \times (1 \pm 10\%)$，输出电压为 $15V$，求占空比变化范围。

解：降压斩波电路输出电压 $U_0 = \alpha U_i$，则

$$U_{imax} = 27 \times (1 + 10\%) = 29.7 (V)$$

则

$$\alpha_{min} = \frac{U_0}{U_{imax}} = \frac{15}{29.7} \approx 0.505$$

$$U_{imin} = 27 \times (1 - 10\%) = 24.3 (V)$$

$$\alpha_{max} = \frac{U_0}{U_{imin}} = \frac{15}{24.3} \approx 0.617$$

2) 平波电抗器电感量的确定

不连续的电枢电流对电动机的工作不利，是不希望出现的，因而必须选择适当的平波电抗器电感量 L，保证在电动机的工作范围内，电枢电流是连续的。为了确定电路平波电抗器电感量 L 进行如下电路分析。当确定斩波器输出端的参数时，假定负载两端的电压没有脉动，对于图 4-2 的电路，其负载电压、电流波形如图 4-3 所示。如忽略回路的电阻，在电压无脉动的假设条件下，在 VT 导通时，电路的电压方程为

$$L_{LD} \frac{di_0}{dt} = E - E_M = (1 - \alpha) E \tag{4-24}$$

式中：L_{LD}——负载回路总电感；

E_M——电动机电势。

电枢电流 i_0 的脉动量 ΔI_0 为

$$\Delta I_0 = I_{0\max} - I_{0\min} = \frac{E}{L_{LD}}(1-\alpha)\alpha T \qquad (4\text{-}25)$$

从式(4-25)可知，在 E、L_{LD} 一定的情况下，ΔI_0 是导通比和周期 T 的函数。

对于定频调宽的控制方式，即 $T = C_1$（C_1 是常数），最大脉动量发生在 $\alpha = 0.5$ 的工况下，此时有

$$\Delta I_0 = \Delta I_{0\max} = \frac{ET}{4L_{LD}} = \frac{EC_1}{4L_{LD}} \qquad (4\text{-}26)$$

对于定宽调频的控制方式，即 $\alpha T = C_2$（C_2 是常数），则

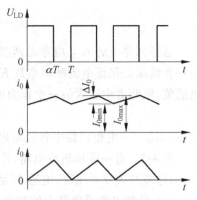

图 4-3 负载电压、电流波形

(a) 负载电压波形；(b) 负载电流波形；
(c) 负载电流临界连续时的波形

$$\Delta I_{0\max} = \frac{EC_2}{4L_{LD}}(1-\alpha_{\min}) \qquad (4\text{-}27)$$

式中：$\alpha_{\min}$——斩波器的最小导通比。

电枢电流 i_0 的脉动系数 K 为

$$K = \frac{0.5\Delta I_0}{I_0} = \frac{E}{2L_{LD}I_0}(1-\alpha)\alpha T \qquad (4\text{-}28)$$

如果在某一定 I_0 值要求其电流脉动系数不大于某定值 K，这时所需要的回路电感值为

$$[L_{LD}]_K \geqslant \frac{E}{2KI_0}(1-\alpha)\alpha T \qquad (4\text{-}29)$$

对于定频调宽的控制方式

$$[L_{LD}]_K \geqslant \frac{C_1 E}{8KI_0} \qquad (4\text{-}30)$$

对于定宽调频的控制方式

$$[L_{LD}]_K \geqslant \frac{C_2 E}{2KI_0}(1-\alpha_{\min}) \qquad (4\text{-}31)$$

在电流 i_0 连续的临界状态，$\Delta I_{0\min} = 0$，如图 4-3(c)所示。在临界状态下，电枢电流平均值是连续状态中电枢平均电流的最小值，称为最小连续电流，以符号 $\bar{I}_{0\min}$ 表示。由图 4-3(c)可知，在该情况下，$\Delta I_1 = 2\Delta \bar{I}_{0\min}$ 代入式(4-25)便可求得维持 i_0 连续所需的回路电感的最小值 $[L_{LD}]_{\min}$ 为

$$[L_{LD}]_{\min} \geqslant \frac{E}{2\bar{I}_{0\min}}(1-\alpha)\alpha T \qquad (4\text{-}32)$$

对于定频调宽的控制方式

$$[L_{LD}]_{\min} \geqslant \frac{C_1 E}{8\bar{I}_{0\min}} \qquad (4\text{-}33)$$

对于定宽调频的控制方式

$$[L_{LD}]_{min} \geqslant \frac{C_2 E}{2\bar{I}_{0min}}(1-\alpha_{min}) \tag{4-34}$$

选择回路电感 L_{LD} 应考虑两种情况：一种情况是保证在 $I_0 > I_{0min}$ 的条件下，i_0 连续；另一种情况是保证电流脉动系数 K 满足电动机的工作要求。按上述两种情况算出所需的电感值，取两者中较大的一个作为电动机回路中的电感值，则平波电抗器的电感值 L 为

$$L = L_{LD} - L_M \tag{4-35}$$

式中：L_M——电枢回路中各绕组电感的总和。

例 4-2 有一降压斩波电路，$E=120\mathrm{V}$，负载电阻 $R=6\Omega$，开关周期性通断，通 $30\mu\mathrm{s}$，断 $20\mu\mathrm{s}$，忽略开关导通压降，电感 L 足够大。试求：

(1) 负载电流及负载上的功率。

(2) 若要求负载电流在 4A 时仍能维持，则电感 L 最小应取多大？

解：依据题意，开关通断周期 $T=50\mu\mathrm{s}$，有

$$\alpha = \frac{t_{on}}{T} = \frac{30}{50} = 0.6$$

(1) 负载电压的平均值：

$$U_0 = \alpha E = 0.6 \times 120 = 72(\mathrm{V})$$

负载电流的平均值：

$$I_0 = \frac{U_0}{R_0} = \frac{72}{6} = 12(\mathrm{A})$$

负载功率的平均值：

$$P_0 = U_0 I_0 = 72 \times 12 = 864(\mathrm{W})$$

(2) 设占空比不变，当负载电流为 4A 时，处于临界连续状态，则电感 L 为

$$[L_{LD}]_{min} \geqslant \frac{E}{2\bar{I}_{0min}}(1-\alpha)\alpha T = \frac{120}{2 \times 4}(1-0.6) \times 0.6 \times 50 = 180(\mu\mathrm{H})$$

3. 斩波电路的控制方式

1) 时间比控制方式

时间比控制（time rate control，TRC）（见图 4-4）是改变斩波电路输出电压的一种方法。由式(4-1)可知，斩波电路的输出电压是斩波器导通时间和斩波周期的函数。改变 t_{on} 或 T 都能改变输出电压。改变 t_{on}/T 的比值有 3 种方式：定频调宽、定宽调频和调宽调频。而定频调宽是应用最为广泛的一种方式。

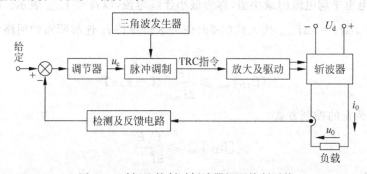

图 4-4 时间比控制时斩波器闭环控制系统

(1) 定频调宽控制

定频调宽控制方式是保持斩波周期 T 不变，只改变斩波器的导通时间 t_{on}，如图 4-5 所示。图中 T 为常数，t_{on} 为变量，t_{on} 越宽，平均输出电压值 U_0 越大。这种控制方式的特点是：斩波器的基本频率固定，比较容易滤除高次谐波。

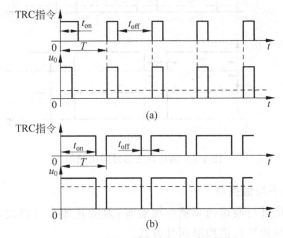

图 4-5 定频调宽的时间比控制

(2) 定宽调频控制

定宽调频控制方式是保持斩波器的导通时间 t_{on} 不变，只改变其导通周期 T，如图 4-6 所示。图中 t_{on} 为常数，T 为变量，T 越宽，平均输出电压 U_0 越小。当 $t_{off1} > t_{off2}$ 时，图 4-6(a)输出的平均电压比图 4-6(b)输出的平均电压要小。这种控制方式的特点是：斩波回路和控制电路简单，但频率是变化的。

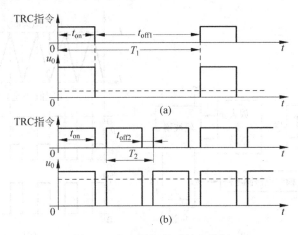

图 4-6 定宽调频的时间比控制

(3) 调频调宽混合控制

调频调宽混合控制方式不仅改变斩波器的工作频率，而且也改变斩波器的导通时间，如图 4-7 所示。这种控制方式的特点是：可以大幅度调节输出，但也存在着由于频率变化所引起的设计滤波器的困难。

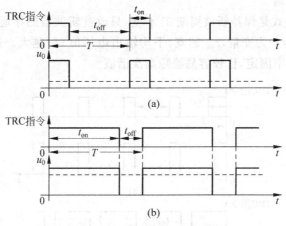

图 4-7 调频调宽的时间比控制

2）瞬时值控制和平均值控制

采用直流斩波电路进行调速的车辆在加速时，为使其加速度恒定，需要进行恒流控制。恒流控制有瞬时值控制和平均值控制两种方式。

（1）瞬时值控制

将电动机电流的瞬时值与预先给定的主电动机电流上限值和下限值比较，在电流达到上限值或下限值时即关断或开通斩波器，称为电流瞬时值控制，其原理如图 4-8 所示。这种直接控制电流脉冲值的方式，应用于电气车辆，可以做到不管车辆速度如何，脉动率始终保持恒定，并且控制系统本身具有瞬时响应特性。因为电流的脉动幅度固定（$\Delta I_M = I_{max} - I_{min}$），斩波器工作频率将随导通比 α 的变化发生大幅度的变化。

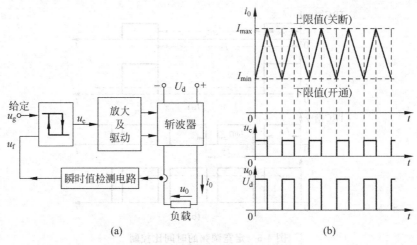

图 4-8 瞬时值控制方式原理图
(a) 方框图；(b) 波形图

（2）平均值控制

用检测出的电流平均值与给定值比较，根据其差值控制斩波器的开通与关断，称为平均值控制。这种控制方式的原理如图 4-9 所示，电路中设置了给定斩波器工作频率的振荡器和控制导通比的移相器,根据电流给定值和负载电流平均值的偏差,控制移相器的输出。这种方式与瞬时值控制方式相比,响应速度稍差,但工作频率是稳定的。考虑到电动机的机电时间常数比切换周期 T 大得多,直流牵引轨道交通车辆多采用这种平均值控制方式。

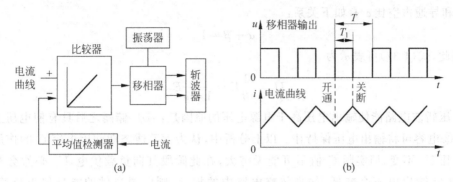

图 4-9 平均值控制方式原理图
(a) 方框图;(b) 波形图

4.1.2 升压斩波电路

1. 升压斩波电路的基本原理

升压斩波电路的原理如图 4-10(a)所示,其工作时的电流波形如图 4-10(b)所示。假设 L 值很大,C 值也很大,当 VT 导通时,电源电压 E 加于电感 L 上,充电电流恒为 I_1,电感储能。与此同时电容 C 向负载供电,因 C 值很大,输出电压 u_0 为恒值,记为 U_0。设 VT 导通的时间为 t_{on},此阶段 L 上积蓄的能量为 $EI_1 t_{on}$,而隔离二极管 VD 因受电容 C 施加的反向电压而关断。当 VT 关断时,电感 L 中的电流维持原来的流通方向不变,其自感电势改变极性并和电源电压叠加,强制电流进入负载并给电容 C 充电。这样斩波器导通时储存在电感器中的电能便释放到负载 R 和电容 C 上。设 VT 关断的时间为 t_{off},则此期间电感 L 释放的能量为 $(U_0-E)I_1 t_{off}$。稳态时,一个周期 T 中 L 积蓄的能量与释放的能量相等,有

$$EI_1 t_{on} = (U_0 - E) I_1 t_{off} \tag{4-36}$$

可化简为

$$U_0 = \frac{t_{on} + t_{off}}{t_{off}} E = \frac{T}{t_{off}} E \tag{4-37}$$

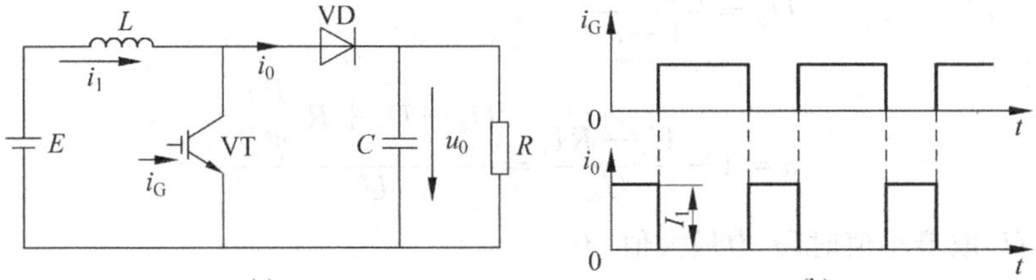

图 4-10 升压斩波电路及其工作波形
(a) 电路图;(b) 波形

$T/t_{off} \geq 1$,输出电压高于电源电压,故称该电路为升压斩波电路,也称为 Boost 变换器。T/t_{off} 为升压比,调节其大小即可改变 U_0 大小,调节方法与前面介绍的改变导通比 α 的方法类似。将升压比的倒数记作 β,即 $\beta = t_{off}/T$。

β 和导通占空比 α 有如下关系:

$$\alpha + \beta = 1 \tag{4-38}$$

因此,式(4-37)可表示为

$$U_0 = \frac{1}{\beta} E = \frac{\alpha}{1-\alpha} E \tag{4-39}$$

升压斩波电路能使输出电压高于电源电压的原因是:①L 储能之后具有使电压上升的作用;②电容可将输出电压保持住。以上分析中,认为 VT 通态期间因电容 C 的作用使得输出电压 U_0 不变,但实际 C 值不可能无穷大,在此阶段其向负载供电,U_0 必然会有所下降,故实际输出电压会略低,如果忽略电路中的损耗,则电源提供的能量仅由负载 R 消耗,即

$$E I_1 = U_0 I_0 \tag{4-40}$$

该式表明,与降压斩波电路一样,升压斩波电路也可看成是直流变压器。根据电路结构并结合式(4-39),可得出输出电流的平均值 I_0 为

$$I_0 = \frac{U_0}{R} = \frac{1}{\beta} \cdot \frac{E}{R} \tag{4-41}$$

由式(4-40)和式(4-41)即可得出电源电流 I_1 为

$$I_1 = \frac{U_0 I_0}{E} = \frac{1}{\beta^2} \cdot \frac{E}{R} \tag{4-42}$$

例 4-3 升压式斩波电路,输入电压为 $27V \times (1 \pm 10\%)$,输出电压为 $45V$,输出功率为 $750W$,效率为 95%,若等效电阻 $R = 0.05\Omega$。

(1) 求最大占空比;

(2) 如果要求输出电压为 $60V$,是否可能?为什么?

解:输入电流的平均值为

$$I_i = \frac{P_0}{\eta U_i}$$

设 I_i 为理想的常值,则

$$U_0 = \frac{U_i - R I_i}{1 - \alpha}$$

$$\alpha = 1 - \frac{U_i - R I_i}{U_0} = \frac{U_0 - U_i + R \frac{P_0}{\eta U_i}}{U_0}$$

(1) 当 U_i 取最小值时,α 为最大值,有

$$U_{imin} = 27 \times (1 - 10\%) = 24.3(V)$$

$$\alpha_{max} = \frac{45 - 24.3 + 0.05 \times \frac{750}{0.95 \times 24.3}}{U_0} \approx 0.5$$

(2) 如果要求输出电压为 60V,此时占空比为

$$\alpha_{\max} = \frac{60 - 24.3 + 0.05 \times \dfrac{750}{0.95 \times 24.3}}{U_0} \approx 0.62$$

因此,理论上说明此电路可以输出 60V 电压。

2. 升压斩波电路的典型应用

升压斩波电路的典型应用主要有 3 个方面:①用于直流电动机传动;②用作单相功率因数校正(PFC)电路;③用于其他交直流电源中。这里主要介绍用于直流电动机回馈能量的升压斩波电路。

用于直流电动机传动时,通常是用于直流电动机再生制动时把电能回馈给直流电源,实际电路中电感 L 不可能为无穷大,因此该电路和降压斩波电路一样,也有电动机电枢电流连续和断续两种工作状态。此时电动机的反电动势相当于图 4-2 电路中的电源,而此时的直流电源相当于图 4-2 中电路中的负载。由于直流电源的电压基本是恒定的,因此不必并联电容器。

用于直流电动机回馈能量的升压斩波电路及其波形如图 4-11 所示。

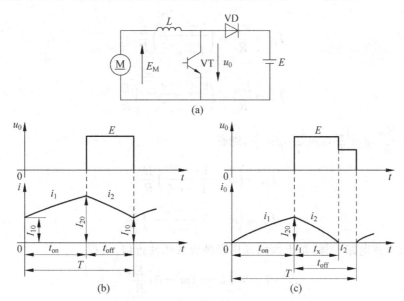

图 4-11 用于直流电动机回馈能量的升压斩波电路及其波形
(a) 电路图;(b) 电流连续时;(c) 电流断续时

下面就该电路做如下分析。

(1) VT 处于通态时,设电动机电枢电流为 i_1,得

$$L\frac{\mathrm{d}i_1}{\mathrm{d}t} + Ri_1 = E_\mathrm{M} \tag{4-43}$$

式中:R——电动机电枢回路电阻与线路电阻之和,电路时间常数 $\tau = \dfrac{L}{R}$。

设 i_1 的初值为 I_{10},解式(4-43)得

$$i_1 = I_{10}e^{-\frac{t}{\tau}} + \frac{E_M}{R}(1-e^{-\frac{t}{\tau}}) \tag{4-44}$$

(2) 当 VT 处于断态时,设电动机电枢电流为 i_2,得

$$L\frac{di_2}{dt} + Ri_2 = E_M - E \tag{4-45}$$

设 i_2 的初值为 I_{20},解式(4-45)得

$$i_2 = I_{20}e^{-\frac{t-t_{on}}{\tau}} - \frac{E_M - E}{R}(1-e^{-\frac{t}{\tau}}) \tag{4-46}$$

(3) 当电流连续时,从图 4-11(b) 的电路波形可看出,$t=t_{on}$ 时,$i_1=I_{20}$,$t=t_{off}$ 时,$i_2=I_{10}$,由此可得

$$I_{20} = I_{10}e^{-\frac{t_{on}}{\tau}} + \frac{E_M}{R}(1-e^{-\frac{t_{on}}{\tau}}) \tag{4-47}$$

$$I_{10} = I_{20}e^{-\frac{t_{off}}{\tau}} - \frac{E_M - E}{R}(1-e^{-\frac{t_{off}}{\tau}}) \tag{4-48}$$

由式(4-47)和式(4-48)求得

$$I_{10} = \frac{E_M}{R} - \left(\frac{1-e^{-\frac{t_{off}}{\tau}}}{1-e^{-\frac{T}{\tau}}}\right)\frac{E}{R} \tag{4-49}$$

$$I_{20} = \frac{E_M}{R} - \left(\frac{e^{-\frac{t_{on}}{\tau}} - e^{-\frac{t_{off}}{\tau}}}{1-e^{-\frac{T}{\tau}}}\right)\frac{E}{R} \tag{4-50}$$

设 $m=\frac{E_M}{R}$,$\beta=\frac{t_{off}}{T}$,$\alpha=\frac{t_{on}}{\tau}$,$\rho=\frac{T}{\tau}$,则有

$$I_{10} = \left(m - \frac{1-e^{-\beta\rho}}{1-e^{-\rho}}\right)\frac{E}{R} \tag{4-51}$$

$$I_{20} = \left(m - \frac{e^{-\alpha\rho} - e^{-\beta\rho}}{1-e^{-\rho}}\right)\frac{E}{R} \tag{4-52}$$

与降压斩波电路一样,把上面两式用泰勒级数线性近似,可得

$$I_{10} \approx I_{20} \approx (m-\beta)\frac{E}{R} \tag{4-53}$$

式(4-53)表示 L 为无穷大时电枢电流的平均值为

$$I_0 = \frac{m-\beta}{R} \cdot E = \frac{E_M - \beta E}{R} \tag{4-54}$$

该式表明,以电动机一侧为基准看,可将直流电源看作是被降低到了 βE。

(4) 当电枢电流断续时的波形如图 4-11(b)所示。

当 $t=0$ 时,$i_1=I_{10}=0$,令式(4-47)中 $I_{10}=0$ 即可求出 I_{20},进而可写出 i_2 的表达式。另外,当 $t=t_2$ 时,$i_2=0$,可求得 i_2 持续的时间 t_x,即

$$t_x = \tau \ln \frac{1-me^{-\frac{t_{on}}{\tau}}}{1-m} \tag{4-55}$$

当 $t_x < t_{off}$ 时,电流为断续工作状态,$t_x < t_{off}$ 是电流断续的条件,即

$$m < \frac{1-\mathrm{e}^{-\beta\rho}}{1-\mathrm{e}^{-\rho}} \tag{4-56}$$

根据此式可对电路的工作状态进行判断。

4.1.3 升降压斩波电路和 Cuk 斩波电路

1. 升降压斩波电路

升降压斩波电路的原理如图 4-12(a)所示,其工作时的电路波形如图 4-12(b)所示。

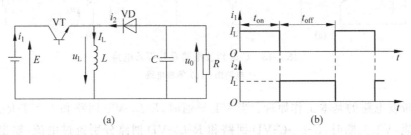

图 4-12 Buck-Boost 电路及其波形
(a) 电路;(b) 波形

设 L 值很大,C 值也很大,则电感电流 i_L 和电容电压即负载电压 u_0 基本为恒值。

升降压斩波电路的基本工作原理:当 VT 导通时,电源 E 经 VT 向 L 供电使其储能,此时电流为 i_1。同时,C 维持输出电压恒定并向负载 R 供电。VT 关断时,L 的能量向负载释放,电流为 i_2。负载电压 u_0 的极性为上负下正,与电源电压 E 的极性相反,该电路也称作反极性斩波电路。稳态时,一个周期 T 内电感 L 两端电压 u_L 对时间的积分为 0,

$$\int_0^T u_L \mathrm{d}t = 0 \tag{4-57}$$

当 VT 处于通态期间,$u_L = E$;而当 VT 处于断态期间,$u_L = -U_0$,于是有

$$Et_{\mathrm{on}} = U_0 t_{\mathrm{off}} \tag{4-58}$$

所以输出电压为

$$U_0 = \frac{t_{\mathrm{on}}}{t_{\mathrm{off}}}E = \frac{t_{\mathrm{on}}}{T-t_{\mathrm{on}}}E = \frac{\alpha}{1-\alpha}E \tag{4-59}$$

由此可见,改变导通比 α,输出电压既可以比电源电压高,也可以比电源电压低。当 $0 < \alpha < \frac{1}{2}$ 时为降压,当 $\frac{1}{2} < \alpha < 1$ 时为升压,因此将该电路称作升降压斩波电路,也有文献直接按英文称之为 Buck-Boost 变换器(Buck-Boost converter)。

图 4-12(b)中给出了电源电流 i_1 和负载电流 i_2 的波形,设两者的平均值分别为 I_1 和 I_2,当电流脉动足够小时,有

$$\frac{I_1}{I_2} = \frac{t_{\mathrm{on}}}{t_{\mathrm{off}}} \tag{4-60}$$

由式(4-60)可得

$$I_2 = \frac{t_{\mathrm{off}}}{t_{\mathrm{on}}}I_1 = \frac{1-\alpha}{\alpha}I_1 \tag{4-61}$$

假设 VT、VD 为没有损耗的理想开关时,则

$$EI_1 = U_0 I_2 \tag{4-62}$$

其输出功率和输入功率相等,可将其看作为直流变压器。

2. Cuk 斩波电路

Cuk 斩波电路的原理如图 4-13(a)所示,其等效电路如图 4-13(b)所示。

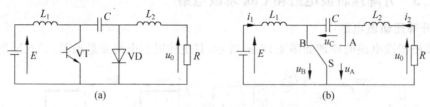

图 4-13 Cuk 斩波电路及其等效电路

(a) 电路图;(b) 等效电路

Cuk 斩波电路的基本工作原理:当 VT 导通时,E-L_1-VT 回路和 C-VT-R-L_2 回路分别流过电流,VT 关断时,E-L_1-C-VD 回路和 R-L_2-VD 回路分别流过电流,输出电压的极性与电源电压极性相反,其等效电路如图 4-13(b)所示,相当于开关 S 在 A、B 两点之间交替切换。

稳态时电容 C 的电流在一个周期内的平均值为 0,也就是其对时间的积分为 0,即

$$\int_0^T i_c \mathrm{d}t = 0 \tag{4-63}$$

在图 4-13(b)的等效电路中,开关 S 合向 B 点的时间,即 VT 处于通态的时间 t_{on},电容电流和时间的乘积为 $I_2 t_{on}$。开关 S 合向 A 点的时间为 VT 处于断态的时间 t_{off},则电容电流和时间的乘积为 $I_1 t_{off}$。由此可得

$$I_2 t_{on} = I_1 t_{off} \tag{4-64}$$

从而得到

$$\frac{I_2}{I_1} = \frac{t_{off}}{t_{on}} = \frac{T - t_{on}}{t_{on}} = \frac{1-\alpha}{\alpha} \tag{4-65}$$

当电容 C 很大并使电容电压 u_C 的脉动足够小时,输出电压与输入电压 E 的关系可用以下方法求出。当开关 S 合到 B 点时,B 点电压 $u_B = 0$,A 点电压 $u_A = -u_C$;相反,当 S 合到 A 点时,$u_B = u_C$,$u_A = 0$。因此,B 点电压 u_B 的平均值为

$$U_B = \frac{t_{off}}{T} U_C (U_C 为电容电压 u_C 的平均值)$$

又因电感 L_1 的电压平均值为 0,所以有

$$U = U_B = \frac{t_{off}}{T} u_C$$

另一方面,A 点的电压平均值为 $U_A = -\frac{t_{on}}{T} u_C$,且 L_2 的电压平均值为 0,根据图 4-13(b)中输出电压 U_0 的极性,有 $U_0 = \frac{t_{on}}{T} u_C$。于是可得到输出电压 U_0 与电源电压 E 的关系:

$$U_0 = \frac{t_{on}}{t_{off}} E = \frac{t_{on}}{T - t_{on}} E = \frac{\alpha}{1-\alpha} E \tag{4-66}$$

这一输入(输出)关系与升降压斩波电路时的情况相同。

Cuk 斩波电路的优点(与升降压斩波电路相比)：输入电源电流和输出负载电流都是连续的，且脉动很小，有利于对输入、输出进行滤波。

4.1.4 Sepic 斩波电路和 Zeta 斩波电路

1. Sepic 斩波电路

图 4-14(a)为 Sepic 斩波电路的原理图。

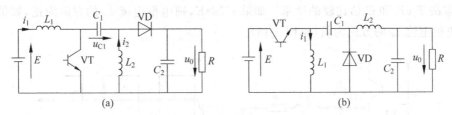

图 4-14 Sepic 斩波电路和 Zeta 斩波电路
(a) Sepic 斩波电路；(b) Zeta 斩波电路

Sepic 斩波电路的基本工作原理是：当 VT 处于通态时，E-L_1-VT 回路和 C_1-VT-L_2 回路同时导通，L_1 和 L_2 储能；当 VT 处于断态时，E-L_1-C-VD-负载(C_2 和 R)回路和 L_2-VD-负载回路同时导电，此阶段 E 和 L_1 既向负载供电，同时也向 C_1 充电，C_1 储存的能量在 VT 处于通态时向 L_2 转移。

Sepic 斩波电路的输入输出关系由下式给出：

$$U_0 = \frac{t_{on}}{t_{off}} E = \frac{t_{on}}{T - t_{on}} E = \frac{\alpha}{1-\alpha} E \tag{4-67}$$

2. Zeta 斩波电路

Zeta 斩波电路也称双 Sepic 斩波电路，如图 4-14(b)所示。Zeta 斩波电路的基本工作原理是：在 VT 处于通态期间，电源 E 经开关 VT 向电感 L_1 储能。待 VT 关断后，L_1 经 VD 与 C_1 构成振荡回路，其储存的能量转移至 C_1，至振荡回路电流为 0，L_1 上的能量全部转移至 C_1 上之后，VD 关断，C_1 经 L_2 向负载供电。Zeta 斩波电路的输入输出关系为

$$U_0 = \frac{t_{on}}{t_{off}} E = \frac{t_{on}}{T - t_{on}} E = \frac{\alpha}{1-\alpha} E \tag{4-68}$$

Sepic 电路中，电源电流和负载电流均连续，有利于输入、输出滤波，反之 Zeta 电路的输入、输出电流均是断续的，另外，与 4.1.3 节所述的两种电路相比，这里的两种电路输出电压为正极性，且输入输出关系相同。

4.1.5 复合斩波电路和多相多重斩波电路

复合斩波电路由降压斩波电路和升压斩波电路组合构成。

多相多重斩波电路由相同结构的斩波电路组合构成。

1. 电流可逆斩波电路

斩波电路用于拖动直流电动机时，常要使电动机既可电动运行，又可再生制动，将能量反馈。降压斩波电路拖动直流电动机时，电动机工作于第 1 象限；升压斩波电路中，电动机

则工作于第 2 象限。电流可逆斩波电路是降压斩波电路与升压斩波电路的组合,电动机的电枢电流可正可负,但电压只能是一种极性,故其可工作于第 1 象限和第 2 象限。VT_1 和 VD_1 构成降压斩波电路,由电源向直流电动机供电,电动机为电动运行,通过控制 VT_1 的导通比可以控制电动机的转速,工作于第 1 象限;VT_2 和 VD_2 构成升压斩波电路,把直流电动机的动能转变为电能反馈到电源,使电动机作再生制动运行,通过控制 VT_2 的导通比可以调节电动机的制动功率,工作于第 2 象限。无论在哪种工况运行,负载回路的端电压的波形总是处于时间轴的上方,也就是说 E_M 的方向总是正的。而电枢电流 i_0 的方向可正可负,这取决于 αE 和 E 值比较的结果。如果 $\alpha E > E$,则电枢电流 i_0 的方向为正,如果 $\alpha E < E$,则电枢电流 i_0 的方向为负(见图 4-15)。

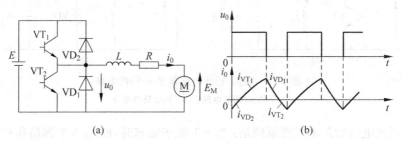

图 4-15 电流可逆斩波电路及其波形
(a) 原理电路;(b) 波形

必须防止因 VT_1 和 VT_2 同时导通而导致的电源短路。
(1) 只作降压斩波器运行时,VT_2 和 VD_2 总处于断态。
(2) 只作升压斩波器运行时,VT_1 和 VD_1 总处于断态。
(3) 一个周期内交替地作为降压斩波电路和升压斩波电路工作。

当降压斩波电路或升压斩波电路的电流断续而为 0 时,使另一个斩波电路工作,让电流反方向流过,这样电动机电枢回路总有电流流过。在一个周期内,电枢电流沿正、负两个方向流通,电流不断,所以响应很快。

2. 桥式可逆斩波电路

电流可逆斩波电路中电枢电流可逆,电动机可在两象限运行,但电压极性是单向的。当需要电动机进行正、反转以及可电动又可制动的场合,须将两个电流可逆斩波电路组起来,分别向电动机提供正向和反向电压,成为桥式可逆斩波电路。桥式可逆斩波电络的原理如图 4-16 所示。

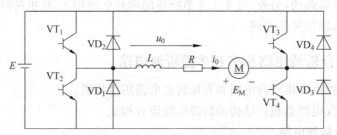

图 4-16 桥式可逆斩波电路原理图

1) 斩波器的工作模态

(1) 工作模态1,斩波器工作于第1象限

使VT_4保持导通时,VT_3一直处于关断,其等效为电流可逆斩波电路,向电动机提供正电压,通过控制VT_1和VT_2可使电动机工作于第1象限,即正转电动状态。当斩波器工作在第1象限时,VT_4始终处于导通状态,VT_3于关断状态,VT_1导通,VT_2关断,电动机工作于第1象限作正转电动运行,同时给电感L充电,电路作为降压斩波器运行。VT_1关断时,电流不能突变,导致VD_1导通,电感向电机壳供电。

(2) 工作模态2,斩波器工作于第2象限

使VT_4保持导通时,VT_3一直处于关断,等效为电流可逆斩波电路,向电动机提供正电压,通过控制VT_1和VT_2可使电动机工作于第2象限,即正转再生制动状态。当斩波器工作在第2象限时,VT_4始终处于导通状态,VT_3于关断状态,VT_2导通,VT_1关断,电动机工作于第2象限正转再生制动运行,转速方向不变,电流改变方向,同时给电感L充电,电路作为降压斩波器运行。VT_2关断时,电流不能突变,导致VD_2导通,E_M与U_L叠加向直流电源反馈能量。

(3) 工作模态3,斩波器工作于第3象限

使VT_2保持导通时,VT_1一直处于关断,VT_3、VD_3和VT_4、VD_4等效为又一组(电压反向)电流可逆斩波电路,向电动机提供负电压,可使电动机工作于第3象限,即反转电动状态。斩波器工作在第3象限,VT_2始终处于导通状态,VT_1于关断状态,VT_3导通,VT_4关断,电动机工作于第3象限作反转电动运行,同时给电感L充电,电路作为降压斩波器运行。其工作原理与第1象限运行时完全相同。

(4) 工作模态4,斩波器工作于第4象限

使VT_2保持导通时,VT_1一直处于关断,VT_3、VD_3和VT_4、VD_4等效为又一组(电压反向)电流可逆斩波电路,向电动机提供负电压,可使电动机工作于第4象限,即反转再生制动状态。VT_3关断时,电流不能突变,导致VD_3导通,电感向电动机供电。斩波器工作在第4象限,电动机作为反转再生制动时,电流反向,VT_4导通,E_M首先向电感L充电。当VT_4关断时,又因为电感电流不能突变,导致VD_4导通,E_M与U_L叠加向直流电源反馈能量。其工作原理和第2象限完全相同。

2) 桥式斩波电路的划分

桥式斩波电路又有双极性、单极性和受限单极性之分。

(1) 双极性工作方式

4个开关器件VT_1与VT_4,VT_2与VT_3同时导通和关断,且工作于互补状态,即VT_1与VT_4导通时,VT_2与VT_3关断,反之亦然。控制开关器件的通断时间可以调节输出电压的大小,若VT_1与VT_4导通时间大于VT_2与VT_3的导通时间,输出电压的平均值为正,若VT_2与VT_3的导通时间大于VT_1与VT_4导通时间,则输出电压的平均值为负,所以可用于直流电动机的可逆运行。

桥式可逆斩波电路中的4个开关器件的驱动一般都采用PWM方式,由调制波与直流信号比较产生驱动脉冲,由于调制波频率较高(通常在数千赫以上),所以斩波电路的输出电

流一般是连续的。用于直流电动机调速时电枢回路不用串联电抗器,但是4个开关器件都工作于PWM方式时开关损耗较大。由于输出波形中电压有正有负,故称双极性工作方式,如图4-17所示。

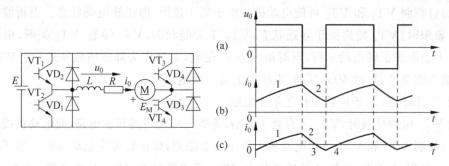

图4-17 桥式可逆斩波电路双极性工作方式

(2) 单极性工作方式

单极性工作方式4个开关器件中VT_1和VT_2工作于互补的PWM方式,而VT_3和VT_4则根据电动机的转向采取不同的驱动信号,电动机正转时,VT_3恒关断,VT_4恒导通;电动机反转时,VT_4恒关断,VT_3恒导通。由于减少了VT_3和VT_4的开关次数,开关损耗减少,这是单极性工作方性的优点。

VT_1和VT_2不断调制,VT_3和VT_4全通或全断;VT_1和VT_2通断互补,VT_3和VT_4通断互补。输出电压波形中电压只有正或只有负,故称单极性工作方式,如图4-18所示。

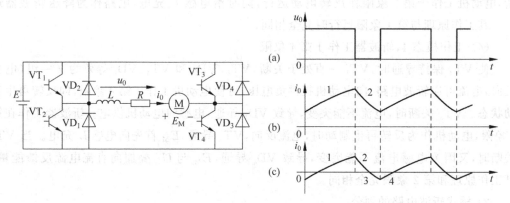

图4-18 桥式可逆斩波电路单极性工作方式

(3) 受限单极性工作方式

在单极性工作的基础上,为了进一步减少开关损耗和减少桥臂直通的可能性,在电动机要求正转时,只有VT_1工作于PWM方式,VT_4始终处于导通状态,而VT_3与VT_2全断;而在电动机要求反转时,只有VT_2工作于PWM方式,VT_3始终处于导通状态,而VT_1与VT_4全断。也就是在工作过程中,VT_1不断调制,VT_4全通,VT_3与VT_2全断;VT_2不断调制,VT_3全通,VT_1与VT_4全断。输出电压波形中电压只有正或只有负,且轻载时电流也断续,故称之为受限单极性工作方式,在这种工作方式下,当电动机电流较小时会出现电流断续的现象,如图4-19所示。

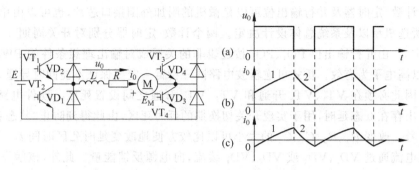

图 4-19 桥式可逆斩波电路受限单极性工作方式

3) 桥式可逆斩波电路的控制

(1) 桥式可逆斩波电路的控制方式

桥式可逆斩波电路从控制方式上可区分为双极性调制、单极性调制和受限单极性调制3种方式。双极性调制方式开关损耗较大,受限单极性调制方式当电动机电流较小的时候会出现电流断续现象。而单极性调制方式不仅开关损耗少,而且很少出现电流断流现象。对于单极性调制方式,4个开关器件中 VT_1 和 VT_2 工作于互补的 PWM 方式,而于导通状态,VT_3 和 VT_4 则根据电动机的转向采取不同的驱动信号,电动机正转时 VT_4 导通,VT_3 关断。电动机反转时 VT_3 导通,VT_4 关断。由于减少了 VT_3 和 VT_4 的开关次数,开关损耗减少,这是单极性调制方式的优势所在。

(2) 桥式可逆斩波电路的微机控制

基于桥式可逆斩波电路的基本原理,用微机来实现脉冲宽度调制通常有两种方法:软件方案和硬件方案。选择的硬件方案如图 4-20 所示。

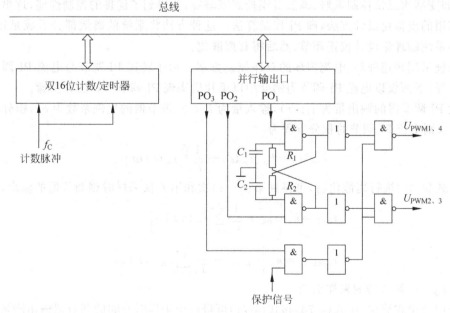

图 4-20 脉冲宽度调制原理图

其中计数/定时器及并行输出位可以是微机的附加外围接口芯片,也可以由单片机内部提供,由所选机型以及系统总体设计决定。两个计数/定时器分别对开关周期 T 和正脉冲宽度 t_{on} 定时,由并行输出位 PO_1、PO_2 按逻辑非的关系成对输出理想条件的 PWM 基极驱动信号,以高电平为有效。桥式可逆斩波电路同一桥臂一定要保证不能同时导通,否则会造成短路。因此必须在 VT_1、VT_3 开通和 VT_2、VT_4 开通之间设置死区。硬件电路中 RS 触发器的输出存在 0 态延时,用于实现开关切换期的延时死区,由此得到防止"共态直通"的基极驱动信号。改变 R_1、R_2、C_1、C_2 的大小可以比较方便地改变延时死区时间 t_d。同时在此期间电磁电流通过 VD_1、VD_3 或 VD_2、VD_4 续流,向电源反馈能量。此外,该触发器还具有对两组基极驱动信号实现互锁的功能。微机通过输出位 PO_3 发出的输出信号,用来控制基极驱动信号的封锁或开放,微机上电复位后,PO_3 应为封锁态输出。

图中的保护信号来自系统的过电压、欠电压、过电流、过热(电动机过热、功率转换装置过热)等监测电路。当其中任一现象发生时,此保护信号为低电平,直接将功率级截止,强制系统停止运行。相应地,在截止功率级的同时,应切断系统输入电源。

(3) 控制算法

根据公式 $U_0 = \frac{1}{T}\int_0^T u_0 dt = (2\alpha - 1)E$ 可知,其中 U_0 为电动机的端电压,当 $\alpha = 0.5$ 时,电动机的端电压为 0,电动机停止不动;当 α 由 0.5 逐渐增加到 1 时,电动机的端电压由 0 逐渐增加 E,电动机正转调速,而当 α 由 0.5 逐渐减低到 0 时,电动机的端电压由 0 逐渐增加 $-E$,电动机反转调速。

微机控制系统应根据速度给定的要求完成上述正反转调速控制,在实现这种速度控制时,α 值是按怎样的规律"逐渐"变化呢?这就需要一种控制算法。为使调速系统获得满意的静态指标与动态指标,在计算机控制系统中,运用现代控制理论已提出了各种各样的控制算法,如变结构三模控制策略、离散滑模控制策略等,并得到了优良的控制性能,这里仍沿用比较实用的模拟化设计方法,即 PI 控制算法。这种方法将系统的离散部分看成是连续的,按连续系统的理论设计校正环节,然后将其离散化。

系统采用转速外环、电流内环的双环控制方案。由于转速 PI 调节与电流 PI 调节算法基本一样,下面仅以电流 PI 调节为例介绍以单片机实现 PI 调节的算法和步骤。

设 PI 调节器的输出量为 $i_{out}(t)$,输入量为 $i_{in}(t)$,调节器的比例系数为 k_p,积分时间常数为 T_i,则电流 PI 调节的积分方程为

$$i_{out}(t) = k_p \left[i_{in}(t) + \frac{1}{T_i} \int_0^t i_{in}(t) dt \right] \tag{4-69}$$

对式(4-69)进行离散化后,可得到第 $(k-1)$ 次和第 k 次采样时刻调节器的输出,即

$$i_{outk} = k_p \left[i_{ink} + \frac{1}{T_i} \sum_{n=0}^{k} i_{in}(n) T_S \right] \tag{4-70}$$

$$i_{out(k-1)} = k_p \left[i_{in(k-1)} + \frac{1}{T_i} \sum_{n=0}^{k-1} i_{in}(n) T_S \right] \tag{4-71}$$

式中:T_S——调节器的采样周期。

采用增量式算法,由式(4-70)和式(4-71)可得两个采样时刻间的调节器输出增量为

$$\Delta i_{outk} = i_{outk} - i_{out(k-1)} = k_p \left[i_{ink} - i_{in(k-1)} \right] + k_p \frac{T_S}{T_i} i_{ink} \tag{4-72}$$

从而得到

$$i_{\text{out}k} = i_{\text{out}(k-1)} + k_p \left[i_{\text{in}k} - i_{\text{in}(k-1)} \right] + k_p \frac{T_s}{T_i} i_{\text{in}k} \tag{4-73}$$

在微机控制过程中,按照式(4-73)编程就可以实现数字化的 PI 调节功能,使系统获得良好的静态与动态性能。

3. 多相多重斩波电路

采用斩波电路供电时,负载的电压、电流以及电源电流都是脉动的,它们的脉动量都反比于斩波器的工作频率,提高斩波器的工作频率有利于减少脉动。当斩波器的工作频率受到电力电子器件限制的时候,常常采用多相多重的方式来提高斩波电路的工作频率。通常采用多相多重斩波电路的优点有:

(1) 电流脉动率下降,有利于牵引电动机的运行。
(2) 平波电抗器的体积重量会显著下降。
(3) 有利于减小输入滤波器的电感和电容。

多相多重斩波电路是在电源和负载之间接入多个结构相同的基本斩波电路而构成的,相数——一个控制周期中电源侧的电流脉波数,所谓"相"是指从电源端看,不同相位的斩波回路数;重数——负载电流脉波数,所谓"重"是指从负载端看,不同相位的斩波回路数。

从这一定义出发,图 4-21(a)称为 3 相 3 重降压斩波电路,图 4-21(b)是它的电压、电流波形。

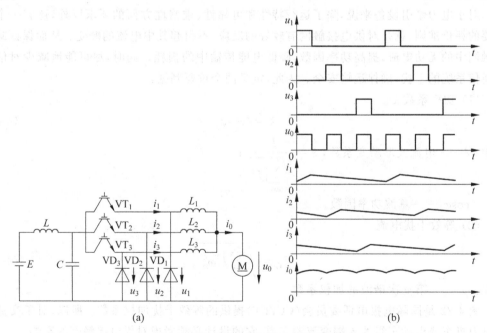

图 4-21 多相多重斩波电路及其波形
(a) 电路图;(b) 波形

3 相 3 重降压斩波电路相当于由 3 个降压斩波电路单元并联而成,总输出电流为 3 个斩波电路单元输出电流之和,平均值为单元输出电流平均值的 3 倍,脉动频率也为 3 倍。

3相3重降压斩波电路有3个斩波电路并联工作,但各个斩波电路的斩波器的电流 i_1、i_2 和 i_3 相互之间具有一定的相位差。3个降压斩波电路的导通时间不重叠。这样,便出现两种运行模式:①3个降压斩波电路都不导通;②其中只有一个降压斩波电路导通,也就是说 VT_1、VT_2 或 VT_3 导通。由于频率增加了,则3个降压斩波电路单元电流的脉动幅值互相抵消,使的输出电流脉动幅值变得很小,总输出电流最大脉动率(电流脉动幅值与电流平均值之比)与相数的平方成反比,和单相时相比,当输出电流最大脉动率一定时,所需平波电抗器总重量大为减轻。当电源共用而负载为3个独立负载时,则为3相1重斩波电路;而当电源为3个独立电源,向一个负载供电时,则为1相3重斩波电路;多相多重斩波电路还具有备用功能,各斩波电路单元可互为备用。

4.2 整流电路(整流器)

4.2.1 入端整流器概述

电力机车或动车组由高压交流接触网供电,这是有好处的。但在车辆上需要有入端变流器,把来自接触网的电能转换为适合于牵引电动机运行的形式。

在采用交-直-交变流器的交流传动电力机车或动车组上,入端变流器的基本任务是整流,将已经降低幅值的交流电压转换为直流电压。所以,入端变流器实质上是整流器或者说是交-直变流器。

对于电力牵引设备来说,除了运行特性和可靠性、维修性方面的要求以外,还有一个很重要的评价准则,就是对供电接触网有较好的反应,不引起其中电流的畸变。从而保证减少接触网中的无功电流,提高功率因数,降低电能传输中的损耗。同时,尽可能地减少对信号和通信系统的干扰,确保运输安全。为此,定义两个重要判据:

(1) 功率系数 λ

$$\lambda = \xi \cos\varphi_1 \tag{4-74}$$

式中:ξ——电流波形畸变系数,$\xi = \dfrac{I_1}{\sqrt{\sum\limits_{v=1}^{\infty} I_v^2}}$;

$\cos\varphi_1$——基波功率因数。

(2) 等效干扰电流

$$I_P = \sqrt{\sum_{v=1}^{\infty} I_v^2 \omega_v^2} \tag{4-75}$$

式中:ω_v——第 v 次谐波的加权系数。

图 4-22 是国际电报电话委员会(CCITT)提供的等效干扰加权系数。所以,对于交流传动电力机车或动车组的入端变流器来说,它的设计必须考虑对供电接触网的影响。

在具有电压型或电流型变流器的交流传动电力机车或动车组上,可以用作入端交-直变流器的主要有自然换相的可控整流器和强迫换相的可控整流器两类。

1. 自然换相的可控整流器

如果说不可控整流器是由二极管构成的,那么可控整流器必须选择可控电子器件,如晶

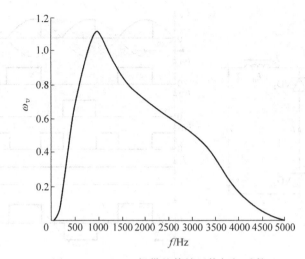

图 4-22 CCITT 提供的等效干扰加权系数

闸管替代二极管。

这种整流器简单、可靠,但是它有一个很大的缺点,就是低的功率因数和高的波形畸变,这个缺点在小功率范围内尤为严重。为了满足电力牵引设备在这方面的要求,人们不得不采用各种补偿技术。这类整流器有各种不同的结构,但都可以通过改变延迟角来调节输出电压。

图 4-23 为全控桥式整流器电路及其波形。这种整流器可以在牵引和再生制动两种方式下工作。其供电变压器一次电流与供电电压之间的相位差为 φ,而且相位移等于延迟角 α,即 $\varphi=\alpha$。当 $\alpha<90°$ 时,$U_d>0$;当 $\alpha=90°$ 时,$U_d=0$;当 $\alpha>90°$ 时,$U_d<0$(再生状态)。这种整流器在电压调节时,引起无功功率变化。

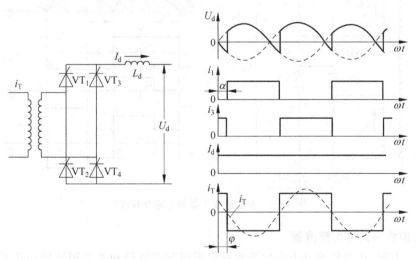

图 4-23 全控桥式整流器的电路及其波形

图 4-24 为不对称半控桥式整流器的电路及其波形。其中晶闸管 VT_1 和 VT_2 在电压过零时关断,不再产生负的流电压,而通过二极管 VD_1 和 VD_2 为负载提供续流支路。结果使基波相位移减少为 $\varphi=\alpha/2$,从而减少无功功率,改善供电电源的功率因数。

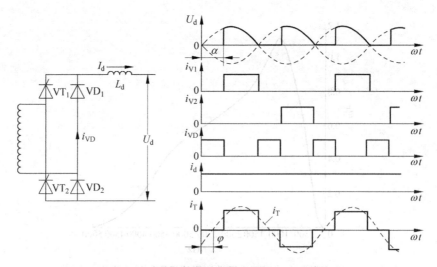

图 4-24 不对称半控桥式整流器的电路及其波形

图 4-25 是由两个半控桥串联组成的所谓多段桥电路,用以改善功率因数和电流波形。与单桥整流电路相比,由于减少延迟角而使供电电源的功率因数有所提高,特别是在启动时更是如此。在大功率领域中,并未看到功率因数显著改善到超过二极管构成的不可控整流器。尽管如此,在牵引领域中,特别是采用电流型变流器供电的同步电动机系统中,还是大都以此作为入端的交-直变流器。

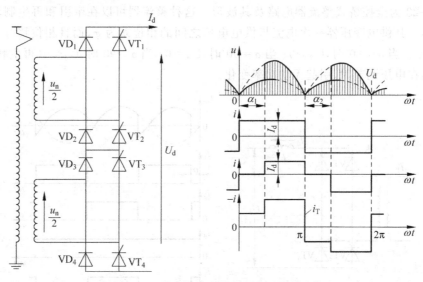

图 4-25 多段桥整流器的电路及其波形

2. 强迫换相的可控整流器

从历史上看,这类整流器中先后开发过扇形控制整流器和四象限脉冲整流器。其目的都是为了解决功率因数的问题。

扇形控制整流器的一种结构包含 2C 电路(见图 4-26)。实际上,这是一种强迫关断的半控桥式整流器。其通过强制的方式使供电电源中的电流和电压同相。开始时,电容器 C_1 和 C_2 经过电阻 R_C 和二极管 VD_{C1}、VD_{C2} 充电到供电电源电压的峰值。在供电电压正半周

的 α 角处,VT_2 开通,负载电流流经 VD_1 和 VT_2。在 β 角处($\beta = \pi - \alpha$),VT_{20} 开通而使 VT_2 关断,负载电流通过 VD_1、VD_2 续流。类似地,在负半周时,在角度($\pi + \alpha$)处,VT_1 开通,负载电流流过 VT_1 和 VD_2。在角度($2\pi - \alpha$)处,VT_{10} 开通而使 VT_1 关断。扇形控制整流器能使基波的位移系数提高到接近于 1,但输入电流仍包含很大的谐波分量。所以,这种整流器自问世以来,并没有在电力牵引中得到实际应用。

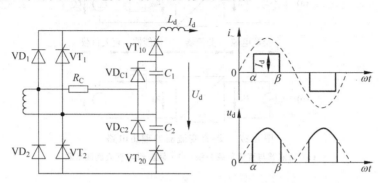

图 4-26　2C 结构的扇形控制整流器

强迫换相的可控整流器的另一个范例是脉冲整流器。迄今为止,几乎在所有交流传动力机车和动车组中,都毫无例外地采用了四象限脉冲整流器作为入端交-直变流器。

自 20 世纪 80 年代初世界上第一批 5 台 BR120 干线电力机车问世以来,采用电压型变流器供电的笼形感应牵引电动机系统已奠定了现代电力牵引设备交流传动系统的基本模式。与此相适应的四象限脉冲整流器包括两点式和三点式电路结构在内,在技术、设计和运用方面都已经相当成熟。在这期间,也开发了与电流型变流器相适应的脉冲整流器。但这种变流器系统在干线电力牵引设备中几乎没有用过。

四象限脉冲整流器具有其他各类交-直变流器的优势,显然在于它彻底地、全面地满足了电力牵引设备对于功率因数、等效干扰电流、优化黏着利用和再生制动能力方面的特殊要求。

由 BBC 公司(德国曼海姆)研制成功的第一台四象限脉冲整流器(或称为四象限调节器,德文简称 4qs),于 1974 年被安装在一台控制车上,并与当时已研制成功的 DE2500 交流传动内燃机车联挂,利用前者的变压器和四象限脉冲整流器组成的入端部分,向 DE2500 内燃机车上的直流电压中间回路供电,从而模拟交流传动电力机车。通过在线路上的试验,以实地考察交流传动系统由接触网供电时的工作状态及其对供电接触网的影响,实验结果证实了四象限脉冲整流器的优越性。在很大程度上这是促使当时联邦德国铁路当局下定决心投资开发交流传动电力机车的原因。

4.2.2　电压型四象限脉冲整流器

在传统的变流技术中,几乎全部采用平波电抗器来达到使直流量平直的目的。在由单相交流电网供电时,是以电网中出现引起波形畸变的无功功率为代价的。一个理想的交-直变流器,在直流侧提供平直的直流电流和直流电压,而仅从交流电网吸取有功功率。从原理上讲,这种装置可以由一个无储能装置的变流器和一个分离的储能器组成。为了在交流供电网中保持很好的功率因数的同时获得平整的直流量,变流器的变比必须能够通过调制技术随时加以改变,而必须将储能器作为简单的串联或并联谐振电路,与直流侧负载并联或串联(见图 4-27)。现在人们能够通过不同的方法,使变流器的变比逼近所希望的曲线。使其在许多可能的变比值之间进行有级变换,或者在仅有的两个值(1 和 0)之间频繁变换。后者可由脉宽调制技术来实现。

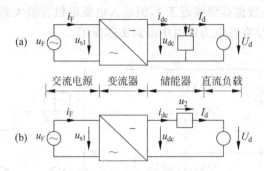

图 4-27 交-直变流器的理想电路
(a) 储能器与直流负载并联;(b) 储能器与直流负载串联

1. 电压型脉冲整流器的基本原理

电压型四象限脉冲整流器的基本原理如图 4-27(a)所示,储能器与直流侧负载并联。

如果整流器的电压变比为 k_{up},即

$$u_{s1} k_{up} = u_{dc} \tag{4-76}$$

把电源电压 $u_F = U_{Fm} \sin\omega_F t \approx u_{s1}$ 代入式(4-76),则得电压变比为

$$k_{up} = \frac{1}{k\sin\omega_F t} \quad \left(其中, k = \frac{U_{Fm}}{u_{dc}}\right) \tag{4-77}$$

在理想的情况下,整流器中既没有损耗,也没有储能,所以按功率平衡的概念,可得

$$u_F i_F = u_{s1} i_F = u_{dc} i_{dc} \tag{4-78}$$

从而可求得电流变比为

$$k_{ip} = \frac{i_{dc}}{i_F} = \frac{u_{s1}}{u_{dc}} = \frac{1}{k_{up}} = k\sin\omega_F t \tag{4-79}$$

若供电电网中的变流电流是纯正弦波形的,并且与交流电压同相,那么交流电流可写为

$$i_F = I_{Fm}\sin\omega_F t$$

在理想整流器的前提下,其直流功率和交流功率的平均值相等,即

$$\overline{u_F i_F} = U_d I_d$$

且

$$\overline{u_F i_F} = \frac{1}{2} U_{Fm} I_{Fm}$$

结合式(4-77),可得交流电流的幅值为

$$I_{Fm} = \frac{2}{k} I_d$$

所以,变流器的直流侧电流可由式(4-79)求得:

$$i_{dc} = k_{ip} i_F = 2 I_d \sin^2\omega_F t = I_d(1 - \cos2\omega_F t)$$

由关系式 $i_2 = i_{dc} - I_d$,可求得储能器的电流为

$$i_2 = I_d \cos2\omega_F t \tag{4-80}$$

按照这个结果,储能器所接受的电流是正弦波形的,其频率为供电频率的 2 倍,幅值恰好等于直流侧负载电流。另一方面,在该储能器上的电压是一个纯直流电压。所以,对于这个作为储能器的电抗两端网络来说,加在其上的直流电压不引起电流,而流过双倍网频的交流电流也不会在其端子上引起电压。显然,最简单的电容器和电抗器串接的谐振电路,能满足这些特性的要求。其谐振频率必须等于 2 倍的电网频率。

从以上的分析可以看出,倘若设计的整流器,其电流变比符合式(4-79)的要求,按时间的正弦函数变化。它与具有 2 倍网频的电容器-电抗器串联谐振电路的储能器一起,将构成在前面所提到的理想的交-直变流器,既能保证直流侧关于平整的直流量的需要,又能满足交流侧畸变无功功率尽可能小的要求。

关于对变流器的电流变比 k_{ip} 按正弦规律变化的要求,可遵循类似于 PWM 逆变器的思路,通过脉宽调制的办法来解决。如果说逆变器是把输入的直流电压通过脉宽调制技术获得正弦波形的输出电压的话,那么,在理想的交-直变流器中,则是在输出直流电流(亦即直流电压)的情况下,通过脉宽调制来保证交流电流为正弦波形,并与交流电压同相。

图 4-28 所示电路可用以实现上述脉宽调制工作方式。其中,变流器由降压变压器和不可控桥式整流器构成,两者之间是反并联电力半导体器件组成的电子开关 S,用于控制能量的流动。当其断开时,交流电源的功率将被送到整流桥 UR 的输入端,而在其开通时,把交流电源短接,交流功率将不会被送到整流桥 UR 上去。通过这种办法,使直流侧的电压和电流不断在 0 和最大值之间变换,实现脉宽调制,使所得到的电流变比函数 $k_{ip}(t)$ 很好地逼近理想的正弦曲线。

在图 4-28 中,除了由 L_2-C_2 的串联谐振电路组成的并联储能器外,还有一个包括电容器 C_d 的附加储能器。这个电容器的电容量要选择得足够大,使它能够吸收叠加的交流分量而不引起直流电压出现大的变化。这样,甚至在交-直整流器所产生的 i_{dc} 中,包含直流分量、2 倍网频的交流分量和其他高频交流分量的情况下,变流器直流侧的电压仍保持恒定。高频交流分量将由电容器 C_d 吸收。

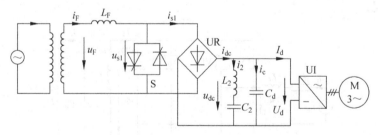

图 4-28 四象限脉冲整流器的电路原理图

在开关 S 两端上的电压,除了包含所希望的基波分量 $u_d k \sin\omega_F t$ 以外,还包含高次谐波。为此,需要有一个另外的储能器,如图 4-28 中与交流电源串联的电抗器 L_F,以阻止电压的高次谐波产生大的谐波电流。但是,这可能造成电源电压 u_F 与开关 S 两端上的电压基波不同相。在 $L_F=0$ 和 $L_F\neq 0$ 时的电压、电流波形及其相位关系如图 4-29 所示。

上述这种由变流器和并联储能器构成,并按 PWM 方式工作,把交流能量转换为直流能量的装置,称为脉冲整流装置。电压型脉冲整流器在保证电源电流不发生畸变并与电源电压保持同相位的同时,其输出端提供恒定的平整的直流电压,而输出直流电流的大小与负载的特性有关。

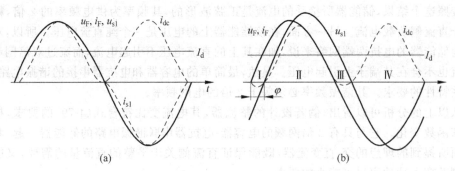

图 4-29 在 L_F 不同时的电压、电流波形
(a) $L_F=0$；(b) $L_F \neq 0$

2. 电压型四象限脉冲整流器主电路

1) 电路结构与工作模式

如上所述，由于在电抗器 L_F 上的压降，使电源电压 u_F 和开关 S 上的电压 u_{s1} 之间产生一个相位移 φ。因为不可控桥式整流器 UR 只允许通过相同极性的电流，所以，在图 4-29(b) 的区域 Ⅰ 和 Ⅲ 中的那部分电流，即电流 i_{dc} 的负值部分将不能流过。所以，图 4-28(a) 中的电路其实是一种二象限电路，电流 i_{dc} 不能够得到所希望的曲线形状。

图 4-30 为一个电压型四象限脉冲整流器的电路。可以把它看成是由二象限电路插入另外一个开关支路而构成的，从而允许在区域 Ⅰ 和 Ⅲ（见图 4-29(b)）中存在负值电流。也可以从另外一个角度来解释为什么需要增加一个开关支路，因为电感 L_F 接受无功功率，但它不是从交流电源取得，从功能来说，u_F 和 i_F 应当是同相位的，所以，这个电感上的无功功率将由直流侧提供。也就是说，变流器必须具有反馈的能力。四象限脉冲整流器能够执行脉宽调制和能量转换，即整流和反馈两方面的功能。这种整流器能够在输入电压和电流平面的所有 4 个象限中工作。作为电力牵引用的变流器，相应地实现牵引、制动状态下前进、后退 4 种工况。

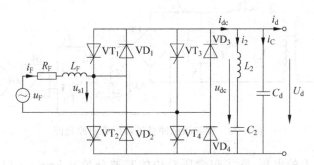

图 4-30 电压型四象限脉冲整流器的电路原理图

控制各开关支路的导通或关断，实现脉宽调制和能量变换。在实现脉宽调制时，电源电流或者被转送到直流回路（$i_{s1}=i_F$，见图 4-28），同时使直流电压连接到交流电压侧（$u_{s1}=\pm u_d$），或者通过变流器使其短路（$i_{s1}=0$），同时也将变流器的输入电压短接（$u_{s1}=0$）。

在实现能量变换时，究竟是电源电流以正的或负的符号流到直流回路（$i_{dc}=+i_F$ 或 $-i_F$），还是直流电压以负的或正的符号接到交流侧（$u_{s1}=-U_d$ 或 $+U_d$）？就是说究竟是整流还是反馈？这要看是哪些开关支路处于导通状态。不难看出，根据不同的控制，在电抗器

L_F 上的电压降取 3 种不同的值为

$$u_{LF} = \begin{cases} u_F \\ u_F - U_d \\ u_F + U_d \end{cases} \quad (4-81)$$

表 4-1 列出了电压型四象限脉冲整流器所有可能的工作模式,从中还可以看出交流电源、附加电抗器(一般为变压器漏抗)和直流侧回路之间的能量转移关系。在表 4-1 中,不论是牵引还是再生制动,都被分为 6 种模式,每种模式的能量转换关系是互不相同的,与每种模式相应的等效电路如图 4-31 所示。

表 4-1 电压型四象限脉冲整流器的工作模式

u_F	i_F	u_{sl}	u_{LF}	导通的器件	i_F 的变化	工作模式	能量传递	电路
>0	>0	0	u_F	$VD_1\ VT_3/VT_2\ VD_4$	↑	电源短接	$u_F \to L_F$	(b),(c)
		$+U_d$	$u_F - U_d$	$VD_1\ VD_4$	↓	整流	$u_F + L_F \to$ 直流侧	(d)
		$-U_d$	$u_F + U_d$	$VT_3\ VT_2$	↑	反馈	$u_F +$ 直流侧 $\to L_F$	(a)
	<0	0	u_F	$VT_1\ VD_3/VD_2\ VT_4$	↓	电源短接	$L_F \to u_F$	(f),(g)
		$+U_d$	$u_F - U_d$	$VT_1\ VT_4$	↑	反馈	直流侧 $\to -u_F + L_F$	(e)
		$-U_d$	$u_F + U_d$	$VD_2\ VD_3$	↓	整流	$u_F \to L_F +$ 直流侧	(h)
<0	>0	0	u_F	$VD_1\ VT_3/VT_2\ VD_4$	↓	电源短接	$L_F \to u_F$	(b),(c)
		$+U_d$	$u_F + U_d$	$VD_1\ VD_4$	↓	整流	$L_F \to L_F +$ 直流侧	(d)
		$-U_d$	$u_F - U_d$	$VT_3\ VT_2$	↑	反馈	直流侧 $\to u_F + L_F$	(a)
	<0	0	u_F	$VT_1\ VD_3/VD_2\ VT_4$	↑	电源短接	$u_F \to L_F$	(f),(g)
		$+U_d$	$u_F + U_d$	$VT_1\ VT_4$	↑	反馈	$u_F +$ 直流侧 $\to L_F$	(e)
		$-U_d$	$u_F - U_d$	$VD_2\ VD_3$	↓	整流	$u_F + L_F \to$ 直流侧	(h)

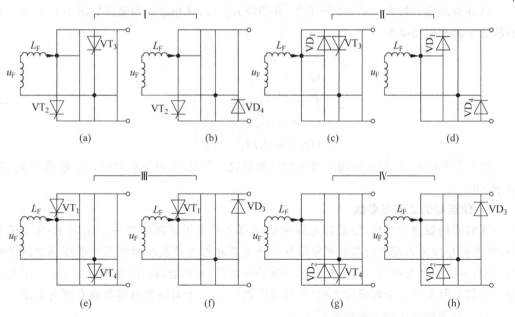

图 4-31 电压型四象限脉冲整流器的工作模式与等效电路
(a) $u_F + U_d \to L_F$ 充电;(b)、(c) $u_F \to L_F$ 充电;(d) $u_F + U_{LF} \to U_d$;
(e) $U_d \to u_F + U_{LF}$;(f)、(g) $U_{LF} \to u_F$;(h) $U_{LF} \to u_F + U_d$

2) 能量转换关系

图 4-32 所示为电压型四象限脉冲整流器的相量图，图 4-33 为其交流电源侧的等效电路。其中，L_F 和 R_F 分别为折合到二次侧的变压器绕组的漏感和电阻。$\dot{U}_F$ 和 $\dot{U}_{s1}$ 之间的相角用 φ 表示，$\dot{U}_F$ 和 $\dot{I}_{s1}$ 之间的相角用 θ 表示，阻抗为 $Z=R_F+j\omega_F L_F$，阻抗角为 $\varphi=\arctan(\omega_F L_F/R_F)$。而且，把超前于 $\dot{U}_{s1}$ 的角度记为正的，滞后于 $\dot{U}_{s1}$ 的角度记为负的。由图 4-32 和图 4-33 所示关系可以导出这种脉冲整流器在能量转换过程中的功率关系。

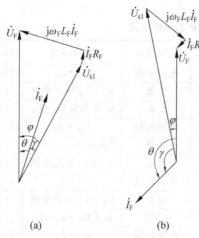
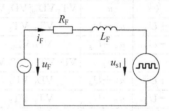

图 4-32 电压型脉冲整流器相量图
(a) 牵引；(b) 再生制动

图 4-33 电压型脉冲整流器交流电源侧的等效电路

脉冲整流器一般在 $\cos\theta=1$ 下工作，并假设 $R_F=0$，其相应的相量图如图 4-34 所示。这种状态下的相应功率为

$$\left.\begin{array}{l} P_F = U_F I_F \\ Q_F = 0 \\ P_S = U_F I_F \\ Q_S = -U_{LF}^2/(\omega_F L_F) \\ U_{LF} = \omega_F L_F I_F \end{array}\right\} \quad (4-82)$$

以上分析的结果，同样适用于再生制动的情况。但是，在再生制动时，u_{s1} 超前于 u_F，所以 $\varphi>0$。

3. 储能器的功能与参数

从前面的叙述中可知，储能器是脉冲整流器的基本组成部分之一。在交-直-交变流器中，储能器是作为入端变流器的四象限脉冲整流器和作为负载端变流器的逆变器之间的联结纽带，一般称之为中间回路。在电压型脉冲整流器中，储能器由两个部分组成：一个是相应于 2 倍电网频率的串联谐振电路(也可以取消)；另一个是滤波电容器或支撑电容器。

1) 2 倍网频的串联谐振储能器 L_2-C_2

在以下分析时，仍然假设 $R_F=0$，且 $\cos\theta=1$。从图 4-34 中可以推导出以下的功率平衡关系。

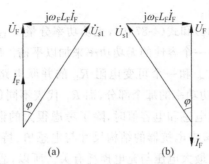

图 4-34 $R_F=0$ 和 $\cos\theta=1$ 时电压型脉冲整流器的相量图
(a) 牵引；(b) 再生制动

交流电源提供的瞬时功率为

$$P_F(t) = u_F(t) i_F(t) = \sqrt{2} U_F \sin\omega_F t \times \sqrt{2} I_F \sin\omega_F t$$
$$= U_F I_F - U_F I_F \cos 2\omega_F t \tag{4-83}$$

其中，包含一个恒定分量和一个以 2 倍电源频率脉动的交变分量。

变压器漏抗上的瞬时无功功率为

$$Q_{LF}(t) = u_{LF}(t) i_F(t) = \sqrt{2} U_{LF} \sin\omega_F t \times \sqrt{2} I_F \sin\left(\omega_F t + \frac{\pi}{2}\right)$$
$$= U_F I_F \sin 2\omega_F t \tag{4-84}$$

变流器输入的瞬时功率为

$$P_S(t) = u_{s1}(t) i_F(t) = \sqrt{2} U_{LF} \sin(\omega_F t - \varphi) \times \sqrt{2} I_F \sin\omega_F t$$
$$= U_{LF} I_F - U_{LF} I_F \cos 2\omega_F t - U_{LF} I_F \sin 2\omega_F t \tag{4-85}$$

变流器输出电流可根据变流器为无损耗和无储能器件的简化假设，由以下功率关系求得

$$u_{s1}(t) i_F(t) = U_d i_{dc}(t)$$

$$i_{dc}(t) = \frac{\sqrt{2} U_{LF} \sin(\omega_F t - \varphi) \times \sqrt{2} I_F \sin\omega_F t}{U_d}$$

$$= \frac{U_{LF} I_F}{U_d} [\cos\varphi - \cos(2\omega_F t - \varphi)] \tag{4-86}$$

这再次证实了变流器的输出电流包含两个重要的分量：一个直流分量和一个 2 倍于供电频率的交流分量。

变流器输出的瞬时功率为

$$P_d(t) = U_d i_{dc}(t)$$
$$= U_{s1} \cos\varphi - U_{s1} I_F \cos\varphi \cos 2\omega_F t - U_{s1} I_F \sin\varphi \sin 2\omega_F t$$
$$= U_{LF} I_F - U_{LF} I_F \cos 2\omega_F t - U_{LF} I_F \sin 2\omega_F t \tag{4-87}$$

观察式(4-83)~式(4-87)，可以得到以下结论：

(1) 因为串联谐振电路对 2 倍网频调谐，所以幅值为 $U_{s1} I_F / U_d$ 的二次谐波电流从这个谐振电路流过，而直流分量 $U_{s1} I_F \cos\varphi / U_d$ 流入负载。

(2) 2 倍网频的串联谐振电路的无功功率，来自与漏抗 L_F 的功率交换，并因而降低了

电源的瞬时功率的脉动分量。

(3) 在式(4-83)、式(4-84)和式(4-87)中,无功功率分量($U_{LF}I_F\sin2\omega_F t$)的不同符号,表示电源的感性无功功率需要一个容性的无功功率来加以平衡。所以,从电源侧来看,脉冲整流器可以用一个可变电容 C_{eq} 和一个可变电阻 R_L 的并联电路来等效地表示。可变电容 C_{eq} 代表其与漏感场交换无功功率的那个部分,而 R_L 代表不同负载所要求的有功功率。

在选择串联谐振电路的电感和电容值时,除了考虑很大的谐振电流可能在电容器上产生过电压的危险外,还必须考虑电抗器的结构尺寸与电感值、持续电流与最大电流有关,而电容器的结构尺寸、电容值、最大电压与充电损耗有关。所以,适当地选择参数,将有助于降低总费用。

2) 支撑电容器 C_d

在理想情况下,特别是当负载纯粹是一个电阻时,并不需要另外一个储能器。因为反映漏感和脉冲整流器之间无功功率变换的二次谐波电流从串联谐振电路上流过,而流到负载上去的是一个纯直流分量。但是实际上,在脉冲整流器的输出端,或者说在中间回路中,由电容器构成的另一个储能器是必不可少的,这是因为:

(1) 与脉冲整流器、逆变器交换的无功功率和谐波功率,它们是在脉宽调制过程中产生的。

(2) 与异步(感应)电动机交换无功功率。

(3) 由于串联谐振回路中实际存在电阻,二次谐波电流并非全部通过串联谐振电路,而是由串联谐振电路 R_2-L_2-C_2 和支撑电容器 C_d 分流,流过支撑电容器 C_d 的二次谐波分量为

$$I_{C(2)} = \frac{R_2}{R_2 + \frac{1}{j2\pi(2f)C_d}} I_2 \tag{4-88}$$

所以,从这个角度来说,支撑电容器 C_d 也部分地起着与变压器漏感交换无功功率的作用。

(4) 支撑中间回路电压,使其保持稳定。如果这个电容器太小,变流器的控制将变得相当困难。因为控制稍有一点误差,中间回路的电压就会出现很大的波动。

由于中间回路与两端变流器之间存在着复杂的能量交换过程,迄今为止还没有简单实用的方法来选择合适的支撑电容器 C_d 的值。但人们可以通过系统仿真,并按照以下准则来判定经验取值的正确性。这些准则包括:

(1) 中间回路直流电压保持稳定,峰-峰波动值不超过规定的允许值。

(2) 中间回路直流电流是连续的,没有间断,其峰-峰波动值不超过规定的许可值。

(3) 中间回路的损耗应保持最小。

(4) 所选择的电容器的参数不会影响整个系统的稳定性。

(5) 应当成功地抑制逆变器和电机中发生的暂态过程,保持系统稳定。

此外,还必须指出,在牵引应用中,如果没有正确地选择中间回路电容器的值,其高频电流可能引起对通信和信号系统的电磁干扰。

4. 电压型四象限脉冲整流器的控制

作为交流传动电力机车的入端变流器,它的控制必须达到两个目的:一是保持中间回

路直流电压在允许的偏差范围内；二是使供电接触网或牵引变压器一次侧的功率因数接近于1。这意味着其中基波分量的位移系数和电流波形的畸变系数都必须达到尽可能最佳的数值。与PMW逆变器相类似，脉冲整流器也可以按确定开关点所用控制变量的类型，分为电压控制和电流控制两种。

1）电压型四象限脉冲整流器的电压控制

（1）实施控制的最佳范围

由于脉冲整流器在能量变换和传输过程中的特殊任务和要求，决定了一些参数的最佳变化范围。

第一，相位角φ的控制范围。脉冲整流器交流侧的电流大小和相位，可以通过改变其输入电压u_{s1}的幅值和相角φ加以控制，u_{s1}是经由脉宽调制获得的调制波。

假设$R_F=0$，并考虑在实现功率因数为1的前提下，$U_F=U_{s1}\cos\varphi$（见图4-17），则可求得

$$\left.\begin{array}{l} P_S = -\dfrac{U_{s1}^2}{2\omega_F L_F}\sin 2\varphi \\[2mm] Q_S = -\dfrac{U_{s1}^2}{2\omega_F L_F}(1-\cos 2\varphi) \end{array}\right\} \tag{4-89}$$

显然，当$0<|\varphi|<\pi/4$时，P_S和Q_S均随φ增加。在$|\varphi|=\pi/4$时，$P_S=Q_S$，转移的功率最大；在$|\varphi|>\pi/4$时，转移的有功功率减少，而无功功率连续增加。所以，在功率因数$\lambda=1$的情况下，相角φ的可行的控制范围是$0<|\varphi|<\pi/4$。

第二，调制比m_{ar}的控制范围。对脉冲整流器来说，调制比m_{ar}定义为

$$m_{ar}=\frac{\sqrt{2}U_{s1}}{U_d} \tag{4-90}$$

m_{ar}是正弦参考波的幅值与载波幅值之比，这一点与逆变器的情况一样。不同的是，在PWM逆变器中，调制比m_{ar}可以在0到$\pi/4$（准方波模式）的范围内变化，而脉冲整流器的情况不同。如图4-33所示，脉冲整流器的输入电压U_{s1}的幅值是依据调制比和相位角φ而变化的。在空载条件下，$I_F=0$，得到$u_{s1(min)}=U_F$。所以

$$u_{ar(min)}=\frac{\sqrt{2}U_F}{U_d} \tag{4-91}$$

在采用GTO晶闸管的情况下，脉冲整流器的最大调制比取决于安全换相条件。而且，这里不会出现过调制的情况，即$m_{ar}<1$。

如图4-35所示，在调制比达到其最大值时，相邻两个开关点的间距必须满足这样的要求，即$t_{be}=t_{on}+t_d$。其中，t_{on}是为了复原吸收回路所需的最短时间；t_d是保证一个GTO晶闸管开通之前另一个GTO晶闸管必须完全关断所需的最小时间。

因为$\triangle ABC \backsim \triangle Abd$，所以

$$\frac{1-m_{ar(max)}}{1}=\frac{\frac{1}{2}(t_{on}+t_d)}{\overline{BC}} \tag{4-92}$$

从而求得

$$m_{ar(max)}=1-\frac{\frac{1}{2}(t_{on}+t_d)}{\overline{BC}}=1-2f_{cr}(t_{on}+t_d) \tag{4-93}$$

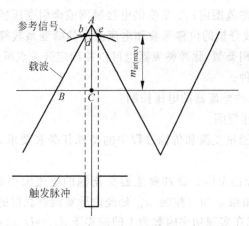

图 4-35 脉冲整流器最大调制比 $m_{ar(max)}$ 的推导

注意：其中利用了 $\overline{BC}=1/(4f_{cr})$ 的关系，f_{cr} 是脉冲整流器的开关频率。

(2) 控制方法

图 4-36 所示的脉冲整流器控制框图曾经用在一些交流传动电力机车上，它能满足脉冲整流器所需的关于 U_d 为常数和 $\lambda \approx 1$ 的要求。

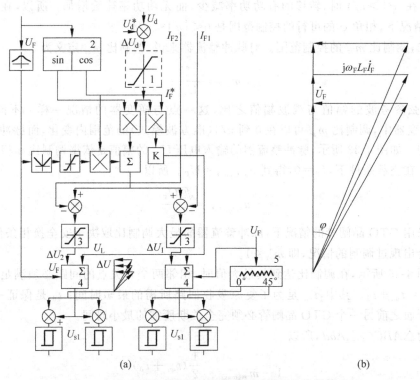

图 4-36 电压型四象限脉冲整流器针对目标的控制策略
(a) 原理框图；(b) 相量图
1—电压调节器；2—函数发生器；3—电流调节器；4—加法器；5—三角波发生器

中间回路电压的给定值 U_d^* 与实际值相比，其偏差 ΔU_d 通过电压调节器 1 保持在允许的范围内，另一方面，这个电压调节器的输出，反映所要求的功率的变化。比如需要的功率增大,则中间回路直流电压下降,从而使直流电压调节器的输出增大,反之亦然。所以,可将直流电压调节器的输出作为交流电流的给定值 I_F^*,它与函数发生器2的输出 $\cos\omega_F t$ 以及常数 K 相乘,得到电流分量 $I_F^* \cos\omega_F t$ 和垂直于网压的电压分量 $j\omega_F K I_F^*$。在忽略变压器绕组电阻的情况下,$R_F = 0$,那么由上述垂直于网压的电压分量 $j\omega_F K I_F^*$ 和网压 U_F 一起,按图4-34(b)组成电压相量图,并从而确定脉冲整流器的给定输入或给定参考正弦信号 U_{s1}^* 为

$$U_{s1}^* = U_F - U_{LF} \tag{4-94}$$

考虑到网压同步信号、漏感压降的偏差以及控制电路存在的偏差,可能导致所得到的参考信号偏离实际。为此,通过给定电流与实际电流相比较,以及电流调节器产生的信号,对给定参考信号进行修正,即

$$U_{s1}^* = U_F - U_{LF} \pm \Delta U \tag{4-95}$$

在修正信号 ΔU 中,还考虑了网压波动的影响,特别是跳弓失电引起的瞬时失电的影响。

为了减少电流的谐波分量,整车的所有脉冲整流器按相互位移45°(当全车有4台脉冲整流器时)或30°(当全车有6台脉冲整流器时)进行调制。这样做的结果,相当于提高牵引变压器一次绕组中供电接触网中的等效开关频率。如取GTO晶闸管的开关频率为250Hz,那么对于安装4台脉冲整流器的电力机车,变压器一次绕组中的等效开关频率为2000Hz,6台时则为3000Hz。

在四象限脉冲整流器的控制中,还有一个必须注意的问题是其启动时的控制。因为在脉冲整流器启动伊始,中间回路直流电压 U_d 的值比较低,所以必须严格控制交流输入电流的幅值,避免中间回路直流电压在调节时过充。

对于电压型四象限脉冲整流器来说,能够连续地改变能量方向,从牵引过渡到再生制动或反之。

2) 按可变相位角工作的控制策略

在电力牵引中,接触网的电压可能因区间负载变化而在一个较大的范围内波动。一般来说,接触网中的电流与电压之间存在感性相位角,也就是电流滞后于电压,而线路阻抗压降将使得受电弓上的电压低于变电所的空载电压。当这个相位角为0或者为电容性时,受电弓上的电压将不会明显减少。以图4-37来说明这种情况。

图4-37所示为机车在一个供电区段上运行时的等效电路、不同相位情况下的矢量图及其在恒定有功功率前提下对于牵引和再生制动两种情况的网压、电流随感性或容性的相位角变化的函数曲线。可以看出,一方面,在恒定有功功率(这是运行任务决定的)时,有功电流随网压的下降、即随着感性相位角的增加而增加;另一方面,无功电流则总是随着相位角的增大而增大,不论它是感性的还是容性的。所以,在容性相位角时,总电流最小。

从而可以得出一个有实用价值的结论。对于牵引来说,在网压下降严重的情况下,可借助容性的相位角或容性无功电流把其升高,从而阻止本机车或相邻机车的功率减少。图4-37(c)表明,在允许的电压下限内,机车有功功率可能随容性相位角加大而增加;对于再生制动来说,根据接触网结构和负载状态的不同,网压或多或少都将提高。在最不利的情况下,必须减少制动功率,以使得电压不超过允许的偏差范围。但若通过控制脉冲整流器得到感性相位角或控制感性无功电流,可使网压降低下来,并增加有功功率。图4-37(d)也表明,如果把网压限制在允许的上限值内,有功功率将随相位而变化。

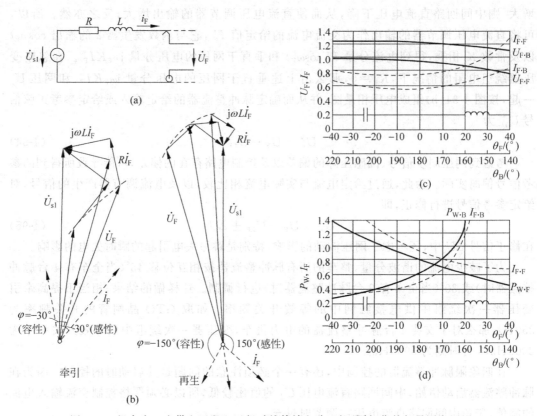

图 4-37 机车在一个供电区段上运行时的等效电路、对不同相位的相量图和网压、
电流及有功功率与相位角 θ 的关系

(a) 等效电路；(b) 相量图；(c) 在恒定有功功率时网压 u_F 和电流 i_F 与相位角的关系（下角标 F 表示牵引；B 表示再生制动）；
(d) 在恒定网压 u_F 时有功功率和电流 i_F 与相位角的关系

从脉冲整流器的相量图（见图 4-32）可以看出，为了得到所希望的网侧电流 I_F，需要根据网压生成一定的参考信号 U_{s1}，其最大幅值受开关频率和最小换相延迟时间的限制。因此，可以认为 I_F 以及它的有功分量 $I_{F \cdot P}$ 和无功分量 $I_{F \cdot Q}$ 都受到一定的限制，而且与网压 U_F 有关。

脉冲整流器的工作容限，比如说制动状态下，通过控制感性电流分量，将能够在网压 $U_F > 1.0$（标幺值）时增加有功电流 $I_{F \cdot P}$，使其比相位角 $\theta = 0°$ 时更大一些。所以，脉冲整流器在高网压时应当吸取感性无功电流（主要在再生制动状态下），而在低网压下应当吸取容性无功电流（主要在牵引状态下）。从原理上说，实施这种控制策略的结果，首先是调节受电弓上的电压。

考虑到以下一些情况。容性无功电流上限受最大调制比的限制，而在感性无功电流区中，没有调制比的限制，而且它与有功电流的依赖关系不是那么突出。所以，可把作为控制装置设计基础的工作容限图简化为无功电流与网压的线性关系，如图 4-38 所示。

图 4-39 为脉冲整流器按可变相位角进行控制的原理图。

除了由机车运行点所决定的有功电流给定值 $I_{F \cdot P}^*$ 外，还引入给定无功电流

$$I_{F \cdot Q1}^* = \sqrt{I_{F \cdot ZU1}^2 - (I_{F \cdot P}^*)^2} \tag{4-96}$$

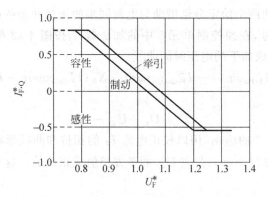

图 4-38 脉冲整流器的简化工作容限图

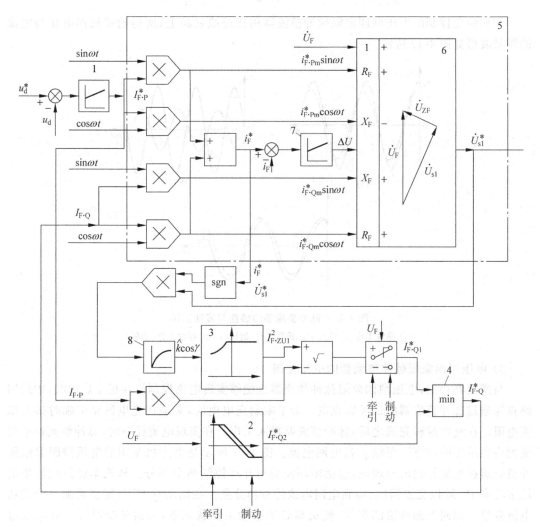

图 4-39 脉冲整流器按可变相位角控制的原理图

$I_{F \cdot ZU1}^2$ 由平方电流极限曲线生成器 3 产生，$I_{F \cdot ZU1}^2 = f(k\cos\gamma)$。$I_{F \cdot Q1}^*$ 和来自简化工作容限图的另一个给定无功电流 $I_{F \cdot Q2}^*$，在电流极限曲线生成器 4 中生成较小的给定无功电流

$I_{F.Q}^*$。网侧交流电流的两个给定分量借助与电网同步的正弦和余弦函数转换为时间函数。

为了决定参考信号,在预控制单元 5 中的加法器 6,按图 4-32 生成相应的相量图。在此,由电流时间曲线生成如下的电压时间曲线

$$U_{ZF} = R_F(I_{F.Pm}^* \sin\omega t - I_{F.Qm}^* \cos\omega t) - X_P(I_{F.Pm}^* \cos\omega t - I_{F.Qm}^* \sin\omega t) \tag{4-97}$$

和

$$U_{s1}^* = U_F - U_{ZF} - \Delta U \tag{4-98}$$

ΔU 是电流调节器 7 的输出,用以校正电流 I_F 的相位和曲线形状。对于电流极限特性曲线生成器 3 所需的量($k\cos\gamma$),是与 U_{s1}^* 的平方根值成正比的。这个平方根值可由平均值发生器 8 得到

$$\frac{1}{\pi}\int_0^\pi (U_{s1}^* \text{sgn} I_F^*) d\omega t = \frac{2}{\pi} U_{s1}^* \cos\gamma = \frac{2}{\pi} U_d \cos\gamma \tag{4-99}$$

按相位角控制的电压型四象限脉冲整流器用在挪威铁路上,所得的接触网电压与电流的测量波形如图 4-40 所示。

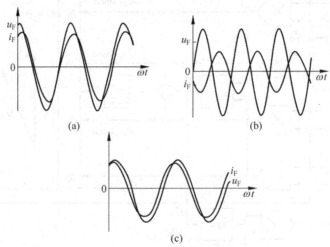

图 4-40 脉冲整流器的感性与容性工作
(a)感性工作(牵引);(b)感性工作(制动);(c)容性工作(牵引)

3) 电压型四象限脉冲整流器的电流控制

与逆变器相似,电压型四象限脉冲整流器也能够实现电流控制。在机车启动时,中间回路首先通过脉冲整流器的二极管充电。为了限制充电电流,必须在充电回路中临时接入限流电阻。在充电过程完成之后,脉冲整流器投入工作。在实现电流控制时,脉冲整流器的交流侧将在给定的带宽下跟踪正弦电网电流。图 4-41 所示是电力机车用的电压型四象限脉冲整流器按电流控制的原理图,包括闭环控制与开环控制两个部分。从机车级控制器来的给定功率 P^* 除以交流网压,得到电网电流的有功分量。在制动状态下,需要叠加一个无功电流分量。如同上面所说的那样,使机车处于感性工作状态下,为避免受电弓上的电压过高,通过不断地进行给定电流与实际电流的比较,保证瞬时偏差不超过预定的限值,并从而提供脉冲整流器的触发控制信号。图 4-42 所示是电流控制脉冲整流器的调制电流波形和接触网电压与电流波形。

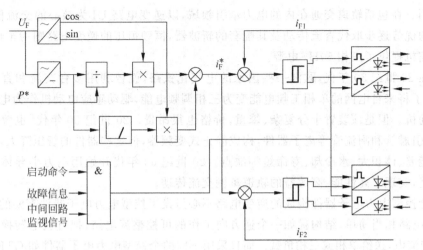

图 4-41　电力机车用电压型四象限脉冲整流器的按电流控制原理图

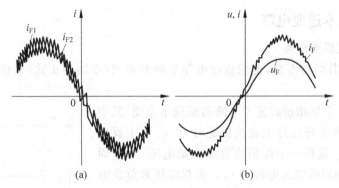

图 4-42　电流控制的电压型四象限脉冲整流器的调制波形和网压、网流的波形
(a) 调制电流(2个相互位移的脉冲整流器)；(b) 网压与电网电流

4.3　逆变电路(逆变器)

逆变是整流的逆过程。直流电通过逆向变换，向交流电源反馈能量的逆变电路称为有源逆变电路，它通常是一种工作在相控角大于 90°的相控整流电路。直流电能通过逆向变换得到交流电能，得到的交流电能直接供给负载的逆变电路，因其输出端没有电源，故称之为无源逆变电路。无源逆变电路输出的频率和电压的大小取决于负载的实际需要，可以是定频、定压，也可以是调压、调频。

性能良好的逆变电路包括 3 个部分。第一部分是电力电路及缓冲电路，电力电路是利用电力电子器件进行能量变换的主体，缓冲电路与电力电子器件并联，用于吸收电力电子器件上的换流过电压。第二部分是控制电路，完成对主电路的控制，实现逆变，并使逆变器具有调压、调频，或稳压、稳频等良好的动、静态性能。第三部分是电力电子器件的门控电路，包括设计在门控电路中的过电流保护等部分。

逆变电路因为其性能可靠，动、静态性能卓越和节能等优点，在各个领域获得越来越广泛的应用。在包括轨道交通在内的电力牵引领域,以逆变电路 UI 为核心的交流传动,正在以很大的优势逐步取代直流传动及其配套的斩波器,恒频恒压的逆变电路则为车辆的空调、空气压缩机提供了三相 50Hz 电源。

早在 20 世纪 30 年代,欧洲一些国家的电气化铁路,就曾利用多台交流和直流旋转电机,实现了将来自电网的单相工频电能变为三相调频电能,驱动感应电动机作为电力机车的牵引电动机。但是该装置十分复杂、笨重,价格也很昂贵。20 世纪 50 年代,也曾采用水银整流器、引燃管和闸流管等离子器件,构成静止式变频器,但这些器件的管压降大,同时还有控制性能差、体积大、水冷却、寿命短等缺点。20 世纪 60 年代开始用电力半导体器件构成逆变电路,实现了高性能、高效益的轨道车辆交流传动。

由全控型电力电子器件构成的逆变电路不必另设半控型电力电子器件需要的强迫换流电路,主电路相当简单,结构犹如一个逆方向工作的可控整流电路,把直流电转换为可变频调压的交流电,送给单相或三相负载。而且采用不同的全控型电力电子器件如 GTR、GTO 或 IGBT 时,其主电路没有原则差别,差别主要在于门极(栅极)控制电路和保护方法有所不同。

4.3.1 基本逆变电路

1. 单相桥式逆变电路

逆变电路从其结构而言,也像整流电路那样有零式(中间抽头式)和桥式、单相和多相之分。

图 4-43 是一个单相桥式逆变电路的原理示意图,其中 S_1、S_2 和 S_3、S_4 两组理想开关轮流接通时,负载 R 上就可得到交流电压 u_R,这是一个幅值为直流电源电压 U_d 的周期性交变电压,相应的交流电流为 i_R。负载电压和负载电流的频率取决于两组理想开关的切换频率。

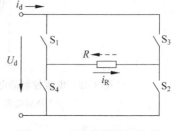

图 4-43 电阻负载单相桥式逆变电路

用全控型器件,如 IGBT 取代图 4-43 中的开关后,得到图 4-44(a)的单相桥式 IGBT 逆变器的主电路。

图 4-44(b)、(c)是 IGBT 逆变器在电阻负载下的输出电压 u_R 和输出电流 i_R 的波形。在 $0 \sim \pi$ 期间,$IGBT_1$(用 VT_1 表示)和 $IGBT_2$(用 VT_2 表示)导通;在 $\pi \sim 2\pi$ 期间,$IGBT_3$ 和 $IGBT_4$(分别用 VT_3 及 VT_4 表示)导通。图 4-44(d)则为直流输入电流 i_d 的波形。图中假设 IGBT 的开关是瞬时完成的理想过程。

对于感性负载,交流电流滞后电压一个相位角,当两组开关管已经切换、电压已经反向时,感性负载电流仍将在滞后角时间内保持原来的流通方向,如果强迫断开这一感性负载的滞后电流,必然会引起过电压,造成电力电子器件的击穿损坏。为此,在感性负载下,每个电力电子器件上还需反向并联一个快速二极管,以构成滞后电流的通路,如图 4-45(a)所示。

在图 4-45(a)中,当 $\omega t = \pi$ 时,$IGBT_1(VT_1)$ 和 $IGBT_2(VT_2)$ 关断、$IGBT_3(VT_3)$ 和 $IGBT_4(VT_4)$ 导通后,感性负载电流从 VT_1、VT_2 转移到由 VD_3、VD_4 及电源所构成的续流回路中,使负载电流在滞后角内继续保持原方向流通。同理,在 VT_3、VT_4 切换到 VT_1、VT_2 后,负载电流改经 VD_1、VD_2 和电源电路续流。负载电流 i_z 的波形如图 4-45(c)所示,其波形由两段指数曲线组成,其中阴影部分为二极管中的电流,其余为 IGBT 中的电流。

图 4-45(d)为直流输入电流 i_d 的波形,它由正方向的 IGBT 电流和反方向的电流 i_D 组成,由图可见,在二极管导通期间,感性负载向电源反馈了能量。

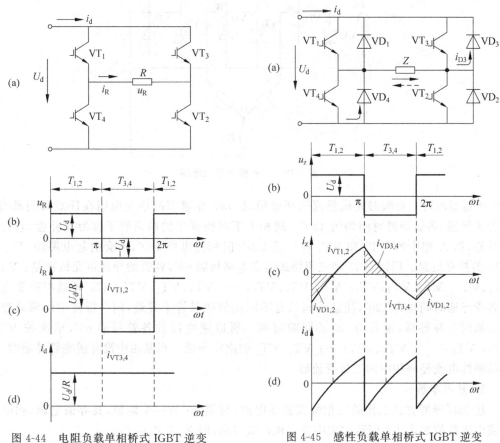

图 4-44 电阻负载单相桥式 IGBT 逆变电路及波形

(a) 单相桥式 IGBT 逆变器主电路;(b) u_R 波形;
(c) i_R 波形;(d) 输入电流 i_d 波形

图 4-45 感性负载单相桥式 IGBT 逆变电路及波形

(a) 感性负载下的逆变电路;(b) 输出电压波形;
(c) 输出电流波形;(d) 直流输入电流波形

2. 三相桥式逆变电路

1) 结构

三相桥式逆变电路如图 4-46 所示。图中应用可关断晶闸管 GTO 作为逆变管,也可用其他全控型器件构成逆变电路。若用晶闸管时,还应有强迫换流电路,但逆变电路的基本结构都是相同的。

从电路结构上看,如果把三相负载 Z_A、Z_B、Z_C 看成三相整流变压器的三个绕组,那么三相桥式逆变电路犹如三相桥式可控整流电路与三相桥式二极管整流电路的反并联,其中可控电路用来实现直流到交流的逆变,不可控电路为感性负载电流提供续流回路,完成无功能量的续流或反馈。因此与 GTO 并联的 6 个二极管 $VD_1 \sim VD_6$ 称为续流二极管或反馈二极管。

图 4-46 所示的三相桥式逆变电路中各管的导通次序和整流器一样,也是 VT_1、VT_2、VT_3、VT_4、…各管的触发信号依次互差 60°。根据各管导通时间的长短,分为 180°导通型和

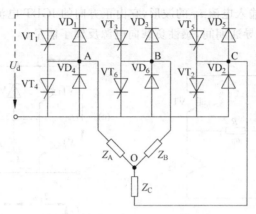

图 4-46 三相桥式逆变电路

120°导通型两种。对瞬时完成换流的理想情况,180°导通型的逆变电路在任意瞬间都有 3 只管子导通,各管导通时间均为 180°。同相上下两桥臂中的两只管子称为互补管,它们轮流导通,如 A 相中的 VT_1 和 VT_4 各导通 180°,但相位也差 180°,不会引起电源经 VT_1 和 VT_4 的贯穿短路。所以,180°型三相桥式逆变电路每隔 60°,各管的导通情况依次是:VT_1、VT_2、VT_3;VT_2、VT_3、VT_4;VT_3、VT_4、VT_5;…;VT_6、VT_1、VT_2。120°导通型逆变电路中各管导通时间均为 120°,任意瞬间只有不同相的两只管子导通,同一桥臂中的两只管子不是瞬时互补导通,而是有 60°的间隙时间。所以逆变器的各管每隔 60°,依次按 VT_1、VT_2;VT_2、VT_3;VT_3、VT_4;…;VT_6、VT_1 的次序导通。当某相中没有逆变管导通时,该相的感性电流经该相中的二极管流通。

2) 基本参数

按 180°导通方式工作的三相桥式逆变电路,每隔 60°为一个阶段,其等值电路、相电压及线电压数值如表 4-2 所示。表中设三相负载对称,即 $Z_A=Z_B=Z_C$。

表 4-2 180°导通型三相逆变器各阶段的等值电路及相电压和线电压值

阶段		0°~60°	60°~120°	120°~180°	180°~240°	240°~300°	300°~360°
导通管号		1、2、3	2、3、4	3、4、5	4、5、6	5、6、1	6、1、2
等值电路		$Z_A\|Z_B$ — Z_C	Z_B — $Z_A\|Z_C$	$Z_B\|Z_C$ — Z_A	Z_C — $Z_A\|Z_B$	$Z_A\|Z_C$ — Z_B	Z_A — $Z_B\|Z_C$
相电压	u_{AO}	$+\frac{1}{3}U_d$	$-\frac{1}{3}U_d$	$-\frac{2}{3}U_d$	$-\frac{1}{3}U_d$	$+\frac{1}{3}U_d$	$+\frac{2}{3}U_d$
	u_{BO}	$+\frac{1}{3}U_d$	$+\frac{2}{3}U_d$	$+\frac{1}{3}U_d$	$-\frac{1}{3}U_d$	$-\frac{2}{3}U_d$	$-\frac{1}{3}U_d$
	u_{CO}	$-\frac{2}{3}U_d$	$-\frac{1}{3}U_d$	$+\frac{1}{3}U_d$	$+\frac{2}{3}U_d$	$+\frac{1}{3}U_d$	$-\frac{1}{3}U_d$
线电压	u_{AB}	0	$-U_d$	$-U_d$	0	$+U_d$	$+U_d$
	u_{BC}	$+U_d$	$+U_d$	0	$-U_d$	$-U_d$	0
	u_{CA}	$-U_d$	0	$+U_d$	$+U_d$	0	$-U_d$

在 $0°\sim60°$ 阶段晶闸管（或其他全控型电力电子器件）VT_1、VT_2、VT_3 同时导通，A 相和 B 相负载 Z_A、Z_B 都与电源的正极连接，C 相负载 Z_C 与电源的负极连接，由于三相负载对称，如取负载中心点 O 为电压的基准点，则 A 相的电压 U_{AO} 和 B 相的电压 U_{BO} 相等，均为 $\frac{1}{3}U_d$，为直流电源电压，C 相的电压为 $-\frac{2}{3}U_d$。

同理，在 $60°\sim120°$ 阶段，逆变管 VT_1 关断，VT_2、VT_3、VT_4 导通，Z_B 与电源正极接通，Z_A 和 Z_C 与负载接通，故 $U_{BO}=+\frac{2}{3}U_d$，$U_{AO}=U_{CO}=-\frac{1}{3}U_d$，其余类推。最后得出：任何一相的相电压的波形均为六阶梯波，U_{BO} 落后 U_{AO} $120°$，U_{CO} 落后 U_{BO} $120°$，如图 4-47(a)所示。

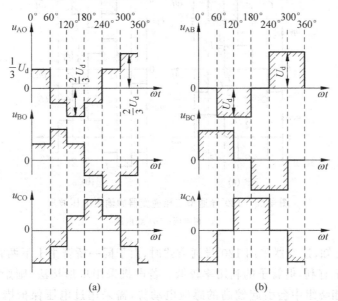

图 4-47 $180°$导通型三相逆变器的输出波形
(a) 相电压；(b) 线电压

线电压由相电压相减得出：$U_{AB}=U_{AO}-U_{BO}$（如 $0°\sim60°$ 阶段其值为 0），$U_{BC}=U_{BO}-U_{CO}$（如 $0°\sim60°$ 阶段其值为 U_d），$U_{CA}=U_{CO}-U_{AO}$（如 $0°\sim60°$ 阶段其值为 $-U_d$）。线电压波形如图 4-47(b)所示，它们是宽为 $120°$ 的矩形波，各线电压波形依次相差 $120°$。

初相角为 0 的六阶梯波（如图 4-47 中的 U_{BO}）的基波可用付氏级数求得，相电压中无余弦项、偶次项和三倍数的次谐波。电压中谐波次数最低为五次谐波，含量为基波的 20%，其次为七次谐波，含量为基波的 14.3%。

对于基波无初相角的矩形波线电压，其中谐波分量与相电压中的谐波分量特点相同，只是符号不同，使波形产生差异，其线电压比相电压的幅值大 $\sqrt{3}$ 倍。

根据图 4-47，可以算出六阶梯波的相电压和方波线电压的有效值之间仍有 $\sqrt{3}$ 倍的关系。

实际的电压波形较上面分析的结果略有误差，这是由于在分析中忽略了换流过程，也未扣除逆变电路中的电压降落的缘故。

当三相逆变器按 $120°$ 导通方式工作时，如在 $0°\sim60°$ 阶段中 VT_6、VT_1 导通，则 Z_A、

Z_B 分别接电源正、负极(见图 4-46),Z_C 不通电,则 $U_{AO}=U_d/2$,$U_{BO}=-U_d/2$,$U_{CO}=0$。在 60°~120°阶段,VT_1、VT_2 导通,Z_A、Z_C 分别接正、负电源,Z_B 不通电,则 $U_{AO}=U_d/2$,$U_{BO}=0$,$U_{CO}=-U_d/2$,其余类推。由此获得图 4-48 所示的输出电压波形,波形与图 4-47 相反,这里相电压为矩形波,而线电压为六阶梯波。

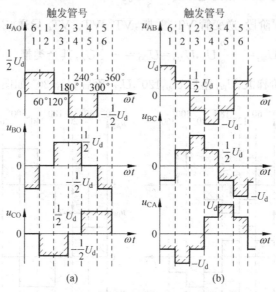

图 4-48 120°导通型三相逆变器的输出电压波形
(a) 相电压;(b) 线电压

由图 4-48 可知,逆变器采用 120°导通方式时,由于同一桥臂中上下两管有 60°的导通间隙,对换流的安全有利,但管子的利用率较低。若电机采用星形接法,则始终有一相绕组断开,在换流时该相绕组中会引起较高的感应电动势,需采用过电压保护措施。而 180°导通方式无论采用电动机星形接法还是三角形接法,在正常工作时都不会引起过电压,因此对于电压型逆变器,180°导通方式的应用较为普遍。

4.3.2 正弦波脉宽调制逆变电路

晶闸管交-直-交变频器在运行中存在着如下问题:

(1) 变压与变频需要两套可控的晶闸管变换器,开关元件太多,控制线路复杂,装置庞大。

(2) 晶闸管可控整流器在低频低压下功率因数太低。

(3) 逆变器输出的阶梯波形交流谐波成分较大,因此变频器输出转矩的脉动大,低速时影响电动机的稳定工作。

(4) 由于储能电容的充放电时间长,变频器的动态响应慢。

随着现代电力电子器件的发展,变频器输出电压靠调节直流电压幅度(PAM)的控制方式已让位于输出电压调宽不调幅(PWM)的控制方式。

脉宽调制变频的设计思想源于通信系统中的载波调制技术,1964 年由德国的科学家率先提出并付诸实施。用这种技术构成的 PWM 变频器基本上解决了常规阶梯波 PAM 变频器中存在的问题,为近代交流调速开辟了新的发展领域,目前 PWM 已成为现代变频器产品的主导设计思想。

PWM 型变频器的主要特点是：

（1）主电路只有 2 个可控的功率环节，开关元件少，控制线路结构简单。

（2）整流侧用不可控整流器，电网功率因数与逆变器输出电压无关，而且接近于 1。

（3）VVVF 在同一环节实现，与中间储能元件无关，变频器的动态响应加快。

（4）通过对 PWM 控制方式的控制，能有效地抑制或消除低次谐波，实现接近正弦波形输出交流电压波形。

目前 PWM 控制技术的热门课题是正弦脉宽调制技术。下面重点给予分析。

1. 正弦脉宽调制原理

所谓正弦脉宽调制（SPWM）波形，就是与正弦波等效的一系列等幅不等宽的矩形脉冲波形，如图 4-49 所示。等效的原则是每一区间的面积对应相等。如果把一个正弦波分作 n 等份（在图 4-49(a) 中，$n=12$），然后把每一等分正弦曲线与横轴所包围的面积都用一个与之面积相等的矩形脉冲来代替，矩形脉冲的幅值不变，各脉冲的中点与正弦波每一等份的中点相重合，如图 4-49(b) 所示。这样，由 n 个等幅不等宽的矩形脉冲所组成的波形就与正弦波的半周波形等效，称作 SPWM 波形。同样，正弦波的负半周也可用相同的方法与一系列负脉冲等效。这种正弦波正、负半周分别用正、负脉冲

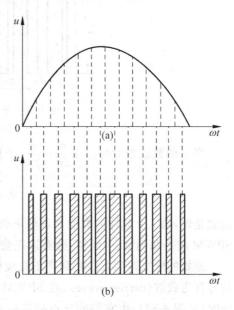

图 4-49　与正弦波等效的等幅不等宽的
矩形脉冲波形

(a) 正弦波形；(b) 等效的 SPWM 波形

等效的 SPWM 波形称作单极式 SPWM。图 4-50 是 SPWM 变压变频器主电路的原理图。

图中 $VT_1 \sim VT_6$ 是逆变器的 6 个全控式功率开关器件，它们各与一个续流二极管反并联连接。整个逆变器由三相不可控整流器供电，所提供的直流恒值电压为 U_s。为分析方便起见，认为异步电动机定子绕组 Y 形联结，其中零点与整流器输出端滤波电容器的中点 O' 相连，因而当逆变器任一相导通时，电动机绕组上所获得的相电压为 $U_s/2$。

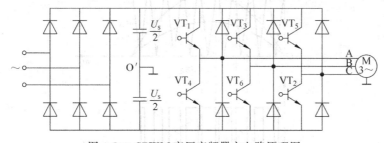

图 4-50　SPWM 变压变频器主电路原理图

图 4-51 为单极式 SPWM 的电压波形，其等效正弦波为 $U_m \sin\omega_1 t$，而 SPWM 脉冲序列波的幅值为 $U_s/2$，各脉冲不等宽，但中心间距相同，都等于 π/n，n 为正弦波半个周期内的脉冲数。令第 i 个脉冲的宽度为 δ_i，其中心点相位角为 θ_i，则根据面积相等的等效原则，可写成

$$\theta_i \frac{U_s}{2} = U_m \int_{\theta_i - \frac{\pi}{2n}}^{\theta_i + \frac{\pi}{2n}} \sin\omega_1 t \, d(\omega_1 t) = 2U_m \sin\frac{\pi}{2n} \sin\theta_i \tag{4-100}$$

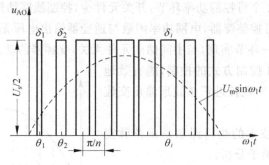

图 4-51 单极式 SPWM 的电压波形

当 n 的数值较大时，$\sin\dfrac{\pi}{2n} \approx \dfrac{\pi}{2n}$，于是

$$\theta_i \approx \frac{2\pi U_m}{n U_s} \sin\theta_i \tag{4-101}$$

这就是说，第 i 个脉冲的宽度与该处正弦波值近似成正比。因此，与半个周期正弦波等效的 SPWM 波是两侧窄、中间宽、脉宽按正弦规律变化的序列脉冲波形。

原始的脉宽调制方法是利用正弦波作为基准的调制波(modulation wave)，受它调制的信号称为载波(carrier wave)，在 SPWM 中常用等腰三角波当作载波。当调制波与载波相交时(见图 4-52)，由它们的交点确定逆变器开关器件的通断时刻。具体的做法是，当 A 相的调制波电压 u_{rA} 高于载波电压 u_t 时，使相应的开关器件 VT_1 导通，输出正的脉冲电压，如图 4-52(b)所示；当 u_{rA} 低于 u_t 时，使 VT_1 关断，输出电压为 0。在 u_{rA} 的负半周中，可用类似的方法控制下桥臂的 VT_4，输出负的脉冲电压序列。改变调制波的频率时，输出电压基波的频率也随之改变；降低调制波的幅值时，如为 u'_{rA}，各段脉冲的宽度都将变窄，从而使输出电压基波的幅值也相应减小。

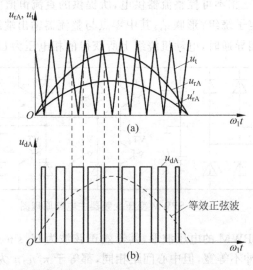

图 4-52 单极式脉宽调制波的形成
(a) 正弦调制波与三角载波；(b) 输出的 SPWM 波形

上述的单极式 SPWM 波形在半周内的脉冲电压只在"正"(或"负")和"0"之间变化,主电路每相只有一个开关器件反复通断。如果让同一桥臂上、下两个开关器件交替地导通与关断,则输出脉冲在"正"和"负"之间变化,就得到双极式的 SPWM 波形。图 4-53 为三相双极式的正弦脉宽调制波形,其调制方法和单极式相似,只是输出脉冲电压的极性不同。

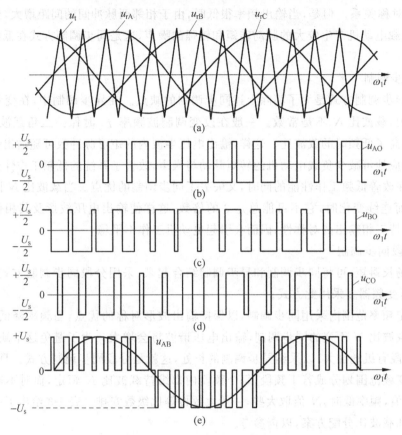

图 4-53 三相双极式 SPWM 波形

(a) 三相调制波与双极性三角载波;(b) $u_{AO}=f(t)$;(c) $u_{BO}=f(t)$;(d) $u_{CO}=f(t)$;(e) $u_{AB}=f(t)$

当 A 相调制波 $u_{rA}>u_t$ 时,VT_1 导通,VT_4 关断,负载上得到的相电压为 $u_{AO}=+U_s/2$;当 $u_{rA}<u_t$ 时,VT_1 关断而 VT_4 导通,$u_{AO}=-U_s/2$。所以 A 相电压 $u_{AO}=f(t)$ 是以 $+U_s/2$ 和 $-U_s/2$ 为幅值作正、负跳变的脉冲波形。同理,如图 4-53(c) 的 $u_{BO}=f(t)$ 是由 VT_3 和 VT_6 交替导通得到的;图 4-20(d) 的 $u_{CO}=f(t)$ 是由 VT_5 和 VT_2 交替导通得到的。由 u_{AO} 和 u_{BO} 相减可得逆变器输出的线电压波形 $u_{AB}=f(t)$,如图 4-53(e) 所示,其脉冲幅值为 $+U_s$ 和 $-U_s$。

双极式 SPWM 和单极式 SPWM 的方法一样,对输出交流电压大小的调节靠改变控制波的幅值来实现,而对输出交流电压的频率调节则靠改变控制波的频率来实现。

2. SPWM 逆变器的同步调制和异步调制

定义载波频率 f_t 与调制波频率 f_r 之比 N 为载波比,即

$$N=f_t/f_r \tag{4-102}$$

根据载波比的变化与否,SPWM 逆变器有同步调制与异步调制之分。

1) 同步调制

在同步调制方式中，载波比 N 为常数，变频时三角载波的频率与正弦调制波的频率同步改变，因而输出电压半波内的矩形脉冲数是固定不变的，如果取 N 为 3 的倍数，则同步调制能保证输出波形的正、负半波始终保持对称，并能保证三相输出波形之间具有互差 $120°$ 的对称关系。但是，当输出频率很低时，由于相邻两脉冲间的间距增大，谐波会显著增加，使负载电动机产生较大的脉动转矩和较强的噪声，这是同步调制方式在低频时的主要缺点。

2) 异步调制

采用异步调制方式是为了消除上述同步调制的缺点。在异步调制中，在变频器的整个变频范围内，载波比 N 不是常数。一般在改变调制波频率 f_r 时保持三角载波频率 f_t 不变，因而提高了低频时的载波比。这样，输出电压半波内的矩形脉冲数可随输出频率的降低而增加，相应地可减少负载电动机的转矩脉动与噪声，改善了系统的低频工作性能。但异步调制方式在改善低频工作性能的同时，又失去了同步调制的优点。当载波比 N 随着输出频率的降低而连续变化时，它不可能总是 3 的倍数，这样使输出电压波形及其相位都发生变化，难以保持三相输出的对称性，因而会引起电动机工作不平稳。

3) 分段同步调制

为了扬长避短，可将同步调制和异步调制结合起来，采用分段同步调制方式，实践中的 PWM 变压变频器多采用此方式。

在一定频率范围内采用同步调制，以保持输出波形对称的优点，当频率降低较多时，如果仍保持载波比 N 不变的同步调制，输出电压谐波将会增大。为了避免这个缺点，可使载波比 N 分段有级地加大，以采纳异步调制的长处，这就是分段同步调制方式。具体地说，就是把整个变频范围划分成若干频段，每个频段内都维持载波比 N 恒定，而对不同的频段取不同的 N 值，频率低时，N 值取大些，一般大致按等比级数安排。表 4-3 给出了一个实际系统的频段和载波比分配方案，以资参考。

表 4-3 分段同步调制的频段和载波比

输出频率/Hz	载波比	开关频率/Hz	输出频率/Hz	载波比	开关频率/Hz
41～62	18	738～1116	11～17	66	726～1122
27～41	27	729～1107	7～11	102	714～1122
17～27	42	714～1134	4.6～7	159	731.4～1113

图 4-54 是与表 4-3 相应的 f_t 与 f_r 的关系曲线。由图可见，在输出 f_r 的不同频率段内，用不同的 N 值进行同步调制，可使各频段开关频率的变化范围基本一致，能满足功率开关器件对开关频率的限制，其中最高开关频率在 $1107～1134 \mathrm{Hz}$ 之间，这是在允许范围之内的。

上述图表的设计计算方法如下。

已知变频器要求的输出频率范围为 $5～60 \mathrm{Hz}$，取最大开关频率为 $1.1 \mathrm{Hz}$，最小开关频率在最大开关频率的 $1/2～2/3$ 之间，视分段数要求而定。

取输出频率上限为 $62 \mathrm{Hz}$，则第一段载波比为

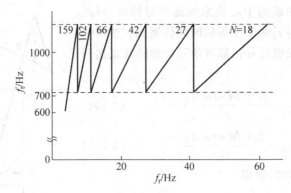

图 4-54 分段同步调制时输出频率与开关频率的关系曲线

$$N_1 = \frac{f_{\text{tmax}}}{f_{\text{rmax}}} = \frac{1100}{62} = 17.7$$

取 N 为 3 的整数倍，如 $N_1=18$，修正后

$$f_{\text{tmax}} = N_1 f_{\text{rmax}} = 18 \times 62 = 1116(\text{Hz})$$

若取 $f_{\text{tmin}} \approx \frac{2}{3} f_{\text{tmax}} = 744\,\text{Hz}$，则

$$f_{\text{rmin}} = \frac{f_{\text{tmin}}}{N_1} = \frac{744}{18} = 41.33(\text{Hz})$$

取整数，则 $f_{\text{rmin}}=41\,\text{Hz}$，那么 $f_{\text{tmin}}=41 \times 18 = 738(\text{Hz})$。

以下各段依次类推，可得表 4-3 中各行的数据。

变频器中，SPWM 信号一般由软件加接口电路生成。如何计算 SPWM 的开关点，是 SPWM 信号生成中的一个难点，也是当前人们研究的一个热门课题。下面讨论几种常用的算法。

3. SPWM 的控制模式及其实现

SPWM 波形的控制需要根据三角波与正弦波比较后的交点来确定逆变器功率器件的开关时刻，这个任务可以用模拟电子电路/数字电路或专用的大规模集成电路芯片等硬件电路来完成，也可以用微型计算机软件生成 SPWM 波形。在计算机控制的 SPWM 变频器中，SPWM 信号一般由软件加接口电路生成。下面讨论几种计算 SPWM 的开关点常用的算法。

1) 自然采样法

自然采样法是按照正弦波与三角形波交点进行脉冲宽度与间隙时间的采样，从而生成 SPWM 波形。在图 4-55 中，截取了任意一段正弦波与三角载波的一个周期长度内的相交情况。A 点为脉冲发生时刻，B 点为脉冲结束时刻，在三角波的一个周期 T_t 内，t_2 为 SPWM 波的高电平时间，称作脉宽时间，t_1 与 t_3 则为 SPWM 波的低电平时间，称为间隙时间。显然 $T_t = t_2 + t_1 + t_3$。定义正弦控制波与载波的幅值比为调制度，用 $M = U_{\text{rm}}/U_{\text{tm}}$ 表示，设三角载波幅值 $U_{\text{tm}}=1$，则正弦控制波

$$u_r = M\sin\omega_1 t \tag{4-103}$$

式中：ω_1——正弦控制波角频率，即输出角频率。

A、B 两点对三角波的中心线来说是不对称的,因此脉宽时间 t_2 是由 t_2' 与 t_2'' 两个不等的时间段组成。这两个时间段可由图 4-55 根据两对相似直角三角形的高宽比列出方程为

$$\frac{2}{T_t/2} = \frac{1+M\sin\omega_1 t_A}{t_2'} \quad (4\text{-}104)$$

$$\frac{2}{T_t/2} = \frac{1+M\sin\omega_1 t_B}{t_2''} \quad (4\text{-}105)$$

由式(4-104)和式(4-105)解得

$$t_2 = t_2' + t_2''$$
$$= \frac{T_t}{2}\left[1 + \frac{M}{2}(\sin\omega_1 t_A + \sin\omega_1 t_B)\right] \quad (4\text{-}106)$$

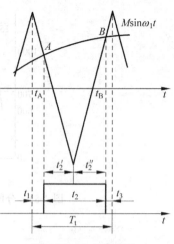

图 4-55 自然采样法

自然采样法中 t_A、t_B 都是未知数,$t_1 \neq t_3$,$t_2' \neq t_2''$,这使得实时计算与控制相当困难。即使事先将计算结果存入内存,控制过程中通过查表确定时间,也会因参数过多而占用计算机太多的内存和时间,故此法仅限于频率段数较少的场合采用。

2) 规则采样法

由于自然采样法的不足,人们一直在寻找更实用的采样方法来尽量接近于自然采样法,希望更实用的采样方法要比自然采样法的波形更对称一些,以减少计算工作量,节约内存空间,这就是规则采样法。规则采样法有多种,常用的方法有对称规则采样法和非对称规则采样法。计算机实时产生的 SPWM 波形也是基于其采样法的原理及计算公式。这里只介绍其中的对称规则采样法。

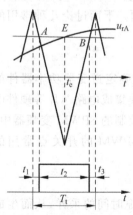

图 4-56 对称规则采样法

如图 4-56 所示的对称规则采样法是将三角波的负峰值对应的正弦控制波值(E 点)作为采样电压值,由正点水平截取 A、B 两点,从而确定脉宽时间 t_2。这种采样法中,每个周期的采样点 E 对时间轴都是均匀的,这时 $\overline{AE}=\overline{EB}$,$t_1=t_3$,简化了脉冲时间与间隙时间的计算。为此有

$$t_2 = \frac{T_t}{2}(1+M\sin\omega_1 t_e) \quad (4\text{-}107)$$

$$t_1 = t_3 = \frac{1}{2}(T_t - t_2) \quad (4\text{-}108)$$

3) 指定谐波消除法

指定谐波消除法是 SPWM 控制模式研究中一种比较有意义的开关点确定法。在这种方法中,脉冲开关时间不是由三角载波与正弦控制波的交点确定的,而是从消除某些指定次谐波的目的出发,通过解方程组解出来的,其简单说明如下。

图 4-57 是半个周期内有 3 个脉冲的单极式 SPWM 波形。在图示的坐标系中,SPWM 的电压波形展开成付氏级数后为

$$u(\omega t) = \frac{2U_d}{\pi} \sum_{k=1}^{\infty} \frac{1}{k} (\sin k\alpha_1 - \sin k\alpha_2 + \sin k\alpha_3) \cos k\omega_1 t \tag{4-109}$$

其中 k 为奇数,由于 SPWM 波形的对称性,展开式中不存在偶数次谐波。

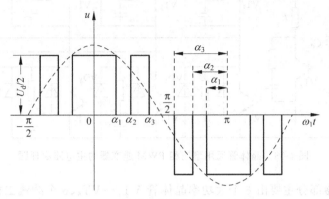

图 4-57 三脉冲波的单极式 SPWM 波形

设控制要求逆变器输出的基波电压幅值为 U_{1m},并要求消除五次、七次谐波(三相异步电动机无中线情况下不存在 3 及 3 的倍数次谐波),按上述要求,可列出下列方程组

$$\left. \begin{array}{l} U_{1m} = \dfrac{2U_d}{\pi}(\sin\alpha_1 - \sin\alpha_2 + \sin\alpha_3) \\ U_{5m} = \dfrac{2U_d}{5\pi}(\sin5\alpha_1 - \sin5\alpha_2 + \sin5\alpha_3) = 0 \\ U_{7m} = \dfrac{2U_d}{7\pi}(\sin7\alpha_1 - \sin7\alpha_2 + \sin7\alpha_3) = 0 \end{array} \right\} \tag{4-110}$$

求解方程组即可得到合适的开关时刻 α_1、α_2 与 α_3 数值。当然,要消除更高次的谐波,则需要更多的方程来求解更多的开关时刻,也就是说要在一个周期内有更多的脉冲才能更好地抑制与消除输出电压中的谐波成分。

当然,利用指定谐波消除法来确定一系列脉冲波的开关时刻是能够有效消除指定的谐波的,但是指定次数意外的谐波却不一定能减少,有时甚至还会增大。不过它们已属于更高次的谐波,对电机的工作影响不大。

在控制方式上,这种方法并不依赖于三角载波与正弦调制波的比较,因此实际上已经脱离了脉宽调制的概念,只是由于其效果和脉宽调制一样,所以才列为 SPWM 控制模式的一类。另外,这种方法在不同的输出频率下有不同的开关时刻 α_1、α_2 与 α_3 配合,因此,求解工作量相当大,难以进行实时控制,一般采用离线方法求解后将结果存入单片机内存,以备查表取用。

4. 功率晶体管通用型 PWM 变频器的主电路

晶体管通用型三相 PWM 变频器主要由二极管整流桥、滤波电容器和 PWM 逆变器组成,图 4-58 为其逆变器部分的主电路原理图。

图中 PWM 逆变器的整流部分可以采用单相(提供较低的 U_d)或三相(提供较高的 U_d)二极管桥式整流电路(图上未画出)。滤波电容器起着平波和中间储能的作用,并提供电感性负载所需的无功功率。该电容耐压应高于整流直流电压,电容量的选择从理论上讲越大越好,但越大投资越高,一般选几千到几万微法之间。变频器容量越大,C_d 的电容也就越大。

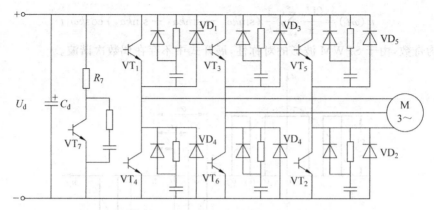

图 4-58　晶体管通用型三相 PWM 逆变器的主电路原理图

PWM 逆变器部分主要由 6 个大功率晶体管 $VT_1 \sim VT_6$、6 个续流二极管 $VD_1 \sim VD_6$、泵升电压限制电路(R_7,VT_7)组成,$VT_1 \sim VT_6$ 工作于开关状态,其开关模式取决于供给基极的 PWM 控制信号,输出交流电压的幅值和频率通过控制开关脉宽和切换点时间来调节。$VD_1 \sim VD_6$ 用来提供续流回路。以 A 相负载为例,当 VT_1 突然关断时,A 相负载电流靠 VD_2 续流,而当 VT_2 突然关断时,A 相负载电流又靠 VD_1 续流。B、C 两相续流原理同上。由于整流电源是二极管整流器,能量不能向电网回馈,因此当电机突然停车时,电机轴上的机械能将转化为电能通过 $VD_1 \sim VD_6$ 的整流向电容充电,并储存在滤波电容器中,造成直流电压 U_d 的升高,该电压称为泵升电压。转速越高,停车时的泵升电压就越高,可能会瞬间击穿 GTR 元件。因此逆变器主回路中设置泵升电压限制电路 R_7 和 VT_7,当泵升电压高于 U_d 的最高限制电压时,使 VT_7 导通,用 R_7 消耗掉 C_d 上的储能,保证泵升电压始终小于或等于限制的最高电压。图中 $VT_1 \sim VT_6$ 右侧并联的 R、C、VD 为阻容吸收电路,用于限制 GTR 元件的 dU_{ce}/dt,保护功率晶体管。

PWM 逆变器的主回路参数按如下原则选取:

(1) GTR 元件的反向击穿电压 $U_{ceo}=2\sim 3$ 倍 U_d,正向导通电流 $I_{cm}=2\sim 3$ 倍 I_N。I_N 为电动机额定电流。

(2) 续流二极管的反向击穿电压取 $2\sim 3$ 倍 U_d,正向导通电流取 $1.5\sim 2$ 倍 I_N。

(3) 泵升电压限制电路用的 GTR 元件 VT_7 的反向击穿电压 $U_{ceo}=2\sim 3$ 倍 U_d,正向导通电流则取决于耗能电路电流的要求。R_7 的选择也取决于耗能电路分流的要求。

(4) 直流电压 U_d 的合适数值等于逆变器输出线电压值除电压利用率,电压利用率与 PWM 信号的调制方法有关,如果采用 SPWM 方法,电压利用率取 0.866。

5. PWM 变频调速系统中的功率接口

PWM 变频调速系统,可以采用 GTR、GTO、IGBT 等各种功率开关器件接成主电路,但控制电路无论是模拟式的、还是数字式的,都需要适当的功率接口来连接控制电路与主电路。因此,在分析 PWM 变频调速系统以前,必须先了解 PWM 变频调速系统中的功率接口问题,下面以 GTR 为例讨论大功率晶体管的驱动电路和 PWM 大规模单片集成电路的原理与使用问题。

GTR 的导通与关断是由基极驱动信号控制的,因此,基极驱动电路必须适应 GTR 器件的要求。如果驱动电路提供的基极电流不足,会影响 GTR 的导通状态,但基极驱动电流过分增加,又会使 GTR 过于饱和而难于关断。因此,在设计驱动电路时,应对各种参数全面考虑。

GTR 的驱动电路有分立元件驱动电路和集成模块化驱动电路两种。下面简要讨论集成模块化驱动电路。

GTR 器件的集成化驱动模块 M57215BL(日本东芝公司生产)是可驱动 50A、1000V 的 GTR 器件,开关频率为 2kHz。其内部结构如图 4-59 所示,PWM 信号输入端②不带非门,需要外接。其⑧端接正电源 +10V,④端接负电源 −3V。具体的接线如图 4-60 所示。

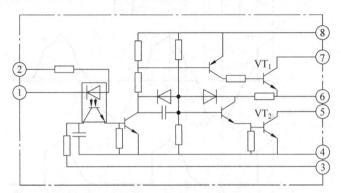

图 4-59　M57215BL 驱动模块内部结构图

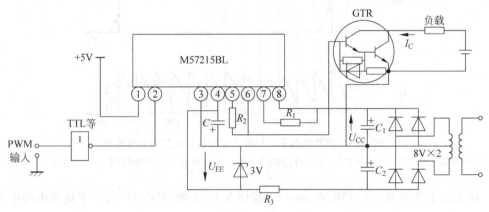

图 4-60　M57215BL 驱动模块应用的接线图

除了 M57215BL 模块外,GTR 驱动模块还有 MPD1204、UAA4003、M57904L 和 EX359 等各厂家生产的驱动模块,它们的内部电路及应用方法十分相似,此处不再详细介绍。

4.3.3　感性负载下三相桥式逆变器的电流波形和能量反馈

当逆变器的负载为感性时,逆变器必须设置滞后电流的续流回路,为此设有 $VD_1 \sim VD_6$ 的续流(反馈)二极管(见图 4-46)。这种情况下逆变器电流波形是基波电压和各次谐波电压除以基波阻抗、各次谐波阻抗所得出的基波电流和各次谐波电流的总和。其波形可根据电压波形的阶跃变化,由相应升降的指数曲线定性地绘出,其电压和电流的波形如图 4-61(a)、(b)、(c)所示。图中 i_A 为 A 相电流的波形,它包括基波和各次谐波,由逆变管和反馈二极管供给。i_A 中的 i_{VT1} 和 i_{VT4} 分别为逆变管 VT_1 和 VT_4 中流过的电流。阴影部分为反馈二极管 VD_1 和 VD_4 中流过的电流 i_{VD1} 和 i_{VD4}。

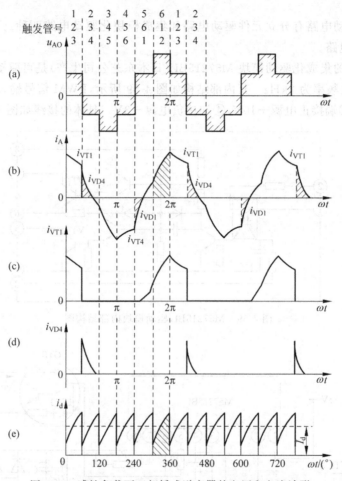

图 4-61 感性负载下三相桥式逆变器的电压和电流波形
(a) A 相电压波形；(b) A 相电流波形；(c) VT_1 的电流波形；(d) 二极管 VD_4 的电流波形；(e) 直流输入电流的波形

由 4.3.1 节中表 4-2 可知，在 $\omega t=60°$ 瞬间 VT_1 关断，VT_4 触发，由于负载电路中电感的作用，i_{VT1} 虽变为 0，但感性负载电流 i_A 仍继续流通，故在 $\omega t=60°$ 后的一段时间里，A 相电压虽已随 VT_4 的触发导通而反向，但 i_A 仍按原来方向经过 Z_A、O、Z_C、已经导通的 VT_2、电源的负极及二极管 VD_4 形成环流。VD_4 的电流 i_{VD4} 的波形如图 4-61(d) 所示。i_{VT1} 和 i_{VD4} 之和组成 i_A 的正向电流，如图 4-61(b) 所示。只有当续流电流 i_{VD4} 降为 0 时，A 相的负载电流才开始经 VT_4 形成反向电流。同理，在 VT_4 关断后有续流电流经过 VD_1、已导通的 VT_5、负载 Z_C、O 点向 Z_A 续流，故 i_A 的反向电流由 i_{VT4} 和 i_{VD1} 组成。B 相和 C 相的电流 i_B 和 i_C 较 i_A 分别滞后 120° 和 240°，各由 i_{VT3}、i_{VT6}、i_{VD3}、i_{VD6} 以及 i_{VT5}、i_{VT2}、i_{VD5}、i_{VD2} 组成。

直流输入电流的波形如图 4-61(e) 所示，它由直流分量 I_d 和周期为 60° 的交流分量所组成。每段电流的波形可由正极或负极上仅有一个管子导通时的管子电流所决定。以 300°～360° 阶段为例，这时导通的管子为 VT_6、VT_1、VT_2，即电源正极上仅有 VT_1 与负载接通，故此阶段中的直流输入电流 i_d 即为该阶段中的 i_{VT1},其波形如图 4-61(b)、(e)中的阴影部分所示。

如果感性负载电流滞后角超过 60°,其电流波形如图 4-62 所示,图的上方为各晶闸管的触发情况,而图中电流波形曲线旁注明的是各管的实际导通情况。现仍以 4.3.1 节中图 4-46 的三相桥式逆变电路为例来说明其工作原理:以 A 相为例,在 4.2.2 节的图 4-29 中 $\omega t=60°$ 时,VT_1 关断,电压 U_{AO} 反向,即电流 i_A 滞后角由此算起,在电压滞后 0°~60°的区域内(相应的是 $\omega t=60°\sim120°$),如前所述,由 VD_4 续流,续流电流沿着 Z_A、O、Z_C 和 VT_2 构成回路,在电流 i_A 滞后超过 60°但还未反向之前的区域内,由于此时 VT_2 已经关断而 i_A 尚未反向,于是 i_A 的续流回路改由 Z_A、O、Z_C、VD_5 直流电源的正极与负极,最后经 VD_4 构成反馈回路,使负载的无功能量反馈到中间环节的直流电源中去,使直流输入电流 i_d 下降。由此可见,在这种直流环节电压极性不变的电压型逆变器中,在感性负载下,反馈二极管是必不可少的。它既能提供感性负载电流的通道,避免过电压的出现,又可减小输入电流,提高逆变器的效率。

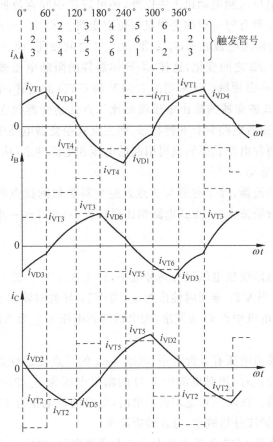

图 4-62 感性负载电流滞后角超过 60°的三相逆变器输出电流波形

当负载为感应电动机时,不仅存在着对各次谐波不同的阻抗,而且还有反电动势,它对各次谐波电流的作用是不同的,结果是负载电流(即逆变器输出电流)的波形与图 4-61 的电流波形有较大的差别,其主要原因是负载电流中谐波分量所占的比例加大,波形如图 4-63(a)中

的 i_A 所示。

在一定的条件下,交流电动机可以作为发电机工作,把负载的机械能量转换为电能,通过逆变电路反馈给电网。当外力(机械负载)驱动电动机运转,使转速超过电动机的同步转速时;或降低逆变器的输出频率,使电动机的转速超过新的同步转速时,电动机都会进入发电机状态。逆变器反馈能量的途径由反馈二极管 $VD_1 \sim VD_6$ 构成的整流桥到达直流中间环节,然后送回直流电网。

4.3.4 三点式(三电平)逆变电路

1. 二点式逆变电路与三点式逆变电路

在电压型变流器中,较为流行的是所谓二点式逆变电路,或二电平逆变电路。随着变流器容量和电压的提高,人们提出了新的多点式电路的概念,并成功地研制出三点式电路,包括三点式的脉冲整流器和三点式逆变器(见图 4-63)。利用二点式逆变器,可以把中间直流回路的正极电位或负极电位接到电动机上去。而在三点式逆变器的情况下,除了把中间直流回路的正极或负极电位送到电动机上去以外,还可以把中间直流回路的中点电位送到电动机上去。三点式逆变器有时也被称为中点钳位逆变器。采用三点式逆变器的主要好处在于:①二点式逆变器的输出电位在 $+U_d/2$ 和 $-U_d/2$ 之间变化,而三点式逆变器在 $+U_d/2$ 和 0 之间或者 0 和 $-U_d/2$ 之间变化,这样,半导体器件的阻断电压被限制为输入端直流电压的一半,对于当前在牵引领域广泛采用的 4.5kV 的 GTO 晶闸管,中间直流电压可提高到 $3.0 \sim 3.5$kV。②三点式逆变器的输出电压波形比二点式逆变器包含较小的谐波分量。在一个周期内,二点式逆变器电路只有 8 种状态,而三点式逆变器电路中有 27 种状态。因此,这将有利于减少相邻两种电路状态转换时引起的电压和电流冲击,从而有利于降低损耗、提高系统功率、减少转矩脉动。

对于三点式脉冲整流器,除了有着与二点式逆变器类似的优点外,由于它只对 50% 的中间回路直流电压进行斩波,与二点式电路相比损耗较小,并可进一步减少接触网中电流的谐波含量。

2. 原理

一般的三相逆变电路输出电压只有两种电平,以 4.3.1 节中图 4-46 的 A 相为例,以电源中点($U_d/2$)为基准,当 VT_1 导通时输出为正,当 VT_4 导通时输出为负,即 $\pm U_d/2$。若负载为三相电动机,并以电机中点 O 为基准,则电机的相电压 u_{AO} 为六阶梯波,如 4.3.1 节中的图 4-47(a)所示。

三点式逆变器的输出电压有 3 种电平,以图 4-64 的三点式逆变器原理图为例,当 A 相开关处于 3 种不同的位置时,相对电源中点 O 的输出电压为 $U_d/2$、0、$-U_d/2$,因此称其为三点式或三电平逆变器。在向三相电动机供电时,电机的相电压有 12 个阶梯,是一种准 12 阶梯波,可使电动机的谐波分量减少,脉动转矩降低。

德国的 Holtz 电路是 1977 年首先提出的三点式逆变器,它的 A 相电路如图 4-65(a)所示。它的特点是除了一对主逆变管 VT_1 和 VT_4 外,在电源的中点 O 又引出一对反并联的逆变管 VT_2 和 VT_3,因此无任负载电流流入电机的 A 相,还是流出 A 相,逆变器 A 相的输出电压都有三种状态:$+U_d/2$、0、$-U_d/2$。日本的 Nabae 电路是在 20 世纪 80 年代提出的另一种三点式逆变器电路,其 A 相电路如图 4-65(b)所示,其特点是主逆变管 VT_1 和 VT_4

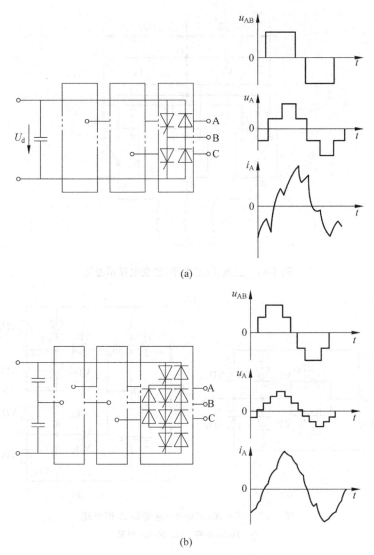

图 4-63 逆变器电路及其输出波形
(a) 二点式逆变器；(b) 三点式逆变器

分别由串联的 VT_{11}、VT_{12} 和 VT_{41}、VT_{42} 四只管子所取代，电路中点 O 由两只二极管 VD_1 和 VD_4 引出，分别接上桥臂的中间。其工作原理是 VT_{11}、VT_{12} 都导通时，A 点相对电源中点的电压为 $+U_d/2$；当负载电流经 VT_{11} 和 VT_{12}、或者经 VD_4 和 VT_{41} 与电源中点 O 连通时，则 A 点的输出电压为 0；当 VT_{41} 和 VT_{42} 导通时，输出电压为 $-U_d/2$。

由于图 4-65(b) 中主逆变管采用串联方式，在一定的 U_d 下，主逆变管 VT_{11}~VT_{42} 的耐压可以降低一半，这对于目前耐压水平还较低的 IGBT 等新型场控器件在逆变器中的应用是十分有利的，因此国外电力牵引，如日本新干线新型高速动车的主传动电路中，已经开始应用三点式 IGBT 逆变电路。图 4-65 的电路采用的是 GTO，它可以使逆变器的中间直流环节的电压升到 6000V 左右，从而使逆变器的单机容量达到 10000kV·A。

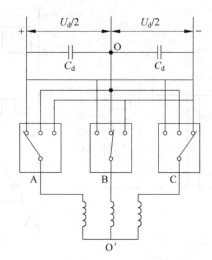

图 4-64 三点式(三电平)逆变电路示意图

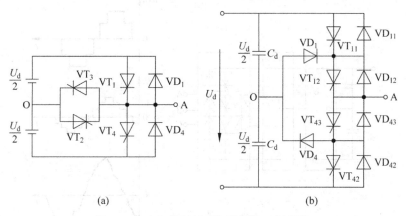

图 4-65 三点式(三电平)逆变器 A 相电路
(a) Holtz 电路;(b) Nabae 电路

3. 三点式逆变器的输出电压波形

1)逆变器的相电压波形

三点式逆变器和普通二点式逆变器一样,可以按方波(阶梯形波)方式工作,也可以按 PWM 方式工作。若按方波方式工作,其相电压波形如图 4-66 所示,电压有 $+U_d/2$、0、$-U_d/2$ 三种。这里的起始角 α 即为 A 相中 VT_{11}、VT_{12} 的控制角,改变 α 的大小,可以控制方波的宽度,从而改变三相电动机的相电压。若按 PWM 方式工作,可以得到不同数量和不同宽度的一系列正、负脉冲,脉冲幅值为 $\pm U_d/2$,如图 4-66(b)所示。在图 4-66(a)、(b)中相电压的参考点均为电源中点。

2)电动机或其他三相负载的相电压波形

改变图 4-66(a)中的控制角 α,则可以改变逆变器输出相电压(如 U_{AO})的波形,因此也可改变三相负载上的相电压波形。图 4-64 中负载是电动机的三相绕组,中性点是相电压参考点(图 4-64 中的 O' 点)。

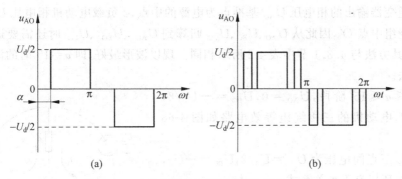

图 4-66 三点式逆变电路的两种输出电压波形
(a) 方波输出（$\alpha \neq 0°$）；(b) PWM方式输出

若 $\alpha=0°$，逆变器的相电压 U_{AO} 是幅值为 $\pm U_d/2$ 的方波，这里的负载相电压就和普通二点式逆变器那样没有电压为零阶段，负载电动机的相电压和普通二点式逆变器供电的情况相同，是六阶梯波（见图 4-47），各阶段的电压值也相同。

但当 $\alpha \neq 0°$ 时，三点式逆变器输出的相电压中出现电压为 0 的阶段，因此以 O′ 为参考点的负载上，相电压的波形也随着改变。在图 4-67 中画出 α 为 0°、15°、30°、45°、60° 等情况下的负载相电压 $U_{AO'}$ 的波最接近正弦，它由 12 个阶梯组成。

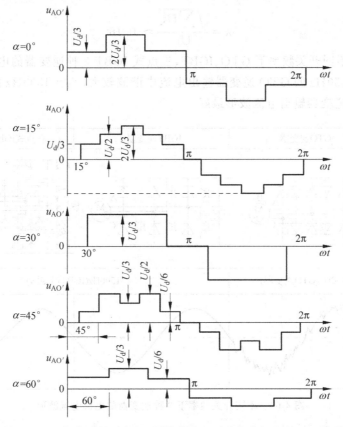

图 4-67 三点式逆变电路在不同控制角 α 时的负载相电压 $U_{AO'}$ 波形

由于逆变器输出的相电压 U_{AO} 基准点为电源的中点,2 负载电动机相电压 $U_{AO'}$ 的基准点为三相绕组中点 O',因此从 U_{AO}、U_{BO}、U_{CO} 归算到 $U_{AO'}$、$U_{BO'}$、$U_{CO'}$ 时还需要进行等效电路的运算,其方法与 4.3.1 节中表 4-2 所示相同。现以波形最好,即 $\alpha=15°$ 时的波形为例说明计算方法。

在 $0°\leqslant\alpha\leqslant 15°$ 阶段,$U_{AO}=0$,$U_{BO}=-U_d/2$,$U_{CO}=U_d/2$,电动机的三相绕组等效电路如图 4-68 所示。

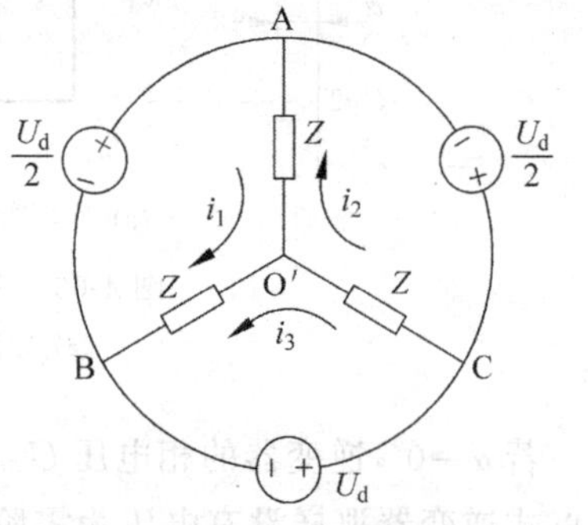

A、B、C 三点间电压为 $U_{AB}=U_d/2$,$U_{BC}=-U_d$,$U_{CA}=U_d/2$,所以有下列关系式

$$\left.\begin{array}{l} U_d/2 = (i_1-i_2)Z + (i_1+i_3)Z \\ U_d/2 = (i_3+i_2)Z + (i_2-i_1)Z \\ U_d = (i_2+i_3)Z + (i_1+i_3)Z \end{array}\right\} \quad (4\text{-}111)$$

解得 $i_1=i_2$,故

$$U_{AO'} = (i_1-i_2)Z = 0 \quad (4\text{-}112)$$

图 4-68 $\alpha=15°$ 和 $0\leqslant\omega t\leqslant 15°$ 时,电动机三相绕组的等效电路图

同理,对不同的 ωt 阶段,列出逆变器各相电压值,画出等效电路,可解出不同阶段的 $U_{AO'}$ 波形。而 $U_{BO'}$ 波形后移 $120°$,$U_{CO'}$ 波形后移 $240°$。

在 $\alpha=15°$ 时,$U_{AO'}$ 中的谐波分量总的有效值与基波分量有效值之比为

$$\lambda = \frac{\sqrt{\sum U_N^2}}{U_1} \approx 0.16 \quad (4\text{-}113)$$

图 4-69 是不同开关频率下 GTO、IGBT、三点式 IGBT 3 种逆变器的电动机电流波形,由图可见 $f_T=450\text{Hz}$ 的 GTO 逆变器输出电流中谐波较大,$f_T=1500\text{Hz}$ 的两种 IGBT 逆变器中,三点式逆变器输出电流波形最好。

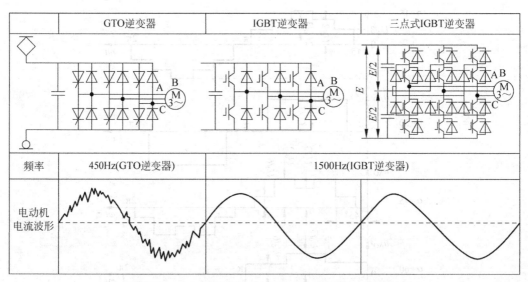

图 4-69 不同开关频率下 3 种逆变器的电机电流波形

复习与思考题

1. 直流斩波电路中两种最基本的电路是什么电路？
2. 斩波电路的 3 种控制方式是什么？
3. 升压斩波电路的典型应用有哪些？
4. Sepic 斩波电路和 Zeta 斩波电路具有相同的输入输出关系，所不同的是什么？
5. 斩波电路用于拖动直流电动机时，降压斩波电路能使电动机工作于第几象限？升压斩波电路能使电动机工作于第几象限？什么电路能使电动机工作于第Ⅰ和第Ⅱ象限？
6. 桥式可逆斩波电路用于拖动直流电动机时，可使电动机工作于第几象限？
7. 画出降压斩波电路原理图并简述其工作原理。
8. 画出升压斩波电路原理图并简述其基本工作原理。
9. 分析图 4-70(a)所示的电流可逆斩波电路，并结合图 4-70(b)的波形，绘出各个阶段电流流通路径并标明电流方向。

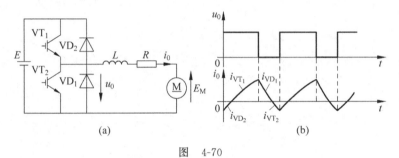

图 4-70

10. 对于图 4-16 所示的桥式可逆斩波电路，若需使电动机工作于反转电动状态，试分析此时电路的工作情况，并绘制相应的电流流通路径图，同时标明电流流向。
11. 试分别简述升降压斩波电路和 Cuk 斩波电路的基本原理，并比较其异同点。
12. 多相多重斩波电路有何优点？
13. 在图 4-71 所示的降压斩波电路中，已知 $E=200\text{V}, R=10\Omega, L$ 值极大，$E_M=30\text{V}$，$T=50\mu\text{s}, t_{on}=20\mu\text{s}$，计算输出电压平均值 U_0 和输出电流平均值 I_0。

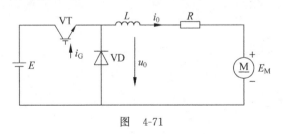

图 4-71

14. 在图 4-71 所示的降压斩波电路中，$E=100\text{V}, L=1\text{mH}, R=0.5\Omega, E_M=10\text{V}$，采用脉宽调制控制方式 $T=20\mu\text{s}$，当 $t_{on}=5\mu\text{s}$ 时，计算输出电压平均值 U_0 和输出电流平均值 I_0，计算输出电流的最大值、最小值和瞬时值并判断负载电流是否连续。当 $t_{on}=3\mu\text{s}$ 时，重新进行上述计算。

15. 在图 4-10 所示的升压斩波电路中，已知 $E=50\text{V}$，L 值和 C 值极大，$R=20\Omega$，采用脉宽调制控制方式，当 $T=40\mu\text{s}$，$t_{on}=25\mu\text{s}$ 时，计算输出电压平均值 U_o 和输出电流平均值 I_o。

16. 试述电压型脉冲整流器的基本原理。

17. 如何控制脉冲整流器才能使其满足电力机车对脉冲整流器所提的关于 U_d 为常数和 $\lambda \approx 1$ 的要求？

18. 试述图 4-46 所示三相桥式逆变电路的基本原理。

19. 晶闸管交-直-交变频器在运行中存在什么问题？

20. 试述单极式 SPWM 方法和双极式 SPWM 方法。

21. 什么叫同步调制、异步调制和分段同步调制？

22. 试述对称规则采样法和非对称规则采样法的原理。

23. 试述 Holtz 电路和 Nabae 电路的原理。

直流牵引系统

采用直流牵引电动机的电力牵引系统称为直流牵引系统。由于直流牵引电动机调速范围大,调速方法简单,控制直接、灵活,因此在 20 世纪 70 年代之前的城市轨道交通车辆的牵引系统基本是直流牵引系统。比如,北京第一条地铁使用的列车和上海地铁的 1 号线列车(早期 6 辆编组)采用的就是直流牵引系统。

5.1 直流牵引电动机的牵引性能

直流牵引电动机的基本工作原理如图 5-1 所示。

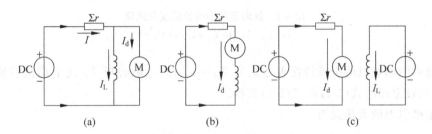

图 5-1 直流牵引电动机的工作原理
(a) 并励方式;(b) 串励方式;(c) 他励方式

直流牵引电动机的基本励磁方式有他励、并励和串励 3 种,图 5-1(a)是并励方式的工作示意图;图 5-1(b)是串励方式的工作示意图;图 5-1(c)是他励方式的工作示意图。图中 I_d 表示电动机的电枢电流;I_L 表示励磁电流;$\sum r$ 表示电气回路中所有电阻的总和。

直流牵引电动机的基本工作原理可以用下述两个方程表示:

$$T_d = C_m \phi I_d \tag{5-1}$$

$$U_d = I_d \sum r + C_e \phi n \tag{5-2}$$

式中:C_m——电动机电磁转矩结构常数;

T_d——电磁转矩;

n——电动机转速；

ϕ——每极磁通量；

C_e——电动机感应电动势结构常数。

通过对不同的电刷宽度 B_d 值对直流电机的换向过程进行分析可知，当刷片比 C_s（$C_s = B_d/Y_h$，B_d 为电刷在换向器表面的跨距，即电刷宽度，Y_h 为相邻两个换向片在换向器表面的跨距，即换向片节距）≤ 1 时，换向元件中电流发生方向改变的时间为一个时间点，只有在该时间点换向元件被短路，电流为 0；当 $C_s \geq 2$ 时，换向元件中电流发生方向改变的时间为一个时间段，在该时间段内换向元件被短路，电流始终为 0，从而影响了直流电动机感应电动势的大小，如图 5-2 所示，图中 T_h 为换向周期。而直流牵引电动机都是宽电刷直流电动机（$C_s \geq 2$），因此，$C_e = \dfrac{p}{60a}[N - 2a(C_s - 1)]$，$p$ 为磁极对数，a 为支路对数，N 为电动机总的导体数。

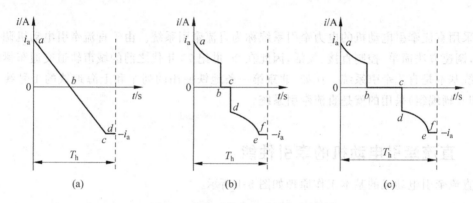

图 5-2　换向元件中电流的变化规律

(a) $C_s = 1$；(b) $C_s = 2$；(c) $C_s = 3$

直流牵引电动机的机械特性表达式为 $T_d = f(n)$，电磁转矩 T_d 是电动机转速 n 的函数，可以通过上面的式(5-1)和式(5-2)获得。

列车牵引力的表达式为

$$F = \dfrac{\mu \eta}{D/2} T_d \, (\text{N}) \tag{5-3}$$

式中：μ——齿轮传动比；

η——齿轮传动效率。

列车的速度

$$v = \dfrac{60\pi D}{1000\mu} n \, (\text{km/h}) \tag{5-4}$$

根据式(5-3)和式(5-4)，对于特定的列车而言，D、μ、η 和 n 等都是常数，因此机车牵引力 F 与电动机转矩 T_d 之间只差一个比例常数；机车速度 v 与电动机转速 n 之间也只差一个比例常数。我们可以将直流牵引电动机的机械特性近似地与牵引特性等效。

从电机学中我们得知他励电动机与并励电动机的特性相近，因此我们只需选取并励和串励两种方式进行分析。通过比较这两种励磁方式作为牵引电动机使用时各自具有的优缺点,了解选用牵引电动机时应考虑的因素及基本原则。除此之外还有一种复励式电动机,它的励磁由并励和串励两部分组成,因此复励特性由串励和并励两种特性组合而成。图 5-3 为并励和串励直流牵引电动机的机械特性示意图。

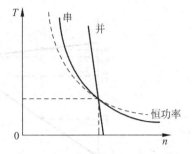

图 5-3　直流牵引电动机的机械特性

由图 5-3 可以看出,并励牵引电动机在转矩变化时,转速变化很小,这种特性称为"硬特性";而串励牵引电动机在转矩变化时,转速变化很大,基本是随着转矩的增大(减小)而减小(增大),这种特性称之为"软特性"。下面将这两种牵引特性就下述的几方面进行比较。

5.1.1　牵引电动机之间的负载分配

理论上机车上各台牵引电动机的负载应当是相同的,但是由于各台牵引电动机的特性不可能完全相同,实际的动轮直径也有所差异(包括公差和磨耗),这些差异都将引起电动机之间负载分配的不均匀。图 5-4(a)表示在轮径相同的条件下,两台并励式电动机由于特性上的差异所引起的负载分配不均匀。图 5-4(b)表示两台串励式电动机由于特性上的差异所引起的负载分配不均匀。比较图 5-4(a)和图 5-4(b)可以看出,串励式牵引电动机负载分配不均匀的程度远比并励式的小。

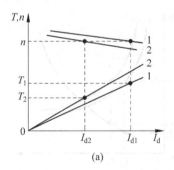 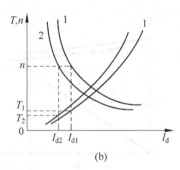

图 5-4　电动机特性不同时的负载分配
(a) 并励方式;(b) 他励方式

其次,分析动轮直径不同对负载分配的影响。如果两台电动机的特性相同,而它们各自的轮径不同,在机车运行时两台电动机的转速就会有差异。设一台电动机的转速为 n_1,另一台的转速为 n_2。图 5-5(a)表示转速差异在两台并励式电动机之间引起的负载分配不均。图 5-5(b)表示同样的转速差异在两台串励式电动机之间引起的负载分配不均。对比之下,两台牵引电动机在并联运用时,它们的励磁方式显然是串励方式优于并励方式。

5.1.2　电压波动对牵引电动机工作的影响

接触网电压经常会发生波动,比如当电力机车运行经过两个牵引变电所供电的交界处时,供电电压就会突然变化。这种变化进行得很快,而列车的速度还来不及改变,就可能产生大的电流冲击和牵引力冲击。

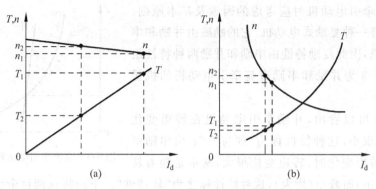

图 5-5　轮径不同时的负载分配
(a) 并励式电动机的转速特性和转矩特性；(b) 串励式电动机的转速特性和转矩特性

图 5-6(a)为并励式电动机在电压波动时产生的电流和牵引力的变化。设电动机原来的端电压是 U_1，相应的转速特性曲线为 n_1，变化后的电压为 U_2，相对应的转速特性曲线为 n_2。由于电压波动的时间很短，并励磁场的电流来不及随电压波动而变化，所以对应于 U_1 与 U_2 的转矩特性曲线可以视为是同一条曲线。由图 5-6(a)中可以看出电流和牵引力的冲击是相当大的。这将导致牵引电动机工作条件的恶化和列车运行中的冲动。图 5-6(b)表示串励式电动机在电压波动时电流和牵引力的变化情况。因为串励式电动机具有"软特性"，它所产生的电流冲击和牵引力冲击显著地小于并励式电动机。

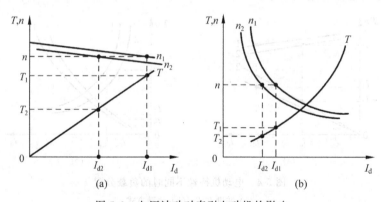

图 5-6　电压波动对牵引电动机的影响
(a) 并励式牵引电动机；(b) 串励式牵引电动机

电压波动所造成的冲击过去以后，尽管端电压改变了，但是如果机车的运行阻力不变（即电动机负载转矩不变），由于串励式电动机的电流和转矩取决于外部负载，它最终仍将回复到电压未变以前的数值。但是并励式电动机就不同了，例如，在端电压降低以后，并励磁场最终要随电压的降低而减弱，电动机电流会大于未降低电压前的电流值。

由于并励式电动机励磁绕组的电磁时间常数大于电枢绕组的时间常数，所以在外加电压突变时，励磁电路内的电流增长速度就比电枢电路内的增长速度慢很多，电枢反电动势来不及增加。这样，在过渡过程开始阶段，电枢电流冲击较大。至于串励式电动机，其励磁绕组与电枢绕组串联，励磁电流与电枢电流增长速度相同。虽然由于磁极铁芯内涡流的影响，磁场增长速度也将稍慢于电枢电流增长速度，但是这时所引起的电流冲击比并励式电动机要小得多。

5.1.3 直流牵引电动机的功率利用

从牵引供电的角度不希望机车的牵引功率在整个列车运行过程中有大幅度的变化。过分的功率波动将造成供电设备容量和接触网导线截面增加等问题。

我们用图 5-7 来分析串励式牵引电动机和并励式牵引电动机的功率利用性能。

当转矩自 T_1 变化到 T_2 时,串励式牵引电动机的工作点由 D 点改变为 B 点,它的功率变化是 B 点横纵坐标所围成的矩形面积与 D 点横纵坐标所围成的矩形面积之差;而并励式牵引电动机的工作点从 C 点改变

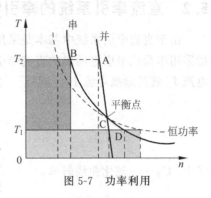

图 5-7 功率利用

为 A 点,它的功率改变是 A 点横纵坐标所围成的矩形面积与 C 点横纵坐标所围成的矩形面积之差。两者相比,串励式牵引电动机的功率变化比并励式牵引电动机的功率变化要小很多,从曲线也可以看出,串励式牵引电动机的特性曲线更接近于恒功率曲线。

5.1.4 直流牵引电动机的黏着特性

由图 5-3 我们得知串励式牵引电动机具有"软特性",其转速允许有很大的变化范围。也就意味着当牵引电动机在黏着失去时,牵引电动机的转速增大,牵引电动机的工作点可以大范围地改变,转速甚至可以无限地增加,造成严重的后果。并励式牵引电动机的"硬特性"表示其转速的变化范围很小,即便是转矩很小,电动机的转速仍然有一个确定的值。因此并励式牵引电动机具有较好的防空转特性。

另外,在多台牵引电动机串联运用的情况下,对于串励式牵引电动机来说容易产生电压转移。在正常工作情况下,$U_d = U_1 + U_2$ 且 $U_1 = U_2$,若牵引电动机 M_2 发生空转,其转速上升,从而使其反电动势 E_2 上升,U_d 不变,于是 $U_2 > U_1$,这样电压似乎从 U_1 转移到了 U_2 上,我们称这种现象为电压转移,如图 5-8 所示。电压转移会引起空转的加剧,从而造成严重的后果。

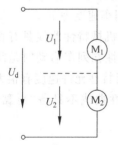

图 5-8 串励式牵引电动机的串联

综上所述,我们可以看出串励式牵引电动机的特点更适合于列车运用,因此在直流牵引系统中基本上使用的都是串励式牵引电动机。但是由于串励式牵引电动机的黏着特性差,牵引系统必须配置完善的黏着控制功能。在采用牵引电动机串联的主电路时,对黏着控制的性能要求更高,需要采用灵敏、高效的黏着控制手段。

在直流牵引系统发展的过程中,串励式牵引电动机在运用中不断完善的同时,人们还一直在寻求更好的牵引系统。复励式牵引电动机和他励式牵引电动机就曾经引起过广泛的注意和研究。复励式牵引电动机兼有串励和并励的特点,可以改善串励式牵引电动机就的黏着特性。他励式牵引电动机由于其控制的灵活性,可以获得理想的牵引特性,但他励式牵引电动机的控制相对比较复杂,在交流牵引系统开始广泛应用之后,人们已经不再对直流牵引系统投入更多的研究,采用他励式牵引电动机的牵引系统并未获得真正意义上的运用和发展。

5.2 直流牵引系统的牵引特性

由于直流牵引系统中基本是采用的串励式牵引电动机,因此本章所述的牵引式特性均指采用串励式牵引电动机的直流牵引系统。在串励式牵引电动机的条件下,电动机的电枢电流 I_d 就是励磁电流 I_L。则有

$$n = \frac{U_d - I_d \sum r}{C_e C_\Phi I_d} \tag{5-5}$$

$$T = C_m C_\Phi I_d^2 \tag{5-6}$$

式中:C_Φ——磁化曲线斜率。

5.2.1 恒电压牵引特性

保持牵引电动机的端电压不变,机车牵引力与列车速度之间的关系称为恒电压牵引特性。给定一个电压值就有一条牵引特性曲线,因此随着牵引电动机端电压的变化,恒电压特性曲线是一族曲线(见图5-9)。根据式(5-5)和式(5-6)可以得到恒电压下的电动机机械特性也就是牵引特性的表达式

$$n = \frac{U}{a\sqrt{T}} - b \tag{5-7}$$

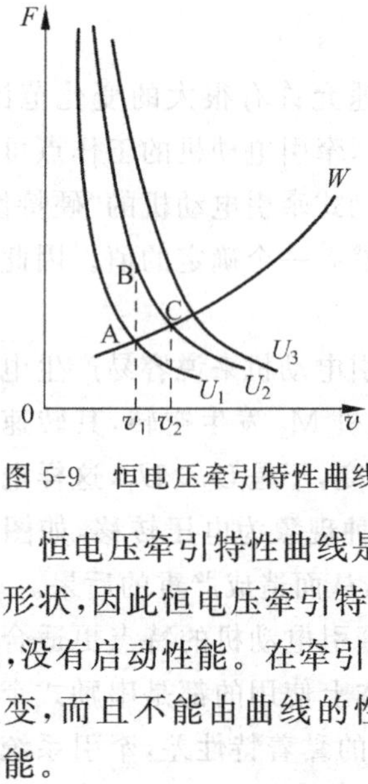

图5-9 为恒电压牵引特性曲线的示意图。

在恒电压 U_1 时牵引特性曲线与阻力特性曲线相交于 A 点,列车以 v_1 速度运行;若提高电压至 U_2,由于列车速度不可能突变,于是牵引力提高到 B 点;这时 B 点的牵引力大于阻力,列车加速,沿 U_2 曲线加速至 C 点;在 C 点牵引力与阻力平衡,于是列车稳定运行在 C 点,列车速度为 v_2。

图5-9 恒电压牵引特性曲线

恒电压牵引特性曲线是一条自然特性曲线,它与牵引电动机的机械特性曲线具有相同的形状,因此恒电压牵引特性具有很大的调速范围。恒电压牵引特性在列车启动时是跳变的,没有启动性能。在牵引电动机黏着失去发生空转时,恒电压牵引特性允许速度有很大的改变,而且不能由曲线的性能使黏着恢复,我们称这种现象为特性曲线不具备"再黏着"性能。

5.2.2 恒功率牵引特性

在保持牵引电动机输入功率 $P = U_d I_d$ 为常数的条件下,牵引力与速度之间的关系称为恒功率牵引特性。恒功率牵引特性曲线如图5-10所示。

恒功率牵引特性是 F-v 平面上的一条双曲线,因为轮对上的输出功率等于牵引电动机的输入功率乘以效率 η。若列车稳定运行在功率为 P_2 的 A 点上,速度为 v_1,这时降低功率到 P_3,由于速度在瞬间不会改变,运行点变成 B 点,这时阻力 W 大于牵引力,列车减速,沿 P_3 曲线运行至 C 点,在 C

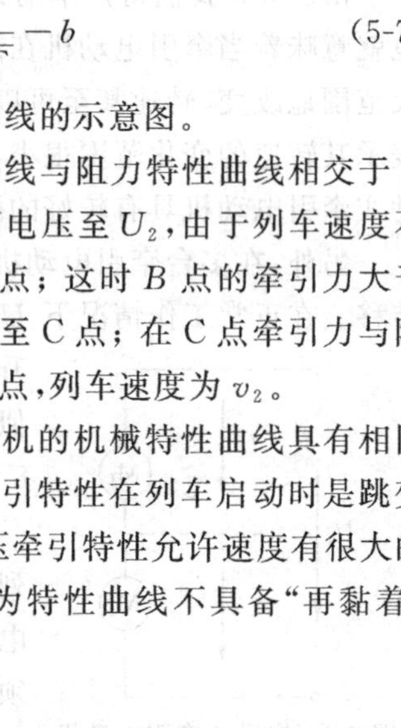

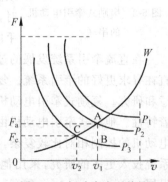

图5-10 恒功率牵引特性

点牵引力与阻力平衡,列车稳定运行,速度等于v_2,显然$v_2 < v_1$。

恒功率牵引特性曲线也不具备再黏着性能,因此在采用恒功率牵引特性控制的牵引系统中,要求配置较好的黏着控制系统。另外恒功率牵引特性也没有启动性能。

恒功率牵引特性的范围受到牵引电动机最大电压U_{max}的限制,但机车要求的调速范围却很大,因此如何扩大牵引电动机的恒功率工作范围,是直流牵引系统一直关注的一个重要课题。

恒功率牵引特性主要应用于内燃机车的牵引系统,或者说内燃机车只能采用恒功率牵引特性。其原因一方面在于内燃机车的柴油机输出功率是恒定的;另一方面在于恒功率牵引特性求在不同的运行速度时都能充分发挥柴油机的功率。所以恒功率牵引特性是内燃机车唯一的选择。除此之外,在其他复合牵引特性中,也使用恒功率牵引特性。

5.2.3 恒电流牵引特性

保持直流牵引电动机的电枢电流恒定,即I_d为常数时,牵引力和速度之间的关系称为恒电流牵引特性。由于在串励式牵引电动机中电枢电流与电动机的转矩成正比,因此恒电流牵引特性也就是恒转矩特性。恒电流牵引特性曲线如图5-11所示。

图5-11中恒电流牵引特性曲线是一条水平的直线,每一条曲线代表一个电流值(牵引力)。如果图中A点是稳定运行点,这时牵引力F_4与阻力W_1平衡,若牵引力改变为F_5,这时阻力W_1大于在速度v_1下的牵引力,列车沿F_5曲线减速至B点。在B点牵引力F_5等于阻力W_1,列车稳定运行在速度v_2。若在A点运行时,阻力由W_1改变为W_2,这时F_4大于W_2,列车沿F_4加速到C点。在C点$F_4 = W_2$,于是建立起新的平衡,列车稳定运行在v_3的速度下,这时速度$v_3 > v_1$。

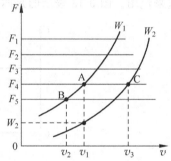

图5-11 恒电流牵引特性曲线

恒电流牵引特性的特点表现为曲线可以从速度的零点出发,因此恒电流牵引特性具有稳定的启动牵引力。恒电流牵引特性的最大缺陷是当牵引电动机发生空转时,牵引电动机的电流减小,控制系统为了维持电流恒定,将不断加大电流,于是加剧空转,形成一个恶性循环。所以恒电流牵引特性也不具备再黏着性能。

列车牵引系统单独采用恒电流牵引特性控制的比较少,但是恒电流牵引特性的启动性能好,因此在几乎所有的组合牵引特性控制中均采用恒电流牵引特性作为列车启动阶段的牵引特性。

5.2.4 恒速度牵引特性

列车调速是牵引系统控制的基本功能。保持列车速度恒定的特性曲线在$F\text{-}v$平面上表现为一条垂直线,如图5-12所示中的v_1、v_2、v_3曲线。

恒速特性的最大特点是其防空转性能,由于它的恒速特性使得牵引电动机的转速不可能增大,即便牵引电动机转速有增大的趋势,牵引系统本身的调节功能也使得牵引电动机转速保持稳定,因此牵引电动机不可能产生空转。但是恒速特性曲线同时也意味着允许牵引

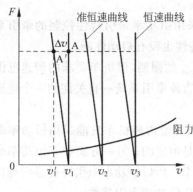

图 5-12 恒速度特性示意图

力有大幅度变化,即在一个稳定的速度下,牵引力可以较大幅度的增大或减小。这种牵引力的波动会造成列车运行的冲动,轻者使旅客没有舒适感,重者会造成车厢间连接装置的破坏。因此在实际的运用中,可以将恒速牵引特性曲线略微倾斜,允许速度在一个基准上略有变化,以避免牵引力的大幅变化。我们将这种特性称为准恒速特性,见图 5-12。图中 A 点表示在恒速特性曲线上的工作点,A′表示准恒速特性曲线上的工作点,其速度为 v_1',Δv 表示准恒速与恒速特性的速度偏离值。准恒速特性目前在已下线电力机车的牵引系统中获得广泛的运用。

5.2.5 组合牵引特性

为了使列车运行获得一个能兼顾各个方面性能的牵引特性,可以将上述特性曲线组合起来使用。图 5-13 表示的是两种组合特性曲线。

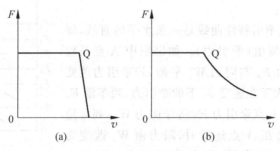

图 5-13 组合特性曲线

图 5-13(a)表示的是恒电流特性与准恒速特性的组合。列车启动采用恒电流特性,使列车获得一个恒定的加速度,在 Q 点转为准恒速特性,使列车稳定运行。图 5-13(b)是恒电流特性与恒功率特性的组合,恒电流特性在 Q 点后转为恒功率特性。

图 5-14 所示的内燃机车恒功率牵引特性是典型的组合特性曲线。在图 5-14 中,从速度 $0 \sim v_1$ 牵引力恒定在 F_1,这是受到牵引电动机最大电流的限制而形成的,但这一段的牵引功率直线上升,速度达到 v_1 后转为恒功率(牵引电动机的额定功率),速度达到 v_2 后,受到牵引电动机最大转速的限制,列车速度保持为 v_2。当然在实际的牵引特性曲线中,恒流段和恒速段的曲线并非是水平线和垂直线。

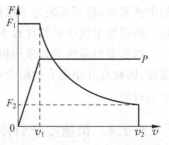

图 5-14 恒功率牵引特性

5.3 直流牵引系统的控制

直流牵引系统的控制主要是控制牵引电动机工作在给定的牵引特性上。对直流电动机来说,通过对其电枢电流和励磁电流的控制就可以容易地实现电动机转矩和转速的控制。

由于直流牵引电动机一般采用串励方式,其电枢电流等于励磁电流,因此控制的变量就只有牵引电动机的端电压。

牵引系统控制的基本要求是牵引力调节平滑,冲击力小;具有尽可能多的速度运行级,理想的情况是无级调节;控制系统的静态误差小、动态的跟随性好。因此采用闭环控制的平滑无级调速是比较理想的方式。

5.3.1 直流牵引电动机的调速

根据直流牵引电动机的基本原理,直流牵引电动机的转速表达式为

$$n = \frac{U_d - I_d \sum r}{C_e \phi} \tag{5-8}$$

式中:$\sum r$ ——牵引电动机回路中所有电阻的总和。

由上述转速的表达式不难得出直流牵引电动机的调速方法可以有两种,即改变 U_d 和改变 ϕ。调节牵引电动机的端电压 U_d 是最常用的调速方法。在 ϕ 保持恒定的条件下,U_d 几乎与 n 成正比。因此,在实际运用中,一般都是采用改变 U_d 来调节牵引电动机的转速。如上述 SS$_4$ 电力机车的四段桥就能大幅度地调节电动机转速。

改变 ϕ 从而改变转速 n 的方法,在牵引电动机调速中称为磁场削弱。直流串励式牵引电动机的磁场削弱原理如图 5-15 所示。在励磁绕组上并联分路电阻 R,使电枢电流 I_d 的一部分流经分路电阻 R,从而使励磁电流 $I_L < I_d$,因此磁通 ϕ 减小,转速提高。这里引入一个参数 β,用以表示磁场削弱的程度,称为磁场削弱系数。在磁场不饱和的条件下,磁场削弱系数 β 表示磁场削弱后的磁通 ϕ' 与满磁场时的磁通 ϕ 之比。

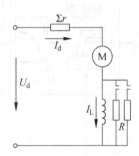

图 5-15 磁场削弱原理示意图

$$\beta = \frac{\phi'}{\phi}$$

显然 β 是一个小于 1 的值。磁场削弱可以通过多个并联电阻而进行多次,称为多级磁场削弱。也可以采用控制可控硅的导通角,实现无级磁场削弱。

磁场削弱一般被认为是在牵引电动机端电压 U_d 达到最大值后所采取的调速方法。从本质上说磁场削弱是一种在高速运行时充分发挥牵引功率的手段。运用数学的方法不难得出,在恒电压下采用磁场削弱可以提高牵引电动机的功率,达到原功率的 $1/\beta$ 倍。当然在内燃机车的牵引系统中由于功率恒定的限制,磁场削弱是在变电压下运用的,因此其牵引电动机的功率仍然保持不变。

磁场削弱方法是牵引电动机调速一种有效的手段,但磁场削弱的深度,即 β 值,需要仔细选择。如果磁场削弱过深,即 β 太小,则会引起直流牵引电动机的换向恶化。这是因为主磁场的削弱,减弱了主磁场的主导作用,而电动机的电枢反应作用会使电动机气隙中的磁场变形、扭曲,从而在电动机的换向器表面引起火花,甚至环火。因此磁场削弱不能过深,β 值的选择必须有所限制。

5.3.2 直流牵引系统的控制方法

直流牵引系统的控制手段是控制牵引电动机的端电压,即:使施加在牵引电动机上的电压随着牵引特性曲线的变化而变化,从而使牵引电动机的转速和转矩达到牵引特性曲线的要求。

早期的直流牵引系统由于技术上的原因基本上是采用牵引电动机的自然特性——恒压控制。随着电子技术、控制技术的发展和可控整流器无级调压的广泛应用,直流牵引系统越来越多地采用恒流控制、恒速控制和组合控制,即特性控制。这种特性控制是恒流与准恒速结合的一种组合控制模式,它具有恒流启动和准恒速运行的特点,因此具有启动力矩大、加速平稳、速度控制好等性能,在直流牵引系统中得到了普遍的运用。

采用特性控制的直流牵引控制系统从功能上可以分为 3 个部分,即特性控制、基准形成和闭环控制(电压、电流的控制),如图 5-16 所示。这 3 个部分各由一些功能模块组成,实现控制目标。

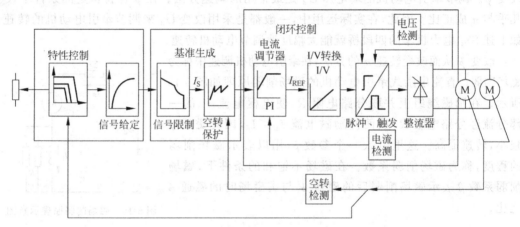

图 5-16 牵引控制的功能结构示意图

1. 特性控制

图 5-17 是一个典型的特性控制曲线。由于直流牵引电动机的电枢电流与电动机的转矩(即轮对的牵引力)有一个确定的关系,因此在牵引特性曲线上可以用电动机的电枢电流来表示牵引力,牵引特性也可以表示为 $I=f(v)$ 曲线。

I-v 特性控制的函数关系可表示为

$$I_d = \begin{cases} aN \\ bN - cv \\ I_{\text{lim}} \end{cases} \tag{5-9}$$

式中:N——指令控制器的级位;

v——速度;

I_{lim}——最大电流限制;

a、b、c——根据各级位的电流给定值和准恒速斜线的斜率确定,不同的特性控制曲线 a、b、c 的取值不同。

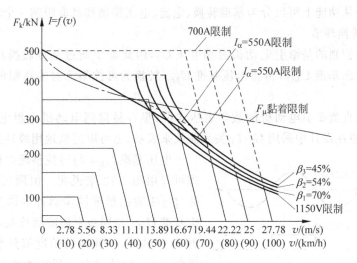

图 5-17 特性控制曲线

根据指令控制器的级位和速度,可以从式(5-9)中获得一个电流指令值(取计算的最小值)I^*,我们将产生这个电流指令值的功能单元称为特性控制器。显然在给定的指令级位下,根据当前的速度就能从特性控制器获得一个给定的电流指令。为了防止级位改变时的电流冲击,电流指令还需要经过一个积分环节(电流给定),使电流给定值 I^* 的变化有一个时间延迟,从而使 I^* 的变化成为一个缓慢改变的过程。

特性控制器的输入为指令控制器的级位信号和由牵引电动机转速转换而来的速度信号,这里引入了速度控制的概念,也就是速度信号的闭环。但显然只有在 $bN-cv<aN$ 的时候速度闭环才起作用,也即速度闭环控制是在牵引特性曲线进入准恒速部分时才能发挥作用,以保证达到准恒速的控制目标。

2. 基准形成

特性控制部分形成的电流给定值 I^* 尚不能作为系统控制的电流基准 I_{REF},在基准形成部分需要对 I^* 进行修正。其中最主要的是来自黏着控制系统(防空转系统)的修正。黏着控制系统通过对轮对转速的监控,确定当前各个轮对是否存在空转或滑行,从而确定是否对电流给定值 I^* 进行修正(减小 I^*)和修正的深度。如果存在空转或滑行,基准形成部分中的修正环节将根据黏着控制系统的修正策略减小 I^* 的值。不同的黏着控制系统对于 I^* 的修正有不同的方法和策略,而这些方法和策略也是各个黏着控制系统的特色。第 8 章将详细地讨论有关黏着控制的策略问题。基准形成部分实际上也是黏着控制系统的一个执行环节。

除此之外,基准形成部分的指令修正还包括在架控模式下的转向架指令修正和电流限制修正。由于轴重转移,按车辆前进方向的第一个转向架是最容易发生空转或滑行的,因此将第一个转向架的电流给定值减小 10%。

电流给定值 I^* 经过基准形成部分的修正成为系统控制的电流基准 I_{REF}。

3. 电流、电压控制

电流、电压控制部分的主要功能是根据电流基准 I_{REF} 对牵引电动机的端电压 U_d 进行调节。这部分从功能上可以分为基准转换、电流、电压控制和基准限制 3 个环节。

1) 基准转换环节

系统最终控制的是牵引电动机的端电压 U_d，因此需要通过基准转换环节将电流基准 I_{REF} 转换为电压基准 U_{REF}，再将电压基准 U_{REF} 转换为可控整流器的移相角 α，实现连续移相控制。

在串励式直流牵引电动机的数学表达式中，很容易得到电动机电枢电流与端电压 U_d 的关系，但一般在设计中采用 U_d-I_d 关系曲线来表示，也可以近似地用线性关系表示。

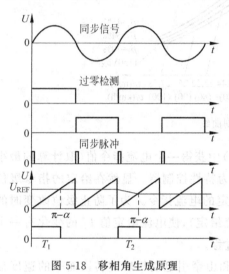

图 5-18 移相角生成原理

电压基准 U_{REF} 与可控整流器移相角转换的原理可以用图 5-18 来说明。由网压获得同步信号，通过过零检测形成同步脉冲和同步锯齿波。电压基准 U_{REF} 与同步锯齿波相比获得一个时间长度为 T 的脉冲，该脉冲的长度就是半个周期内的导通角 $\pi-\alpha$，而从过零点开始的触发控制角则为 α。由图 5-18 可以得到电压基准 U_{REF} 越大，则 α 角越小，电压基准 U_{REF} 达到最大值，α 角等于 0°，这时可控整流器满开放。

2) 电流、电压控制环节

电流、电压控制实际是一个双闭环控制，图 5-19 为电流、电压闭环控制示意图。在这个闭环控制中，电流控制是外环，电压控制是内环。电流环控制的是电流基准 I_{REF}；电压环控制的是电压基准 U_{REF}。其中电流、电压调节器均采用比例积分调节器——PI 调节器。PI 调节器的特点是可以实现无级调节，因此可以使牵引电动机的电流与电流基准 I_{REF} 相等；牵引电动机的端电压 U_d 与电压基准 U_{REF} 相等。

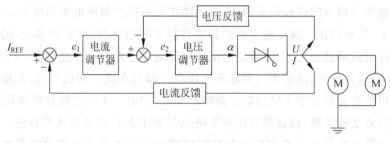

图 5-19 电流、电压闭环控制示意图

3) 限制环节

为了牵引系统的工作安全、可靠，在电流、电压控制环节中需要设置一些限制条件，如牵引电动机电枢电流的最大值限制、实施电制动时的励磁电流（电制动时牵引电动机励磁采用他励）限制、磁场削弱调速时的励磁电流限制等。所有这些最大值限制都可以通过一个"最小值电路"予以实现。

直流牵引系统的控制可以通过采用中小规模集成电路器件和其他电子器件予以实现，

也可以采用微机系统予以实现。

5.4 城市轨道交通车辆直流牵引控制系统

对于直流供电的城市轨道电动车组,为了调速,直流电传动系统的电动机端电压调节也随着电力电子技术的发展经历了 3 个阶段:机械开关调节电阻调压;斩波调节电阻调压;晶闸管等调节导通时间比(占空比)来斩波调压。其中机械开关调节电阻调压和斩波调节电阻调压属于变阻控制。

5.4.1 变阻控制

变阻控制通过调节串入电动机回路的电阻以改变直流牵引电动机的端电压来达到调速目的,主要有凸轮变阻控制和斩波调阻控制两种方式。

1. 凸轮变阻控制

凸轮控制装置通过转动凸轮,使有关接触器接入或切除启动电阻来改变电压值,以达到调节牵引电动机端电压的目的。北京地铁运行较早的 BJ-4 型电动车组就采用了变阻控制器 LK 逐级切换主回路中的启动电阻,以实现牵引电动机的调速。BJ-4 型的每节车有两个全动轴的二轴转向架,牵引电动机的额定功率为 76kW,额定电压为 375V,额定电流为 230A,每一节动车组的 4 台牵引电动机中两台固定串联成一个机组,两个机组再根据牵引工况接成串联或并联,由串联到并联采取一次性桥路转换。制动时两机组交叉励磁,保证电气稳定性。

在电传动机车上普遍采用了对牵引电动机进行磁场削弱的方法来提高机车的恒功率速度。一般采用磁场分路的有级磁场削弱方法,即在牵引电动机励磁绕组的两端并联一级或数级分路电阻,当分别接通各级分路电阻时,部分电流从分路电阻流过,使励磁电流减少,从而达到磁场削弱的目的。当机车速度较低时,各牵引电动机的磁场削弱接触器的触点均断开,此时称为全磁场,随着机车速度的提高,牵引电动机的端电压也升高,当接近限压区时,进行一级磁场削弱,各电动机的磁场削弱触头闭合,分流电阻分别与各电动机的励磁绕组并联,使励磁电流分流,并引起电枢电流增大,端电压下降,随着机车速度的继续提高,牵引电动机的端电压又升高,当再次接近限压区时,进行二级磁场削弱,各电动机的磁场削弱触头再闭合,又并入分流电阻,使励磁电流进一步分流,磁场削弱程度加深,并引起电枢电流增大,端电压下降。若机车速度继续提高,当电压达到恒功率最高电压后,就会进入限压区运行。可见,二级磁场削弱后,再次回降电压,使恒功率调速范围得以扩大,扩大的范围与牵引电动机磁场削弱的深度有关。常用磁场削弱系数 β 来表示磁场削弱的深度,它表示为削弱后的励磁电流 I_f 与全磁场励磁电流(对于串励电动机等于电枢电流 I_d)的比值,即 $\beta=I_f/I_d$。在机车上,磁场削弱是由控制电路自动进行的,磁场削弱正向过渡点和磁场恢复的反向过渡点通常以机车速度点来整定,为避免过渡过程的不稳定现象,反向过渡点速度比正向过渡点的速度要低些,这点已纳入了出厂机车的技术标准。当磁场削弱自动控制电路故障时,机车上备有手动操作开关。牵引电动机有级磁场削弱方法虽然简单,但是磁场削弱瞬间会引起电流冲击,因此,级数越多,越有利于减小这种冲击,但电路则相对复杂。有的机车是先降低牵引发电动机功率输出,再进行磁场削弱,避免电流冲击引起柴油机短时过载。防止电流冲击的最佳方式是无级磁场削弱。另外值得注意的是，磁场削弱不利于电动机换向，因此，为了保证电动机换向的磁场稳定性，磁场削弱的深度受到限制。

BJ-4 型（DK16 型）电动车组的主电路原理电路见图 5-20。

BJ-4 型电动车组的牵引工况及电阻制动工况都有 3 个工作位。

牵引 1 位为启动或调车位，持续时间不得超过 1min。在牵引 1 位的时候，4 台牵引电动机 1D～4D 全部串联，启、制动电阻也全部串联在主回路中，以此来限制启动电流过大，同时为了降低启动转矩，使启动平稳而不发生冲动或引起空转而进行了最深的磁场削弱，β_{min} 为 45%，在这一工作位，列车速度最高可达 8～13km/h，电流整定值为 250A。

在牵引 2 位，变阻控制器 LK 通过电阻切换来完成 1 级～11 级的晋级过程。在 12 级时磁场削弱系数 $\beta_1=65\%$，在 13 级时磁场削弱系数 $\beta_2=45\%$（即达 β_{min}）。牵引 2 位内 4 台牵引电动机仍全部串联，列车速度可达 40～50km/h，电流整定值为 350A 左右。

牵引 3 位时，牵引电动机改为二串二并接法，并在两并联支路中逐级切换电阻，最后晋级是实行二级磁场削弱，最深的磁场削弱系数 β_{min} 也为 45%，列车速度可达 65～80km/h，电流整定值为 350A 左右。

在制动 1 位，通过牵引制动转换开关的切换，电动机作为发电机运行，制动电阻全部接入，并形成两组牵引电动机的交叉励磁，以保证两个电阻制动主回路中的负载平衡。

在制动 2 位，从 2 级开始晋级到 19 级，依次轮流切除启、制动电阻，以实现对制动电流的恒流控制。制动 2 位的制动电流整定值和制动力都大于制动 1 位，制动效果明显。

制动 3 位又称快速制动位，工作过程和晋级过程都与制动 2 位相似，不同的是制动电流整定值加大，使制动过程加快，制动力更大，使列车很快停下。

2．斩波调阻控制

北京地铁 BJ-6 型电动车组主电路的结构与 BJ-4 型基本相同，但采用了晶闸管斩波器调阻代替有级切换电阻，实现无级平滑调速，列车运行平稳性较好。BJ-6 型电动车组的主回路原理电路图见图 5-21。

BJ-6 型电动车组的主回路也同样具有 3 个牵引位和 3 个制动位，每个工作位都有自己的电流整定值，并使用斩波器调节电阻。

由于斩波器的容量有限，所以在电路中只用以调节一段电阻，经接触器的切换，有效地调节了全部启、制动电阻，达到了平滑调节速度的目的，其调节电路原理如图 5-22 所示。

若斩波器工作周期为 T，则 $T=T_{on}+T_{off}$，当 T_{on}（导通时间）等于整个工作周期时，R_0 被短路，即 $R_0=0$；当 $t=T_{off}$ 时，CH 断开，R_0 被接入主回路。在 T 时间内 R_0 的平均值为

$$(T_{off}/T)R_0=(1-\alpha)R_0$$

式中：α——斩波器中主晶闸管导通角。

改变 α 即可改变 R_0 的平均值，对电阻的调节也如同对电压的调节一样，可以采取定频调宽或定宽调频的方法。在 BJ-6 型电动车组的主回路中采用了工作周期 T 不变，而改变导通时间的定频调宽法。

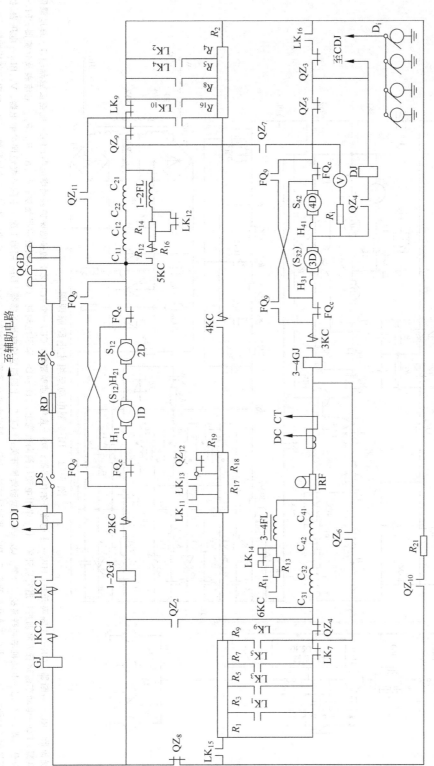

图 5-20 BJ-4 型电动车组主电路原理图

1D~4D—直流串励牵引电动机；LK—变阻控制器；KC—电空接触器；QGD—第三轨受流器；RD—主回路的熔断器；DS—快速断路器；GJ—过载继电器；FQ—前进后退转换开关；QZ—牵引制动转换开关；RF—直流电流表分流器；$C_{11}、C_{12}、C_{22}、C_{21}、C_{31}、C_{32}、C_{42}、C_{41}$—电动机串励主极绕组；1FL~4FL—电感分流器；R—启、制动限流电阻；CDJ—牵引工况接地保护用差动继电器；DJ—制动工况接地保护继电器；D_i—接地装置；R_i—电压表量程倍率器

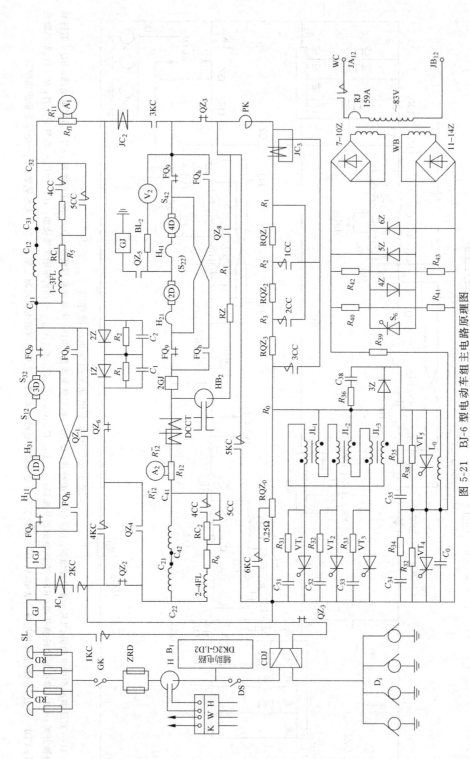

图 5-21 BJ-6 型电动车组主电路原理图

SL—受流器；RD—熔断器；GK—主隔离开关；HB$_1$—主电路霍尔传感器；DS—直流快速断路器；CDJ—牵引工况下的接地保护差动继电器；RC—电空接触器；GJ—总过载保护继电器；FQ—电动机换向极向极转换开关；H—牵引电动机；1D~4D—牵引电动机主极绕组；CC—电动机主极绕组；A_1,A_2,R_{f1},R_{f2}—电流表及分流器；FL—电感应分流器；1Z,2Z—电动机串并联转换二极管；QZ—牵引制动转换开关；DCCT—主回路直流电流互感器；DJ—制动工况下主回路接地保护继电器；V_2,BL$_2$—扩展电压量程倍率器；JC$_{1,2,3}$—主电流变化监测磁环；HB$_2$—制动电流信号霍尔传感器；RQZ$_{0,1,2,3}$—启动电阻；D$_i$—接地装置；CH—电阻调节斩波器

BJ-6 型电动车组调阻斩波器的电路原理图见图 5-23,其工作原理如下。

在主、副晶闸管关断的状态下,C_0 上充电,极性右正左负,大小为 $600\sim1120\mathrm{V}(1200\mathrm{V})$,使主、副晶闸管皆处于正向偏置状态。当触发主晶闸管导通时,电阻 RQZ_0 被短接,主回路的电流路径是

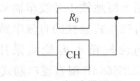

图 5-22 斩波器调阻电路原理图

$$d \to 主晶闸管 VT_1 \sim VT_3 \to QZ_3 \to 地$$

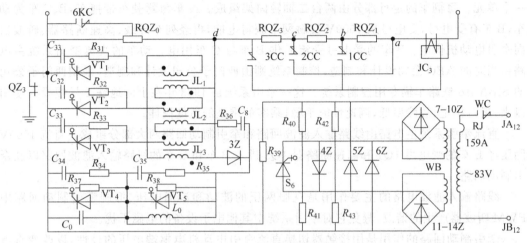

图 5-23 BJ-6 型电动车组调阻斩波器原理图

经过一定的时间后,触发副晶闸管使其导通,电容器 C_0 经换流电感 L_0 及副晶闸管 VT_4、VT_5 开始放电,并在 L_0、C_0 串联谐振作用下反向充上左正右负的电压。当电容器 C_0 上的反向电压达到一定值时,它将直接加于主、副晶闸管的两端,造成反向偏压,使主、副晶闸管关断。电阻 RQZ_0 重新接入回路,这时 C_0 的放电及反向充电回路是

$$C_0 \to RQZ_0 \to 3Z \to L_0 \to C_0$$

由 RQZ_0、C_0 及 L_0 组成的串联谐振电路,经过谐振的半周期 T_1 时间,电容器 C_0 经放电及反向充电后,又被充上右正左负且数值一定的电压。此电压重新加于主、副晶闸管两端,使它们重新承受正向电压,准备下一周期的工作。

变阻控制属于能耗型,不能实现再生制动,相当部分的电能消耗在电阻上。由于城市轨道交通车辆的启动和制动特别频繁,采用这种控制方式的缺点更为明显。电能的浪费不仅提高了运营成本,产生的大量热量还会引起地铁隧道内的温度升高。

5.4.2 斩波调压控制

斩波调压控制可以实现无触点、无级调速,使车辆运行平稳,可靠性也大大提高,不需要启动电阻,并可实现再生制动,大大节约了电能,降低了运营成本。采用直流斩波控制方式比采用变阻控制方式可节省电能 20%~30%,国外城市轨道交通车辆从 20 世纪 70 年代起普遍采用了斩波调压技术。上海地铁 1 号线电动车组也采用了斩波调压控制方式。

1. 直流牵引系统主电路及其工作原理

作为直流电动机降压 PWM 斩波和升压 PWM 斩波调速控制综合应用的实例,这里介

绍上海地铁 1 号线车辆牵引系统中采用的 PWM 斩波调速直流传动系统。其每一动轴由一台架承式悬挂的直流串励式牵引电动机通过传动比为 5.95 的传动齿轮驱动,电动机输出端与齿轮箱小齿轮间采用弹性联轴节连接。动轮直径 D_L 为 840mm。牵引电动机为 CUS5668B 型直流串励式电动机,在牵引工况下,其额定功率为 207kW,额定电流 302A,额定电压为 750V(电网电压为 1500V,一节车中 4 台牵引电动机固定为两串两并连接),额定转速为 1470r/min,在电阻制动工况下,最大制动电流为 360A。

上海地铁 1 号线车辆分 A、B、C 三种车型,由三种车编组成一列。两动一拖(2M1T)为一个单元。每辆车的走行部分由两台二轴转向架组成。A 车为驾驶车带拖车,B、C 车为动车,B 车有受电弓,受电弓从 1500V 接触网上获得电能,再经列车导线、高速断路器、斩波器向牵引电动机供电。B 车的受电弓受流后供 B 车与 C 车用电。动车的直流牵引系统主电路由当时的 AEG 公司设计和制造,控制系统则由西门子公司设计和制造,采用西门子公司的 SIBAS16 铁路车辆专用控制系统。这一牵引系统自 1993 年在上海地铁 1 号线投入使用以来,运行稳定,故障率低,调速性能平稳,乘客的乘坐舒适度极佳。

直流牵引系统主电路由线路输入滤波回路和牵引制动回路两大部分组成。直流 1500V 网压经 B 车的受电弓 1Q1 和高速断路器 1Q3 进入 B 车和 C 车的线路输入滤波回路以及牵引制动回路。

线路输入滤波电路的主要作用是克服网压的波动和浪涌电压、抑制牵引制动回路中 PWM 斩波器产生的谐波,避免它对牵引系统中其他电子设备的电磁干扰。

牵引制动回路的作用是用接触器切换直流牵引电动机电枢端电压的极性,以改变直流牵引电动机的转向,从而改变动车的运行方向;用降压 PWM 斩波器调节电动机电枢端电压值的大小,以调节电动机的转速,从而调节动车的运行速度;用磁场削弱的方法提高电动机的转速,以扩展动车的调速范围;用改变电动机励磁方式的方法(由串励改为交叉式他励)使电动机由电动机工况改为发电动机工况,从而使电动机进入再生制动或能耗制动状态,使动车由牵引工况进入制动工况,并通过升压 PWM 斩波的方法调节制动力的大小。

1) 线路输入滤波回路

线路输入滤波回路如图 5-24 所示。直流 1500V 网压经单臂受电弓 1Q1,高速断路器 1Q3 进入 B 车和 C 车后,经线路滤波器 1L1,差动电流传感器 1U1,接触器 1K15,再经充电限流电阻 1R1、二极管 1VD1,向滤波电容器 1C1 充电。滤波电容器的正极与负极两端接向牵引制动回路。电流由牵引制动回路经滤波电容器负极流出后,再经差动电流传感器 1U1、接地排 1Q2 和接地装置 1Q4~1Q11,经铁路轨道回到变电站。线路输入滤波回路吸收浪涌电压和滤波的作用由线路滤波电感器 1L1 和滤波电容器 1C1 承担。

图 5-24 中,1F1 为避雷器,用以释放雷击过电压。充电限流电阻 1R1、二极管 1VD1 及熔断器 1F2 上并联有接触器 1K16,当电容器充电到一定电压后,1K16 闭合,将充电限流电阻 1R1 短路。滤波电容器两端并联有检测牵引制动回路端电压的电压传感器 1U2。差动电流传感器 1U1 的作用是检测牵引制动回路有无接地。如发生接地,则主电路输入与接地端之间的电流值就会有差异,当此电流差值超过 50A 时,线路接触器 1K15 断开。1C1 上除并联有电阻 R_1 外,还通过继电器 1K17 并联有放电电阻 1R2。1K17 闭合,加速放电。接地装置由接地电刷、车轴和轮轨构成,以保证负极回流。

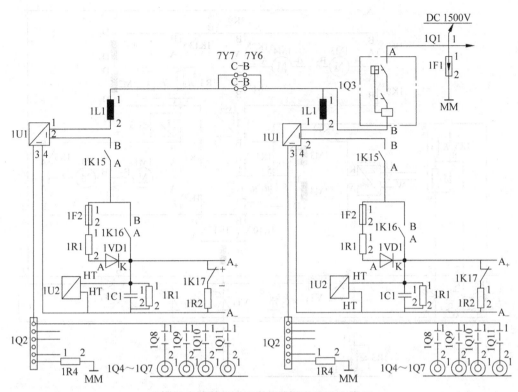

图 5-24 主回路的线路输入滤波回路电路图

1Q1—受电弓；1Q3—高速断路器；1F1—避雷器；1L1—线路滤波电感；1C1—滤波电容；1R1—限流电阻；1R2—放电电阻；1U1—差动电流传感器；1Q4~1Q11—接地装置

2) 牵引制动回路

牵引制动回路如图 5-25 所示，其简化原理图如图 5-26 所示。

(1) 牵引工况。其牵引工况下，其简化原理图如图 5-27 所示，牵引接触器 1K9、1K10 闭合，制动接触器 1K11 打开，直流牵引电动机 1M1、1M2 和 1M3、1M4 均为串励。此时，若 1K1、1K2 闭合而 1K3、1K4 打开；1K5、1K6 闭合而 1K7、1K8 打开，设电动机为正转，电流与电枢反电动势方向相反，则为向前牵引工况。若将 1K1、1K2 打开，而将 1K3、1K4 闭合，将 1K5、1K6 打开，而将 1K7、1K8 闭合，则直流牵引电动机电枢端电压极性改变，电动机反转，电枢反电动势方向也反向，电枢电流与电枢反电动势方向仍相反，因而，动车由向前牵引变为向后牵引，为反向牵引工况。牵引工况下，无论牵引电动机是正转还是反转，均可调节降压 PWM 斩波器主管 VT_1、VT_2 的占空比来改变电动机的电枢端电压的大小，以调节电动机的转速，从而控制动车的运行速度。当电动机的电枢端电压调节到最高值时，若再想提高动车的速度，可将 1R3 支路中 1K13、1K14 闭合(见图 5-25)进行磁场削弱，此时磁场削弱系数为 50%。至于 1R3 中的 R_3 和 R_5，为固定磁场分路电阻，磁场固定削弱系数为 93%，其作用是将电流中的谐波分量从电动机的励磁绕组中分流掉，以改善直流牵引电动机的换向火花，并改善换向器上的电位分布特性，从而可提高牵引电动机的抗环火能力。

斩波器的工作方式为定频调宽，斩波器的两个 GTO 晶闸管(见图 5-25 中的 VT_1、VT_2 主管)轮流工作，斩波器输出为两相一重，每相频率为 250 Hz，斩波器输出频率为 500 Hz。

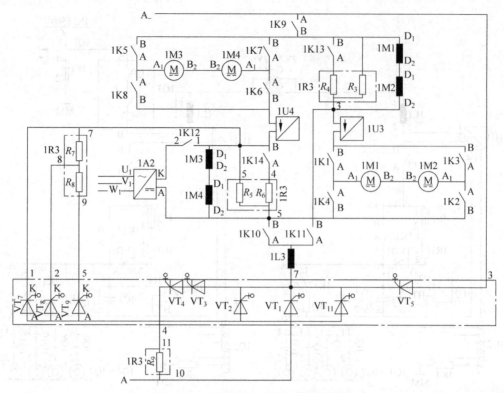

图 5-25 主回路的牵引制动回路电路图

1K1~1K14—接触器;1U3、1U4—电流互感器;1A2—预励磁装置;1M1~1M4—牵引电动机;1R3(R_3~R_6)—磁场削弱电阻;1M—平波电抗器;1R3(R_7~R_9)—制动电阻,1A1—斩波器;VT$_1$、VT$_2$——GTO 晶闸管(主斩波管);VT$_3$、VT$_4$—制动晶闸管;VT$_7$、VT$_8$—调节制动电阻阻值的晶闸管;VD$_5$—续流二极管;VD$_9$—制动二极管;VT$_{11}$—保护用晶闸管

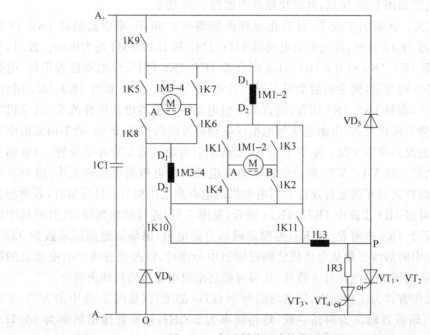

图 5-26 牵引制动回路简化原理图

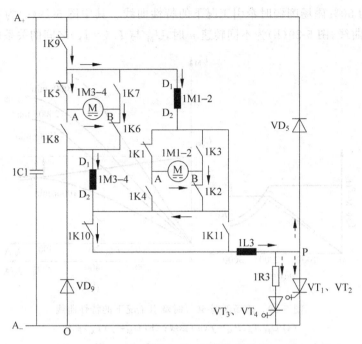

图 5-27 向前牵引工况简化原理图

PWM 降压斩波器输出电压波形如 4.1.1 节中图 4-2 所示。在这里,实际使用的占空比 α 调节范围为 $0.05 < \alpha < 0.95$。

图 5-28 为牵引工况下,满磁场(即只有固定 93% 磁场削弱)时的牵引特性曲线。

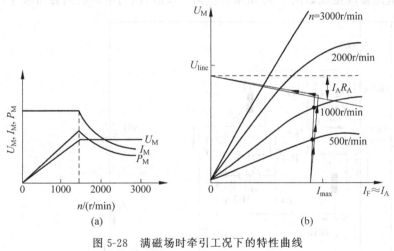

图 5-28 满磁场时牵引工况下的特性曲线
(a) U_M、I_A、$P_M = f(n)$ 曲线;(b) $U_M = f(I_A)$ 曲线

图 5-28(a) 为牵引电动机端电压 U_M、电动机电流 I_M(即电枢电流 I_A、磁场电流 I_F)、输出功率 P_M 与牵引电动机转速 n 之间的关系曲线。

图 5-28(b) 为不同转速 n 时牵引电动机端电压 U_M 与电枢电流 $I_A (\approx I_F)$ 之间的关系曲线。

图 5-29 为 50%磁场削弱时牵引工况下的特性曲线。其中图 5-29(a)为 U_M、I_M、P_M 与 n 之间的关系曲线,图 5-29(b)为不同转速 n 时,U_M 与 $I_A(=I_F)$ 之间的关系曲线。

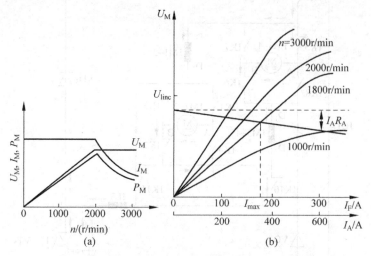

图 5-29 磁场削弱 50%时牵引工况下的特性曲线
(a) U_M、I_A、$P_M=f(n)$ 曲线;(b) $U_M=f(I_A)$ 曲线

(2) 制动工况。制动工况下,将其原理图进行简化,如图 5-30 所示。此时,将牵引接触器 1K9、1K10 打开,将制动接触器 1K11 闭合,如图所示,为 1K1、1K2 闭合,1K5、1K6 闭合,而 1K3、1K4 打开,1K7、1K8 打开,则为向前运行中的制动工况。在向前牵引工况时,直流牵引电动机电枢反电动势的方向如图 5-27 中"+""-"号所示。当转换为向前运动中的制动工况时,电路被改接成如图 5-30 所示的电路。此时,因为电动机的转向未变,励磁方式由

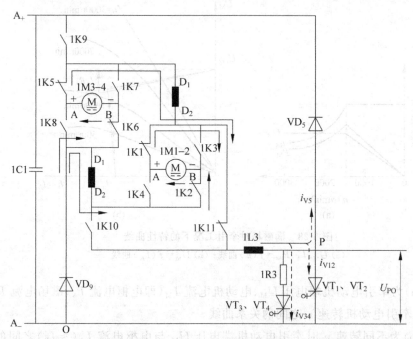

图 5-30 向前运行中的制动工况简化原理图

串励式被改变为交叉式他励,励磁电流方向也未变,因而直流牵引电动机的电枢反电动势方向仍不变。所形成的电流回路如图 5-30 中箭头方向所示,电流方向与电枢电动势方向一致,因而直流牵引电动机转换为发电动机工况,从而产生电制动力。

电制动时,若列车速度足够高,则电动机电枢电动势也足够高,电流经续流二极管 VT_5 反馈到电网,则为再生制动。再生制动时,为了调节电动机主电路的电压值,可控制主管 VT_1、VT_2 进行升压斩波。当 VT_1、VT_2 导通时,电流 I_{V12} 将电动机的电能储存于 1L3 中;当 VT_1、VT_2 关断时,1L3 中的储能转换为感应电动势,此感应电动势与电动机电枢电动势相加,提高了主电路的总电压值 U_{PO},从而将电能反馈到电网。控制主斩波管 VT_1、VT_2 的占空比 α,就可以调节电压 U_{PO} 的大小,即控制 i_{V5} 的大小,从而控制再生制动力的大小。在电制动工况下,如果接触网电压过高(变电站本身网压过高,或因邻近供电区段内无其他车辆处于牵引工况下可吸收再生反馈的能量),则可调节制动晶闸管 VT_3、VT_4 的导通角 α_1,使电路逐渐由再生制动转为电阻制动,即转为能耗制动。电阻制动工况下,也可由主斩波管 VT_1、VT_2 进行升压斩波工作,以调节制动力的大小。

图 5-31 为制动工况下,再生制动和电阻制动同时作用时,主斩波管 VT_1、VT_2 与制动晶闸管 VT_3、VT_4 的导通时序图。图中,α 为 GTO 晶闸管 VT_1、VT_2(主管)的导通角,α_1 为制动晶闸管 VT_3、VT_4 的导通角。当 $\alpha_1=0$ 时,为纯再生制动,此时,列车制动的动能全部转换为电能反馈给电网。若调大制动晶闸管 VT_3、VT_4 的导通角 α_1 则增加了电阻制动的份额,至 $\alpha_1=1-\alpha$ 时,转换为纯电阻制动。

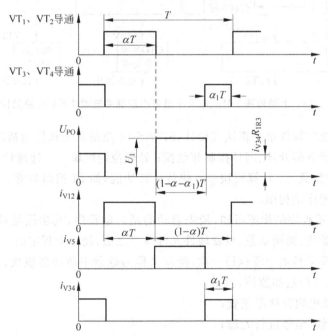

图 5-31　制动工况下,再生制动和电阻制动同时作用时的时序及电压、电流波形

U_{PO}—电动机主电路电压(含 1L3 上产生的感应电动势);U_1—电网电压,即 1C1 两端(A+、A−)间的电压;i_{V5}—经续流二极管 VD_5 反馈至电网的再生电流;i_{V12}—斩波器主管 VT_1、VT_2 工作时流过的电流;i_{V34}—当制动晶闸管 VT_3、VT_4 导通时,流过制动电阻 1R3 的电流;R_{1R3}—制动电阻 1R3 的阻值

2. 牵引控制系统

上海地铁 1 号线电动车组的牵引控制系统是德国西门子公司设计制造的 SIBAS-15 系统。该系统采用模块式结构，根据各种指令、给定信号、反馈信号、监控信号，对列车进行开环和闭环控制。其牵引控制系统的硬件采用模块式插件设计，安装在动车驾驶室中的专用设备柜内，其电路结构如图 5-32 所示。

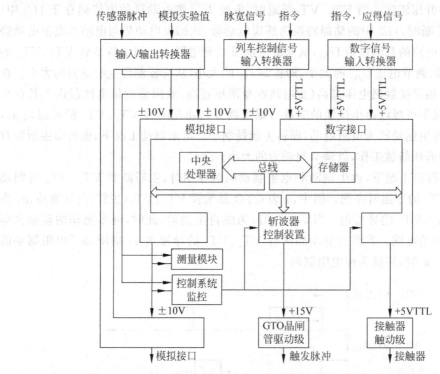

图 5-32 上海地铁 1 号线电动车组牵引控制系统硬件模块电路结构图

牵引控制系统的软件也是模块式设计，SIBAS-16 控制系统软件包括以下 3 个部分：功能模块——执行所有的开环、闭环控制和监控；处理控制模块——处理计算机内部事务，如硬件的触发、参数装载等；计算模块——执行计算功能，如 PI 控制器等。图 5-33 为该电动车组控制系统的程序结构图。

从图 5-33 所示程序结构图可知，最先启动的是启动程序，其功能是对系统的软硬件模块和接口进行初始化、调用参数、触发硬件元件等。之后，经一个规定的短延时后，执行功能模块。功能模块每毫秒由中断执行一次，所以又称为毫秒中断功能模块。毫秒中断功能执行所有的开环、闭环控制和监控，包括：

(1) 触发制动电阻分路晶闸管；
(2) 对"全闭锁"信号进行处理；
(3) 监控制动时的网压；
(4) 监控牵引时的网压；
(5) 监控应答信号；
(6) 控制制动工况时的 GTO 晶闸管触发；
(7) 控制牵引工况时的 GTO 晶闸管触发；

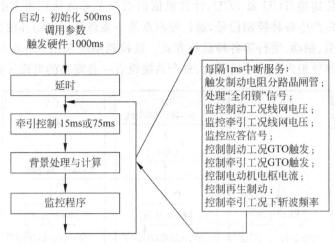

图 5-33　上海地铁 1 号线电动车组控制系统程序结构图

(8) 控制电动机电枢电流；

(9) 控制再生制动；

(10) 控制牵引工况下的斩波频率；

(11) 调用牵引控制功能模块并对处理时间进行监控。

执行中断服务程序的时间是相当短的。每一循环周期在执行完毫秒中断程序后所剩下的时间内执行牵引控制模块。牵引控制模块的循环时间各不相同，有的为 15ms，有的为 75ms。执行完牵引控制模块，随即调用背景处理控制模块与计算处理模块。所有这些模块执行一次的时间为 495ms。

毫秒中断功能模块，执行以上(1)~(10)功能的时间很短，余下的时间执行(11)，即执行牵引控制模块。牵引控制模块含牵引控制处理控制模块、背景处理控制模块与计算模块、监控处理控制模块等。计算模块执行计算功能，如 PI 控制器等。

以上简单地介绍了地铁车辆直流牵引电动机斩波调速系统。由此可见，升、降压 PWM 斩波调速的原理虽然简单，但在具体应用中还需要有许多配套措施，才能构成一个实用的系统。

3. 直流斩波器以及牵引与电制动控制

如图 5-25 中虚线框内部分所示的斩波器，是由两只 GTO 元件与两串两并的 4 台牵引电动机组成的斩波调压主电路。两只工作频率为 250Hz 的 GTO 元件相差 180°交替工作，所以斩波器的工作频率为 500Hz，斩波器及平波电抗器工作频率的提高，使 LC 的数值明显降低，也使电动机电流的脉动幅值为单相斩波器的 1/2，这对于电动机的运行是极为有利的。

导通比控制分为脉冲宽度控制(定频调宽)、频率控制(定宽调频)及脉宽和频率综合控制三种方式。第一种方式易于设计滤波器消除高次谐波，第二种方式控制简单但滤波较难，第三种方式通常只用于要求在很大范围内调节的负载。目前多采用定频调宽的控制方式。

2M1T 单元动车组控制系统的原理如图 5-34 所示。每一动车有一个牵引控制单元(TCU)，每一节车均有一空气制动控制单元(BCU)和一个数据采集处理的智能分站(KLIP)。B 车设有一个中央故障存储单元(CFSU)，司机手柄的指令值通过参考值发生器，以脉宽调制信号传递给 TCU 及 BCU,计算机依据指令参考值计算出牵引电流(或制动电流)的参考值,然后产生各种控制信号,通过控制系统一系列开环和闭环的控制,使动车组实现前进、后退、牵引、制动、惰行等各种运行方式。该控制系统采用 65902 模块式结构,安装在动车驾驶室控制屏柜内。为了抗干扰,整个系统设有一套完整的电磁屏蔽系统。

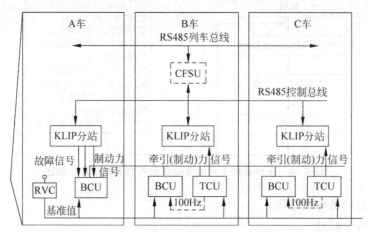

图 5-34　2M1T 单元动车组控制系统的原理图

4. 接口信号

控制系统与主电路的各种设备以及车辆上的其他各种系统有许多接口信号。通过多种信号的交换,实现各种控制功能。

1) 数字输入信号

(1) 牵引指令:车辆的空气制动由 BCU 接收到牵引指令后缓解,TCU 的监控环节在接到缓解信号后,建立牵引指令。

(2) 应急牵引指令:由司机室的开关设定,在参考值转换器故障时,牵引工况以最大参考值的 1/2 牵引,制动工况以最大参考值制动,最高速度限制在 40km/h。

(3) 制动指令:制动指令存在时,主控制器所设定的参考值就作为制动参考值。如存在紧急制动指令,则制动指令无效。

(4) 紧急制动指令:紧急制动为完全空气制动,无电制动。

(5) 列车编组信号:高电平为 8 节车编组,低电平为 6 节车编组。列车编组信号来自 ATC 信号系统。TCU 凭此信号决定加速度的限制值。

(6) 制动电阻风扇高速运转信号:车辆速度大于 0 时,有此信号为正常状态,如果车辆速度大于 0 而无此信号,则必须在 5s 内断开牵引电路,在 15s 内断开制动电路。

(7) 线路接触器应答信号:对主电路线路接触器的监控应答信号。

(8) 斩波器控制电压监控信号:一旦监控到此信号,立即断开牵引电路(或制动电路)及线路接触器,TCU 再次进行初始化。

(9) 线路电流限制信号:对主电路电容放电接触器的功能监控,TCU 只有得到此放电接触器已失电的应答信号后,才能让线路接触器失电。

(10) 后退信号:信号来自主控制器手柄,TCU 接收到此信号后,对后退进行限速。

(11) 限速信号:当 TCU 监控到不允许有电制动的故障或制动控制单元监控到 A 类或

B类故障时,就会有此限速信号,TCU接收到此信号后将速度限制在60km/h。

(12) 洗车信号:信号来自司机室的开关设定,TCU接收到此信号,即进行限速,并对电阻风扇进行监控。

(13) 过速信号:对电动机速度的监控信号,TCU接收到此信号即断开牵引电路。

(14) 脉宽信号:主控制器的参考值经"参考值转换器"调制成脉宽信号。

(15) 速度传感器信号(4个):代表每一车的四对轮子的速度。

(16) 其他数字信号:牵引应答信号、制动应答信号、磁场削弱接触器应答信号(2个)、电力电子器件过热信号、斩波器箱温升过热信号、主电路电容放电接触器应答信号、制动电阻风扇高速运转信号、线路接触器应答信号、线路电容接触器应答信号、电制动取消信号、摩擦制动应答信号、制动电阻箱风扇速度监控信号等。

2) 模拟输入信号

(1) 电动机电流信号:取自主电路的电流互感器。

(2) 线路电容电压信号:取自主电路的电容电压互感器。

(3) 差动电流信号:取自主电路的差动电流互感器。

(4) 速度信号:取自制动控制单元。

(5) 负载信号:取自制动控制单元。

3) 输出信号

输出信号包括牵引接触器控制信号(2个)、制动接触器控制信号、磁场削弱接触器控制信号(2个)、线路电容接触器控制信号、线路接触器控制信号、预励磁接触器控制信号、保压制动控制信号、100Hz信号、故障信号、静止信号、限速信号、线路电容放电接触器控制信号等数字信号以及两个GTO主管触发脉冲、两个串联制动晶闸管触发脉冲。

5. 牵引与电制动控制系统硬件模块

牵引与电制动控制系统(TCU)的硬件模块结构如图5-35所示。该硬件模块包括以下几个部分。

(1) 启动模块:根据外部指令启动或关闭整个TCU系统。

(2) 电源模块:将110V直流输入电压转换成+5V、±15V、±24V的稳压直流电源。

(3) 输入/输出转换模块:用于模拟信号的输入/输出。

(4) 数字信号输入转换器模块:将110V的指令、应答信号转换成+5V的TTL电平信号。

(5) 列车控制信号输入转换器模块:将脉冲宽度调制信号转换成线性电压信号,将数字信号转换成TTL电平信号。

(6) 斩波器触发模块:共有两块触发模块,输出6路触发脉冲,包括GTO主管的触发和关断脉冲以及斩波器内其他晶闸管的触发脉冲。

(7) 接触器驱动模块:输出接触器驱动信号并使控制电路与功放电路进行电气隔离。

(8) 测量模块:可测量14个模拟量。

(9) 总线模块:包括地址线、数据线、控制线。

(10) 中央处理器模块:包括80186微处理器、时钟发生器、可编程中断控制器、可编程串行接口和可编程计时器。

(11) 存储器模块:包括EPROM、RAM。

(12) 数字接口模块:处理所有的数字信号。

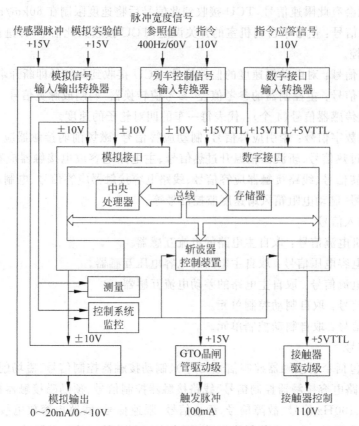

图 5-35　牵引与电制动控制系统硬件结构图

(13) 模拟接口模块：处理模拟信号，进行模/数转换及数/模转换。

(14) 控制系统监控模块：对系统进行快速保护，当该模块产生"全锁闭"信号时，将对牵引电路实行一系列的保护动作。

(15) 斩波器控制装置模块：斩波器触发级模块的前级控制模块。

6. 中央数据区

牵引控制系统在执行程序的过程中，会产生各种暂时的中间变量。这些中间变量存放在数据区内，各子程序之间通过中央数据区进行信息交换。中央数据区分为 3 个部分：状态字、控制字和逻辑字。各种数据之间有一定的关系，数据的形成和流向如图 5-36 所示。

由图 5-36 可见，数字输入信号通过接口读入 CPU，编排程序功能模块对这些信号进行编排，形成状态字 ZW，接着由牵引控制程序功能模块处理产生逻辑中间结果，形成逻辑字 LW，再通过牵引控制程序功能模块处理，形成控制字 SWM，最后由编排程序模块通过编排将控制字 SWM 送入输出接口。

7. 牵引曲线

牵引曲线是牵引系统控制的最后结果。图 5-37 为某地铁列车在调试过程中得到的牵引曲线实例。其中，1 为速度曲线，2 和 3 为两组电动机上的电流曲线，4 为网压曲线。所有的曲线均来自牵引控制系统的测量模块，由记录仪绘出曲线。

从图中的牵引曲线可以看出，列车采用恒电流加速和恒电流制动的方式。在加速阶段，

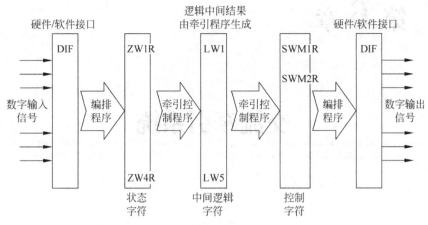

图 5-36 中央数据区数据形成及流向

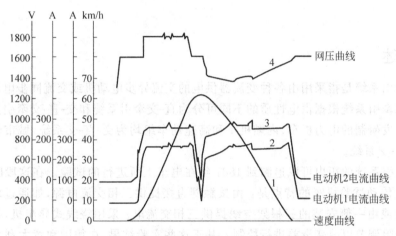

图 5-37 某地下铁道列车的牵引曲线实例

电动机首先达到93%磁场的自然特性,然后进行50%的磁场削弱。

在整个制动阶段,都采用50%的磁场削弱。当车辆速度减小到10km/h时,牵引控制系统切断电制动,由空气制动代替电制动。从电流曲线上可以看到,当速度低于10km/h时制动电流减小。

复习与思考题

1. 直流电动机的机械特性与机车的牵引特性之间是什么关系?为什么?
2. 串励直流牵引电动机与并联直流牵引电动机相比有何优缺点?
3. 直流牵引电动机有哪几种牵引特性?如何应用在轨道交通车辆上?
4. 直流牵引电动机的调速方法有哪些?轨道交通车辆常用的是哪一种方法?叙述其原理。
5. 简述直流牵引系统特性控制的基本原理。
6. 综述城市轨道交通车辆牵引控制系统速度控制的原理(以 BJ-6 型电动车组为例)。

第 6 章

交流牵引系统

6.1 概述

交流牵引系统是指采用由各种变流器供电的交流异步电动机或交流同步电动机的牵引系统。交流牵引系统根据供电性质的不同可分为直-交牵引系统和交-直-交牵引系统。我国最近几年开发研制的电力机车、内燃机车和高速动车组均为交-直-交系统,城市轨道交通车辆通常为直-交系统。

交流牵引系统的历史可以追溯到1881年在电车上所进行的试验。在这段时间中制造的所有交流传动试验机车的特点是:由接触网直接提供三相交流电源,如通过两条架空线和一条轨道或由一侧安装的三根架空线提供三相交流电;采用绕线式异步机,并采用转子电路中的变阻调节以改变滑差进行控制。基于这些实验结果,在德国和意大利建造了一些三相交流制的铁路区段。但由于费用太高,以及采用变阻、变极或级联方法控制的电动机,无法获得理想的牵引特性,因而没有得到推广。

交流牵引系统的真正发展是从20世纪60年代开始的。随着功率电子学和电子控制技术的发展,在20世纪60年代,已经能把单相交流电转换为适合于牵引用的三相交流电。1964年在联邦德国的BBC公司提出了逆变器的分谐波控制概念与方法,为交流传动机车的发展提供了十分重要的技术基础。1971年在德意志联邦铁路上试运行的第一批DE-2500型内燃机车,证实了三相交流异步牵引的一系列重大优点:高牵引力、高黏着利用、高制动性能、无磨损和少维修、良好的动力学性能等。1980年年初,第一批5台4轴5600kW的交流传动干线电力机车BR120投入运行。这是交流传动机车发展史上的一个重要里程碑,意味着人们一百余年以来梦寐以求的新一代机车终于研制成功。

20世纪80年代的整个10年是交流牵引系统迅速发展和成熟的10年,交流牵引系统迅速取代直流牵引系统成为发展方向。进入20世纪90年代后,欧洲各国相继停止了直流牵引系统的生产,交流牵引系统全面取代了直流牵引系统。

我国对交流牵引系统的研究起步于20世纪70年代,直到20世纪90年代中期从研制电力机车的原型车AC4000开始,逐步进入交流牵引系统的实用化开发和生产。

交流牵引系统的发展与电力电子技术的进步密不可分。现代电力电子学是传统电力电子技术与微电子技术、计算机技术、自动控制技术紧密结合的边缘学科。随着新型电力电子器件的不断发展,从晶闸管 SCR 到 MOSFET 再到 GTR;从 GTO 到 IGCT。IGBT(IPM)也是由 GTO 发展而来的,IGBT(IPM)的发展方向则是 IEGT。这些电力电子器件的发展极大地推动了交流牵引系统的发展。现代控制理论的发展则成为交流牵引系统发展的理论基础,产生了从转差控制到矢量控制,以及直接转矩控制等控制策略的进步。而现代计算机技术和数字通信技术的发展,尤其是微型计算机的发展和通信网络的发展则为交流牵引系统的发展提供了技术保证。

交流牵引系统具有优越的运行性能、显著的节能效果、运营维护成本低和良好的可靠性,其特点主要表现为:

(1) 具有优良的牵引特性和制动特性;
(2) 装机功率大,牵引电动机功率可达到 1600kW;
(3) 质量轻,异步机与直流机的质量之比为 1:1.6,因此轮对的簧下质量轻,对线路的作用小,适合于高速运行;
(4) 调速范围宽,逆变器的最高输出频率一般均在 160Hz 以上,可以满足现代化高速铁路运输的需要;
(5) 系统具有快速的动态响应性能,尤其是在牵引状态向电气制动状态转换时,交流系统能实现无缝连接;
(6) 通过对逆变器的合理设计,可以使牵引系统的谐波小、效率高、可靠性好;
(7) 由于变流器能够逆向运行,能够方便地实现再生制动。

交流牵引系统可以采用交流同步电动机或交流异步电动机。交流同步电动机在牵引系统中的应用比交流异步电动机的应用要早,例如法国的 TGV-A(大西洋线)高速列车就是采用的同步电动机系统。与异步电动机调速系统相比,同步电动机具有功率因数高、转子参数可测、效率高、定转子气隙大、制造容易、控制性能好等优点,因此在交流牵引系统的发展过程中同步电动机系统有一定的地位和作用。

但是同步电动机(除永磁式外)需要在转子侧加一套励磁装置,而且仍然需要使用集电环和电刷,电机的密闭性差、质量体积大,因此和鼠笼式异步电动机相比,增大了维护工作量和功率消耗。同步电动机的系统总体效率与异步电动机系统相当。另外,同步电动机的矢量控制比异步电动机复杂,需要准确检测转子位置或转子磁链位置,还需要增加功率因数和励磁电流控制环节,并且控制也更加复杂。

目前在干线铁路机车以及动车组和地铁、轻轨列车上的牵引系统基本上采用的都是交流异步电动机。交流同步电动机的牵引系统在德国的磁悬浮列车牵引系统中仍然获得应用,上海浦东线的磁悬浮列车采用的也是交流同步直线电动机。

6.2 交流异步电动机的调速

根据电机学原理,三相交流异步电动机的定子绕组在加入频率为 f_s 的三相交流电后,在电动机的气隙中产生一个旋转的磁场,其转速为 n_s,我们称之为交流异步电动机的同步转速。同步转速的表达式为

$$n_s = \frac{60 f_s}{p} \tag{6-1}$$

式中：n_s——电动机的同步转速；
f_s——定子电源的频率；
p——牵引电动机的极对数。

由于电磁感应的作用，电动机的转子将以略低于同步转速的速度旋转，其转速为 n。同步转速 n_s 与转子转速 n 的差值与同步转速之比称为转差率 s，$s = \frac{n_s - n}{n_s}$。由此交流异步牵引电动机的转速有如下表达式：

$$n = \frac{60 f_s}{p}(1-s) \tag{6-2}$$

从式(6-2)可以得出交流异步牵引电动机的转速 n 与转差率 s、定子电源频率 f_s 和电动机的极对数 p 有关，尤其是电源的频率 f_s 与转速 n 成正比。改变电源频率就能方便地改变交流异步电动机的转速，交流牵引系统速度调节的本质就是通过改变电源的频率从而改变牵引电动机的转速，实现列车运行速度的调节。

6.2.1 交流异步电动机的机械特性

三相交流异步电动机的 T 形等效电路如图 6-1 所示。

根据上述稳态等效电路，可以获得如下的一组交流异步电动机特性的数学表达式：

$$\dot{U}_1 = \dot{E}_1 + \dot{I}_1(R_1 + jX_{1\sigma}) \tag{6-3}$$

$$T = C\phi_1 I_2' \cos\varphi_2 \tag{6-4}$$

$$\dot{I}_2' = \frac{\dot{E}_2'}{\sqrt{\left(\frac{R_2'}{s}\right)^2 + (X_{2\sigma}')^2}} \tag{6-5}$$

$$\cos\varphi_2 = \frac{R_2'/s}{\sqrt{\left(\frac{R_2'}{s}\right)^2 + (X_{2\sigma}')^2}} \tag{6-6}$$

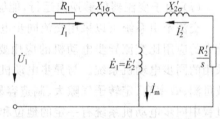

图 6-1 交流异步电动机的稳态等效电路

式中：$\dot{U}_1$——电动机端电压；
$\dot{E}_1$——感应电动势（$=\dot{E}_2'$）；
R_1——定子绕组电阻；
$X_{1\sigma}$——定子漏抗；
$\dot{I}_2'$——折合到定子侧的转子相电流；
R_2'、$X_{2\sigma}'$——折合到定子侧的转子电阻和漏抗；
φ_2——转子相位角；
s——转差率；
T——电磁转矩；
$\dot{I}_1$——定子电流；

C——电动机常数；

ϕ_1——磁通量。

从式(6-4)可以看到,交流异步电动机的转矩与电动机的主磁通、转子电流和转子回路的功率因数有关。单纯从这一公式的表面上来看,交流异步电动机的转矩表达式与直流电动机的转矩表达式相似,但交流异步电动机的主磁通与转子电流是耦合的,因而难以独立地控制和调节主磁通。交流异步电动机转矩的控制是交流牵引系统的核心问题。

交流异步电动机的机械特性如图6-2所示。

在交流异步电动机的机械特性中,电机处于同步转速时($s=0$,转速$n=n_s$),转矩为0；当转速在同步转速n_s和n之间时,即在转差率s很小时,转矩T随着转速的减小而近乎直线上升；转速达到n时,转矩T达到最大值T_{max},最大转矩又称颠覆转矩,因为超过该点电动机的转速很快下降直至0。s_n为临界转差率,而对应该点的转子频率f_n称为临界频率。因此交流异步电动机的工作点必须在$s=0$到$s=s_n$的近似直线部分。另外,从特性曲线上不难发现,$s>s_n$的曲线段不具备电气稳定性,所以工作点也不能在这部分曲线上稳定运行。

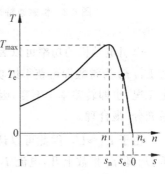

图6-2 交流异步电动机的机械特性

图6-2中T_e表示电动机额定工况点的转矩,s_e为额定工况点对应的转差率,$s_n>s_e>0$。

6.2.2 交流异步电动机的调速特性

根据电机学原理,三相交流异步电动机的感应电动势E_1有如下表达式：

$$E_1 = \sqrt{2}\pi f_s k_1 \phi = C_e f_s \phi \tag{6-7}$$

式中：f_s——定子频率；

k_1——定子绕组系数；

ϕ——磁通量；

C_e——电动机常数,$C_e=\sqrt{2}\pi k_1$。

从式(6-7)中可以看到定子频率f_s的改变将引起E_1的改变,而式(6-3)则表明E_1的改变将影响U_1。因此在改变f_s调速的过程中U_1的变化是至关重要的因素。依据U_1的变化,交流异步电动机有3种基本的调速特性,即恒磁通特性、恒功率特性和恒电压特性。

1. 恒磁通特性

由式(6-7)可得,若$\dfrac{E_1}{f_s}=\text{const}$,则$\phi$恒定,此时为恒磁通特性,如图6-3所示。

在恒磁通条件下,定子频率f_s改变,但T_{max}保持为常数。若保持T_e/T_{max}不变,也即定子频率f_s变化时而工作点的转差率s_e恒定,这时牵引电动机的调速具有恒转矩性能,因此也称为恒转矩调速特性。

2. 恒功率特性

在牵引电动机调速的过程中,保持电动机的功率不变,称为恒功率调速特性,如图6-4所示。

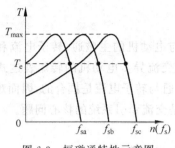
图 6-3 恒磁通特性示意图

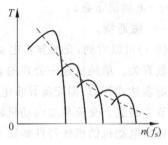
图 6-4 恒功率特性示意图

牵引电动机的功率可以表示为 $P=Tn \propto Tf_s$,则 $T_{\max}f_s=\mathrm{const}$。因此在调速过程中保持 E_1^2/f_s 为常数即可获得恒功率调速特性。在这样的恒功率特性下电动机始终工作在额定工况,也即转差率 s 不变,因此电动机所有的参数都能得到充分利用,牵引电动机的应用最充分、最合理。

由于 $E_1 \approx U_1$,因此可以认为在恒功率运行时,U_1^2/f_s 为常数 C_p,可得 $U_1=\sqrt{C_p f_s}$,电压 U_1 随 f_s 指数上升,电流 I_1 则是随 f_s 指数下降。在此条件下,电压、电流均有较大范围的变化,要求逆变器有较大的容量。

3. 恒电压特性

在调速中保持牵引电动机的定子电压 U_1 不变,称为恒电压调速特性。在恒电压的条件下,$T_{\max} \propto \dfrac{1}{f_s^2}$,如图 6-5 所示。

在恒电压特性下,若电动机功率不变,则有 $T_e f_s = \mathrm{const}$,还有
$$\frac{T_e}{T_{\max}} \propto f_s$$

由上式可得工况点随 f_s 变化。牵引电动机工况点的改变意味着电动机不能工作在最佳状态。如果设计使电动机额定工况在最大 $f_{s\max}$ 时,在 $f_{s\max}$ 之前电动机的运用都不在额定工况点上,意味着电动机的设计容量将增大。由于 U_1 恒定,功率恒定,显然电机电流 I_1 也恒定,这对于逆变器的设计是最为有利的。

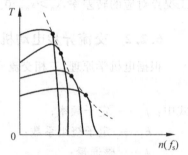
图 6-5 恒电压特性示意图

6.3 交流牵引系统的逆变器

逆变器是交流牵引系统中最重要的组成部分,是能量转换中的一个重要环节,可以说交流牵引系统是随着逆变器的发展而发展起来的。在交流牵引系统中,逆变器不但要实现直流到交流的转换,而且还要实现牵引特性曲线上的牵引力(牵引电动机的转矩)要求。直流到交流的转换由逆变器的主电路实现;给定牵引力即牵引电动机转矩的实现则依靠控制的策略和方法。

牵引逆变器的发展过程中根据中间直流环节电源性质的不同有两种类型的逆变器,即电压型逆变器和电流型逆变器。中间直流环节表现为理想电流源的是电流型逆变器;中间

直流环节表现为理想电压源的是电压型逆变器。两类逆变器有各自的特点。但随着电力电子器件的发展,电压型逆变器获得了广泛的应用,目前在牵引系统中均采用电压型逆变器。

6.3.1 牵引逆变器的基本电路

逆变器的电路原理如图 6-6 所示。

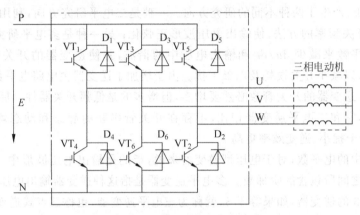

图 6-6 交流牵引系统逆变器电路原理图

三相逆变器的基本作用是将直流电源转化为交流电源。在图 6-6 的逆变电路中,由 6 个开关组成了一个三相桥式电路。交替开通和关断这 6 个开关,就可以在输出端得到相位各相差 120°(电气角)的三相交流电源。该电源的频率由开关频率决定,而幅值则等于直流电源的幅值。为了改变该交流电源的相序从而改变异步电动机转向的目的,只要改变各个开关开通和关断的顺序即可。因为这些开关同时起着改变电流流向的作用,所以它们又被称为换流开关或换流器件。逆变器输出波形如图 4-47 和图 4-48 所示。

逆变器在实现三相电源变频调速的过程中,其电压也常常需要根据牵引电动机的工况而改变。作为增加或降低逆变器输出电压的一种手段,采用了控制平均电压的方法,即斩波的方法。这种 PWM 方法不仅在改变频率的同时调整了电压,而且还可以使逆变器输出电压的高次谐波分量大大减小,因此获得普遍的运用,其调制示意图如图 6-7 所示,这就是称为 VVVF(variable voltage variable frequency)的逆变器。

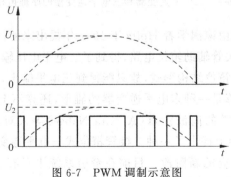

图 6-7 PWM 调制示意图

6.3.2 牵引逆变器的主电路

在电压型逆变器的主电路中,最早广泛应用的是二电平电路。所谓二电平逆变器,就是通过控制开关管的导通和关断,在输出端把直流电源的正极和负极电压分别引出,从而将直流电能转换成交流电能。图 6-6 所示的就是二电平电路的逆变器。这种变换器最大的弱点是,受开关管功率和耐压的限制,不宜实现高压大功率输出。为了减少逆变器输出电压的谐波含量和 du/dt,产生了两种不同的研究方向。一种是二电平研究方向,利用 PWM 控制方式,通过提高开关频率的方法,使输出电压波形正弦化;另一种是多电平研究方向,即利用增加主电路电平数来减少 du/dt 和输出电压中的谐波,并使逆变器的开关管工作在低压(或工频)状态,以减小开关损耗及电磁干扰。由于增加了逆变器主电路电平数,电路结构必然要发生改变,逆变器的开关管数必然要增多,但增多的是低频开关器件。后者更适合于高压大功率应用,它和二电平逆变器相比,不存在开关管串联的静态和动态均压问题,而且 du/dt 小、电磁干扰小、逆变效率更高。

逆变电路中的电平数,对于电压型逆变器来说,指的是输出电压波形中,从正的最大值到负的最大值之间所包含的阶梯数。多电平逆变器是指这种逆变器输出电压波形中的电平数等于或大于 3 的逆变器,如果等于 3,就称为三电平逆变器,也称三点式逆变器。

图 6-8 是二电平逆变器和三电平逆变器的原理拓扑图。在三电平逆变器图中 U、V、W 三相的电压波形如图 6-9 所示。

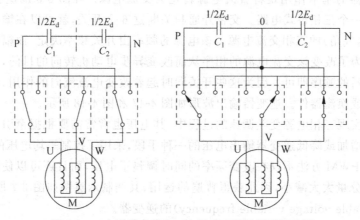

图 6-8 二电平逆变器和三电平逆变器的原理拓扑图

三电平逆变器最早是由德国学者 Holtz 于 1977 年提出来的,他在二电平半桥式逆变器电路的基础上,加入了开关管辅助箝位电路,得到了三电平电压输出。但这种三电平逆变器由于采用的是开关管辅助箝位结构形式,故只能得到三电平输出,即使增多开关管也不能得到多电平输出,所以只能算是一种多电平逆变器的雏形,还算不上是真正的多电平逆变器。1980 年,日本长冈科技大学的南波江章(A. Kira Nabae)等人对其进行了改进和发展,在 IEEE 工业应用(IAS)年会上提出了一种二极管箝位式三电平逆变器主电路的结构,这才开始进入到多电平逆变器研究的新阶段。目前在牵引系统中只有三电平逆变器尚有一些应用,其他的多电平逆变器只在电力系统中有所应用。

三电平逆变器是多电平逆变器中最简单,也是最有实用意义的一种电路。与传统的二

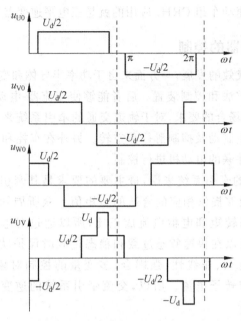

图 6-9　三电平逆变器的电压波形示意图

电平拓扑结构相比较,三电平拓扑结构的主要优点是:能有效地降低开关频率并减少谐波,从而使系统损耗减小,如以达到同样输出性能指标来衡量,三电平的开关频率将是二电平逆变器的 1/5,而且还有一个对异步电动机工作性能极为有利的显著优点,就是其电压变化率(du/dt)比二电平通用逆变器降低一半,随之污染电气性能的电流变化率(di/dt)也减少,这样将明显降低对电动机绝缘性能的损害而延长其工作寿命。随着电平数的增加,电压变化减少,主电路电流含有的脉动成分减小,转矩脉动和电磁噪声也降低。因为与吸收电路有关的电路电压只有一半,流入吸收电路电流的能量小,即发热量少,可使电路体积减小(仅对 GTO 而言,因为 IGBT 的吸收电路本身体积就比较小)。若三电平逆变器接上中点悬空的三相对称的星形负载,则负载中将不会有 3 次谐波电流流过。

　　三电平逆变器的主要问题在于电路所需器件数量大大增加,成本较高;主电路结构复杂,降低了可靠性及平均无故障工作时间;控制上比较复杂,技术上比较难以掌握。目前在牵引系统中三电平逆变器在日本、德国均有所应用。图 6-10 是一个二极管箝位的 IGBT 三电平电压型逆变器电路原理图。

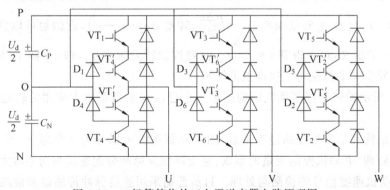

图 6-10　二极管箝位的三电平逆变器电路原理图

我国目前生产的高速动车组 CRH$_2$ 应用的就是三电平逆变器。

6.3.3 牵引逆变器的控制

交流牵引技术卓有成效的发展,一方面来自于功率半导体和变流技术的进步,另一方面来自于日臻完善的控制方法和控制装置。后者能够使变流器-电动机的整个系统具备不同的性能,以满足不同应用场合的要求,对于轨道交通的牵引系统来说,这些要求包括启动平稳、调速范围宽、能够再生制动及抑制滑行和空转。另外在车控和架控的模式下,还要求能够由一个控制器对多台并联的电动机进行控制。

对于轨道交通车辆的牵引系统来说,最主要的要求是其牵引系统在一个相当宽度的范围内,对每个速度都能够提供相应的合适的力矩值。众所周知,在直流电动机中,当气隙磁通恒定时,电动机的转矩和电枢电流成正比,所以通过对电枢电流的闭环控制既可以有效地控制转矩,又可以在快速暂态过载和稳态过载时保护功率变流器和电动机。但是,感应电动机是一个复杂、非线性、强耦合、多变量的控制对象,而且在鼠笼式的结构中,还没有办法直接检测转子电流。所以,交流牵引系统的逆变器控制目前没有一种标准的控制结构。

交流牵引系统的逆变器控制方法可以划分成两大类,即直接力矩控制法和间接力矩控制法,这两种方法均已广泛用于采用各种交流牵引系统的轨道交通车辆。间接力矩控制法中主要包括转差频率控制和磁场定向控制,但目前公认直接力矩控制法是迄今为止最佳的控制方法。应当注意的是,无论控制结构如何复杂,或采取什么样的反馈环和反馈量,牵引逆变器只有两个控制变量,即电压和频率。

1. 转差频率控制

转差频率控制的基本特征是:它是一种具有电流反馈的转差频率闭环控制系统。也可以说,这是一种采用速度外环和电流内环的双闭环控制系统。转差频率-电流控制是根据在稳态条件下定子电流幅值、转差频率与电动机转速、转矩的数学关系,计算出各种运行条件下的转差频率,再由转差频率和电动机转速计算出定子频率,并根据电压与频率的线性关系得到电动机的端电压,同时由转速、转矩计算出定子电流的给定值,并与实际反馈值形成电流闭环控制,补偿电动机的端电压。转差频率控制的特点是实现了电动机调速过程中对电压、频率的平稳调节。其控制系统的原理简单,易于实现。但该方法不能对动态过程解耦,动态响应不理想。

从异步电动机的基本方程式,可以推导出在 U_1/f_s 或 E_1/f_s 为恒值时的转矩具有如下特征:$T=f(f_2)\left(f_2\text{ 为转差频率},f_2=\dfrac{p\Delta n}{60},\text{转差 }\Delta n=n_s-n\right)$,近似地可以认为 $T\infty f_2$。根据转差 Δn 的定义,可以得到 $s=f_2/f_s$,只要控制转差频率 f_2,即 f_2 随 f_s 的变化规律,就能够控制异步电动机在每个速度点的转矩。

图 6-11 所示的转差控制系统结构图是一个已经在牵引系统中应用的转差频率控制系统的实例。

从系统结构和信号处理的过程来看,图示控制系统可以分为 3 个部分:电动机速度信号的检测与处理、电动机控制变量的形成、逆变器触发脉冲分配逻辑与功率放大。

(1) 电动机速度信号的检测与处理。目前普遍采用速度脉冲传感器来检测电动机的转速,通过安装在每台电机轴上的齿盘和探头,获得与齿盘上的齿数成正比的电压脉冲,经过信号处理得到电动机的转速频率 f_R。

(2) 电动机控制变量的形成。这里所说的异步电动机控制变量,是指电动机供电电压的幅值 U_1 与频率 f_s。如图 6-11 所示,从司机控制台来的给定转矩 T^* 与电动机实际转速相乘,得出电动机的给定输出功率,加上逆变器与电动机损耗 ΔP 后,得到指令值 P^*,所得结果与中间回路反馈功率 P_d 比较,送到功率 PI 调节器,调节器的输出对力矩给定值进行修正。在实际应用中,为了补偿温度上升对转子电阻值的影响,转矩给定值 T^* 还必须附加相应的修正量。

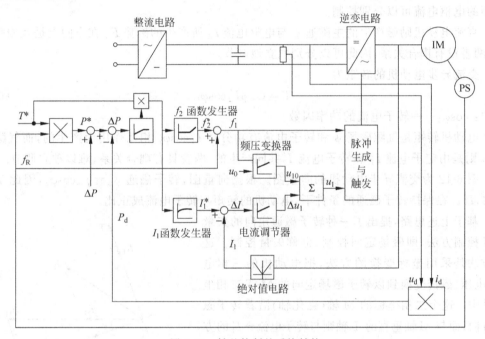

图 6-11 转差控制的系统结构

经过处理的力矩给定值 T^*,一方面通过 f_2 函数发生器产生给定的转差频率 f_2^*,它与反馈的电动机转速相加得 $f_1 = f_R + f_2^*$(牵引工况)或相减得 $f_1 = f_R - f_2^*$(再生制动工况),确定了逆变器输出电压的频率;另一方面,考虑到恒转矩启动对恒磁通的要求,在额定频率以下的低速区,应当使电动机端电压与定子频率成正比变化。所以,取 $U_1 = U_{10} + \Delta U_1$,其中 $U_{10} = K f_s + U_0$,ΔU_1 反映电流反馈控制的影响,U_0 则是考虑速度为 0 附近对定子绕组电阻压降的补偿。

电流反馈控制环节包括生成电流给定值 I_1^* 的 I_1 函数发生器和电流调节器,而电流实际值可用电流传感器测得。如果给定电流 I_1^* 比电动机的实际电流大,U_1 增加;反之,使 U_1 减少。在 U_1 的组成中,U_{10} 所占的比重为大,以保证电压与频率的线性关系。此外,在进入方波以后,逆变器的输出电压保持恒值,电流反馈控制将不再产生影响。

(3) 逆变器触发脉冲分配逻辑与功率放大。由定子频率 f_s 和定子电压幅值 U_1 两个控制变量可生成逆变器的三相控制信号,即 3 个依次相位差为 120°的正弦信号调制波。它们的频率和幅值由 f_s 和 U_1 决定。在 PWM 逆变器中,这 3 个正弦信号调制波与恒幅值的三角形载波相交。这些交点将决定究竟是中间回路直流电压的正端还是负端接到电动机端子上去,也就是决定逆变器各相桥臂中晶闸管的触发信号。触发信号经过功率放大后送到相应晶闸管的门极。

2. 磁场定向控制

磁场定向控制的基本原理可以从直流电动机为什么具有优异的调节性能来说明。直流电动机的调节特性可以归纳为以下两点:

(1) 直流电动机具有励磁绕组和电枢绕组,因此有两组控制变量;

(2) 这两个绕组在电气和磁场方面都是互相独立的,因此,产生磁场的励磁电流和产生转矩的电枢电流可以分别控制。

直流电动机励磁产生的主磁通 ϕ 与电枢电流 I_d 所产生的磁势 F_a 在空间上是互相垂直的,两者没有耦合关系,因此可以分别独立地调节。

交流异步电动机的转矩为

$$T = C_m \phi I_2' \cos\varphi_2 \tag{6-8}$$

式中:$\cos\varphi_2$——转子电流的功率因数。

电动机转矩是气隙磁场 ϕ 和转子电流有功分量 $I_2'\cos\varphi_2$ 相互作用而产生的,而气隙磁场 ϕ 则是由定子电流 I_1 和转子电流 I_2' 共同产生的,两者具有耦合关系,难以独立调节。

图 6-12 为交流异步电动机的向量图。根据向量图,转子磁通 $\phi_2 = \phi_m \cos\varphi_2$,因此 $T = C_m \phi_2 I_2'$。在保持转子磁通的条件下,电动机的转矩与转子电流成正比。

基于上述思路,提出了一种转子磁通定向的矢量变换控制方法,即磁场定向控制,也称矢量控制。这种方法是采用坐标变换的方法,把电动机的三相电流、电压、磁链变换到以转子磁场定向的 M-T 二相坐标系中。这个二相坐标的 M 轴(磁化轴)沿着转子磁链方向,而与 M 轴垂直的 T 轴则与转子电流 $-I_2'$ 的方向重合。三相电流经变换后,它的 M 轴分量 I_{1M} 就是产生转子磁通的磁化电流,而它的 T 轴分量 I_{1T} 与 I_2' 成正比,代表了电动机的转矩。由于在 M-T 坐标系中两者没有耦合关系,因此电动机的转矩控制可以通过分别对定子电流的这两个分量独立控制来实现,这种情况与直流电动机的调速控制相似,图 6-13 是这种 3/2 坐标变换的示意图。

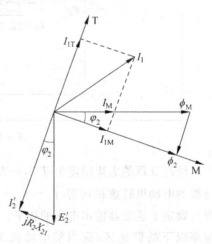

图 6-12 交流异步电动机的向量图

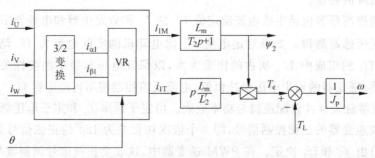

图 6-13 异步电动机矢量变换示意图

图 6-13 中的三相电流经 3/2 变换成为 α-β 坐标下的二相电流,再经 VR 旋转变换成为转子磁通上的 M-T 二相电流,其中的 I_{1M} 为励磁电流,I_{1T} 为转矩电流。

图 6-14 为由脉宽调制逆变器供电的异步电动机采用直接磁场定向控制的系统结构图。其磁场定向的原理是:所测的被调量(定子坐标系中的交流变量 Ψ_U、Ψ_V 和 i_U、i_V)通过"按磁场定向"的坐标变换转变为磁场坐标系中的直流量 Ψ 和 i_M、i_T,从而能够分别控制电动机的磁化电流(i_M 控制)和有功电流(i_T 控制)。由 i_M 调节叠加磁通调节产生的控制变量 U_{1M}^*,以及由 i_T 调节叠加转速调节产生的控制变量 U_{1T}^*,通过一个控制变量计算装置,可以重新把磁场坐标系中的这对直流量变换成定子坐标系中的交流变量,供给脉宽调制逆变器作为三相控制变量 u_U^*、u_V^* 和 u_W^*。

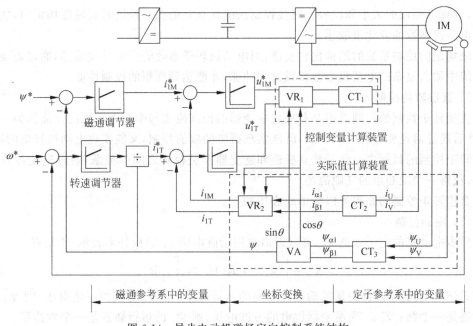

图 6-14 异步电动机磁场定向控制系统结构

在实际计算装置中把磁通的空间向量 $\dot{\Psi}$ 和定子电流空间向量 $\dot{i}$ 从定子参考系变换到磁场参考系中去,实现按磁场空间定向的坐标变换。为此需要求得转子磁通向量 $\dot{\Psi}$ 相对于固定轴 α 之间的位移角 θ。

在直接磁场定向控制中,借助两个相互位移 120°的霍尔元件测定气隙磁通分量 Ψ_U、Ψ_V,然后在磁通坐标变换器 CT₃ 和向量分析器 VA 中进行处理,得到以 sinθ 和 cosθ 表示的转子磁通角 θ。

类似地,为了能够生成磁场参考系中的电流实际值 i_M 和 i_T,借助电流传感器检测定子电流的两个相互位移 120°的分量 i_U、i_V,然后在一个电流坐标变换器 CT₂ 和向量旋转器 VR₂ 中进行相应的变换处理。

磁通坐标变换器 CT₃ 把 120°的变量 Ψ_U、Ψ_V 变换为 90°的变量 $\Psi_{α1}$、$\Psi_{β1}$。然后,借助附加单元把气隙磁通分量 $\Psi_{α1}$、$\Psi_{β1}$ 变换为转子磁通分量 $\Psi_{αr}$ 和 $\Psi_{βr}$,其中主要考虑了对转子漏磁场的修正;电流坐标变换器 CT₂ 把 120°变量 i_U、i_V 变换为 90°变量 $i_{α1}$、$i_{β1}$。

向量分析器 VA 包括向量滤波器和正弦、余弦振荡器两个部分。在利用检测线圈测量气隙磁通的情况下,由于转子槽的影响,在所测得的磁通分量中含有高次谐波,为使坐标变换时的误差尽可能小,利用向量滤波器把其从 90°的磁通分量中滤掉。而正弦、余弦振荡器的输出将提供转子磁通向量 $\dot{\Psi}_r$ 相对于定子轴的位移角。

向量旋转器 VR_2 可以根据不同的任务进行设计。向量旋转器把定子参考系的量变换为磁场参考系的量。在磁场参考系中,坐标轴 d 取得与转子磁通向量 $\dot{\Psi}_r$ 的方向一致。

目前已有各种实现磁场定向控制的具体方案。根据获得转子磁通所用的方法不同,大体上可分为两类:直接控制和间接控制。直接磁场定向控制法是直接测量电动机气隙磁通,以确定转子磁通向量的大小和位置;间接磁场定向控制法是检测电动机电压和电流等参数,计算出磁通的大小和位置。间接控制法的优点是能在 0 速度时实现磁场定向,缺点则是对电动机参数的变化很敏感。

磁场定向控制系统的结构比较复杂,对电动机转子参数的变化反应敏感,通常需要在控制系统中加入复杂的电动机参数在线辨识功能,才能达到理想的控制性能。

3. 直接转矩控制

直接转矩控制的控制思想是首先将逆变器的控制模式与牵引电动机的性能作为一个整体,然后通过对逆变器的开关控制,既能实现磁链的幅值控制,又能实现电动机转矩的控制。直接转矩控制的目标之一就是建立磁链和逆变器开关模式之间的关系,通过逆变器开关的控制,获得一个准圆形的气隙磁场。

直接转矩控制的原理可以简单地表述如下。

(1) 磁链控制

异步电动机的定子磁链 Ψ_s 可以近似地用励磁电压 u_s 的积分来表示,于是有

$$\Psi_s = \int (u_s - i_s R_s) dt \approx \int u_s dt \tag{6-9}$$

式(6-9)表明了磁链矢量的端点在空间的运行轨迹:若 u_s 为三相正弦电压,则 Ψ_s 的运行轨迹是一个圆;若 u_s 为逆变器供电的方波电压,则 Ψ_s 的运行轨迹是一个六边形。

由逆变器供电的异步牵引电动机的输入电压综合矢量 $\dot{u}_s$ 取决于逆变器的开关函数 $(S_A、S_B、S_C)$,在 PWM 逆变器方式下,磁链运行轨迹为正多边形和准圆形。

(2) 转矩控制

用磁链表示异步电动机的转矩表达式为

$$T = C_m \Psi_s \Psi_r \tag{6-10}$$

其动态过程可以表示为

$$\frac{dT}{dt} = C_m \Psi_s \Psi_r \cos\theta \tag{6-11}$$

式中:θ——定子磁链与转子磁链间的相角。

若 θ 固定,则 $\frac{dT}{dt}$ 固定,T 保持稳定,电动机稳定运行。如果改变电动机输入电压的空间矢量 $\dot{u}_s$,使 Ψ_s 加速,于是 θ 加大,则 $\frac{dT}{dt}$ 增大,转矩 T 加大,反之则相反。如果负载增大,Ψ_r 速度减小,$\frac{dT}{dt}$ 增大,转矩 T 加大。这就是转矩控制的基本方法。

将磁链调节器和转矩调节器连接起来,共同控制逆变器的开关状态,既保证电动机的磁链矢量近似为一旋转的圆,又能使电动机的转矩快速跟随转矩的给定值而变化,从而使调速系统获得很高的动态性能。

图 6-15 中,AΨR 和 ATR 分别为定子磁链调节器和转矩调节器,两者均采用带有滞环的双位式控制器。P/N 为给定转矩极性鉴别器,当电磁转矩给定值 $T^* > 0$ 时,P/N=1,反之,$T^* < 0$ 时,P/N=0。

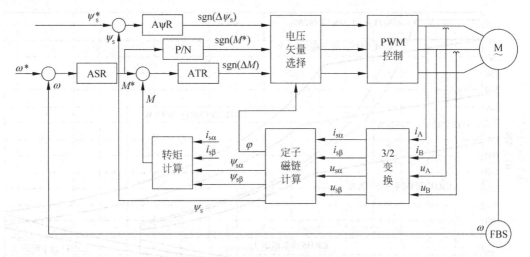

图 6-15 直接转矩控制系统结构示意图

AΨR 和 ATR 输出分别为定子磁链幅值偏差 $\Delta \Psi_s$ 的符号和电磁转矩偏差 ΔT 的符号,P/N 表示期望输出电磁转矩的极性。①当期望的电磁转矩为正时,P/N=1。当电磁转矩偏差 $\Delta T = T^* - T > 0$ 时,其符号函数 $\mathrm{sgn}(\Delta T) = 1$,使定子磁场正向旋转,实际转矩 T 加大;若电磁转矩偏差 $\Delta T = T^* - T < 0$,$\mathrm{sgn}(\Delta T) = 0$,则使定子磁场停止转动,电磁转矩减小。②当期望的电磁转矩为负时,P/N=0。当电磁转矩偏差 $\Delta T = T^* - T < 0$ 时,符号函数 $\mathrm{sgn}(\Delta T) = 0$,使定子磁场反向旋转,电磁实际转矩 T 反向增大,若电磁转矩偏差 $\Delta T = T^* - T > 0$,$\mathrm{sgn}(\Delta T) = 1$,则使定子磁场停止转动,电磁转矩反向减小。

直接转矩控制的特点是:实现了逆变器和电动机的一体化,逆变器的所有开关状态均以电动机的电磁过程为基础;能精确控制转矩,转矩响应快速;不需要很高的逆变器开关频率,系统的动态性能好;直接转矩控制仅仅在定子参考系中实现,有较好的鲁棒性。

6.4 交流牵引系统的控制

牵引控制的基本目标是实现牵引特性。交流牵引系统包括直-交牵引系统和交-直-交牵引系统,因此除了逆变器的控制之外还需要实现对中间直流环节的控制,以及交流电网侧的变流器控制。

6.4.1 牵引特性

从牵引应用的要求出发,列车要求在启动过程中有均匀的加速力和加速度,以实现平稳启动,也就是需要按恒转矩启动。在恒转矩启动过程中保持气隙磁通恒定是必要的,且一般可以使气隙磁通等于额定磁通,以获得定子电流恒定为额定电流。当列车达到额定速度进入稳定运行时,为了使牵引系统的设备容量和能力得到充分利用,则要求在任何速度点上都能达到额定功率值,即按恒功率运行。

图 6-16 是我国目前应用的高速动车组交流牵引系统的牵引特性曲线。从这些实际应用的动车组牵引特性曲线来看,曲线基本上分为 2 段,即恒流(恒牵引力)段和恒功率段。

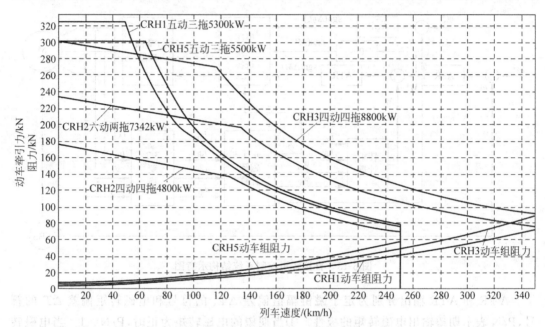

图 6-16　5 种动车组的牵引特性曲线

根据交流异步电动机的调速特性,异步电动机的特性可以分为 3 个区间:恒转矩、恒功率和恒电压区间,如图 6-17 所示。

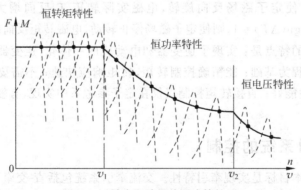

图 6-17　异步电动机的调速特性区

准确地说,异步电动机的调速特性可以分为恒磁通段和弱磁段。恒磁通段即 U/f 为恒定值的特性阶段,弱磁段则为恒电压阶段。实际应用中的特性曲线都是由这些基本的调速特性构成的。

6.4.2 交流牵引系统的主电路

交流牵引系统的主电路有两种基本形式,即直-交形式和交-直-交形式。其基本结构的电路如图 6-18 所示。直-交形式主要用于城市轨道交通车辆的地铁、轻轨和有轨电车等,见图 6-18(a);交-直-交形式主要用于干线电力机车和内燃机车,见图 6-18(b)。

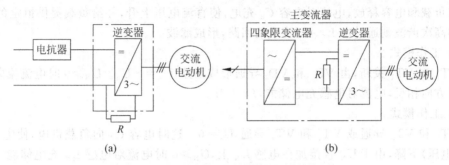

图 6-18 交流牵引系统的主电路结构
(a) 直-交形式;(b) 交-直-交形式

直-交牵引系统的主电路由中间直流环节和逆变器两个单元构成;交-直-交牵引系统的主电路由四象限变流器、中间直流环节以及逆变器 3 个单元构成。

1. 四象限变流器

目前在电力牵引领域应用的四象限变流器主要为电压型。图 6-19 为电压型四象限变流器的电路原理图,其中 $VT_1 \sim VT_4$ 为 IGBT 元件,$VD_1 \sim VD_4$ 为 IGBT 模块内集成的反并联二极管,U_N 为牵引变压器的次边电压,L_N 和 R_N 分别为折算到次边的漏感和电阻,L_2 和 C_2 组成二次谐振电路,C_d 为直流回路支撑电容。$VD_1 \sim VD_4$ 构成桥式整流电路,将电网交流电转换为直流,供给中间储能回路或直流负载,$T_1 \sim T_4$ 组成的逆变电路可将中间回路或直流负载端的直流电转换成交流电,反馈回电网。也就是说四象限脉冲整流器的能量传输是可逆的,通过对其进行适当控制,可使脉冲整流器在整流(牵引)和逆变(制动)工况间自由切换。

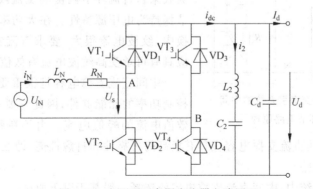

图 6-19 电压型四象限变流器电路原理

电压型四象限脉冲整流器在忽略 R_N 的条件下,有如下相量关系式:

$$\dot{U}_N = j\omega L_N \dot{I}_N + \dot{U}_s \tag{6-12}$$

在牵引（整流）工况下 $\dot{U}_N$ 与 $\dot{I}_N$ 同相位；在制动工况（逆变）下 $\dot{U}_N$ 与 $\dot{I}_N$ 相位相反。根据四象限脉冲整流器的电路原理图，U_s 可取 3 个不同的值：U_d、$-U_d$ 和 0，并对应有 3 种工作模式。

1) 工作模式 1

VT_2 和 VT_3 关断，由 VD_4 和 VD_1 导通形成回路，$U_s = U_d$。$U_N > 0$ 时储存在电感中的能量向负载和电容释放，电流对电容 C_d 充电，使直流电压上升，并给负载提供恒定的电流，其中的高次谐波则通过由 L_2、C_2 构成的回路，形成滤波。

2) 工作模式 2

VT_1 和 VT_4 关断，由 VD_3 和 VD_2 导通形成回路，$U_s = -U_d$。$U_N > 0$ 时电流流向与 I_N 的参考方向相反，电流对电感充电储能，I_N 上升。

3) 工作模式 3

VT_2 和 VT_3 导通或 VT_1 和 VT_4 导通，$U_s = 0$。这时电容 C_d 向负载供电，使电容电压（中间电压）下降，由于 U_N 直接加在电感 L_N 上，$U_N > 0$ 时电流对电感 L_N 充电储能，$U_N < 0$ 时电感 L_N 释放能量。

在任意时刻，四象限脉冲整流器只能工作在上述 3 种模式中的一种。根据控制要求，通过对 3 种模式进行切换，实现直流侧负载电压的稳定和负载电流的双向流动。

2．中间直流环节

在交-直-交牵引系统中，中间直流环节是前级四象限变流器与后级逆变器之间的联结纽带。它起到稳定中间环节直流电压以及与前后两级变流器进行无功功率和谐波功率交换的作用。交-直-交牵引系统的中间直流环节一般由 3 个部分组成：一是中间支撑电容器；二是滤波回路，即 2 倍于电网频率的串联谐振电路；三是过压保护电路。中间直流环节的电路原理如图 6-20 所示。

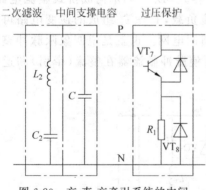

图 6-20　交-直-交牵引系统的中间直流环节电路原理

在直-交牵引系统中，由于中间直流环节直接与电网连接，因此不需要滤波回路。

1) 直流支撑电容器

直流支撑电容器是平稳直流电压的部件，需要吸收来自直流环节两侧的交流纹波电流，使直流环节保持为电压源特性。在大功率的交-直-交功率变换中，纹波电流很大，要求直流支撑电容器的参数应具有可承受高纹波电流有效值的特性。

中间直流支撑电容是很重要的，是用于转换和控制功率的储能器件，因此它要求能提供远高于有效值电流的峰值电流。由于在牵引传动领域应用的特殊性，要求中间直流支撑电容应具有极高的可靠性和自愈性能，即在特殊情况下的电压击穿恢复和不会短路。

在交流牵引系统中，中间直流支撑电容的选择一般基于以下原则：

(1) 对中间回路直流电压保持稳定，其峰-峰波动值不超过规定的允许值；

(2) 中间回路直流电流是连续的，其峰-峰波动值不超过规定的允许值；

(3) 中间回路的损耗应保持最小；

(4) 所选的电容器的参数不会影响整个系统的稳定性；

(5) 应当能抑制逆变器和电机中发生的暂态过程，保持系统稳定。

2) 二次滤波环节

由于单相电压型变流器的输出除了含有一个直流分量外，还含有一个 2 倍于电网频率的交流分量，因此二次滤波环节使这个交流成分通过二次滤波回路流过，而直流分量流向下一级供给负载。

二次滤波环节是一个由电容和电感构成的串联谐振电路。在选择二次滤波回路的电感和电容值时，需要考虑可能有很大的谐振电流在电容器上产生过电压，另外电抗器的结构尺寸和电感值，电容器的结构尺寸与电容值也是需要考虑的重要因素。

3) 过压保护斩波环节

中间直流环节瞬时过电压的出现来自两个方面：对直-交牵引系统来说是来自电网电压的波动；对交-直-交牵引系统来说是来自交流电动机的反馈。为了防止这种过电压对变流器造成损坏，在中间直流环节需要有瞬时过电压限制电路，也称过压保护电路。过压保护电路由 IGBT 和限流电阻组成。当有过电压存在时，该 IGBT 将导通，直流回路能量可以经过限流电阻放电和释放，消除过电压。

6.4.3 交流牵引系统的控制方法

交流牵引系统的控制目标主要是：

(1) 在电网电压波动时，中间直流电压保持恒定；

(2) 具有良好的稳态运行性能；

(3) 在负载变化或电网电压波动时，具有快速的动态响应性能；

(4) 在一个较宽的速度范围内，实现恒功率控制；

(5) 交-直-交牵引系统的电网侧功率因数近似为 1。

根据上述目标，交流牵引系统的控制包含了 3 个部分的内容，即逆变器的控制、中间直流环节的控制和四象限变流器的控制。控制系统根据列车运行的状态不断地调整这 3 个部分的控制，以达到所要求的控制性能和控制目标。图 6-21 为牵引系统控制结构示意图。其主要完成的控制功能为：牵引系统的逻辑控制；牵引和制动的特性计算；四象限脉冲整流器的控制；逆变器的控制；机车黏着控制；牵引控制系统的保护、故障诊断与记录。

由图 6-21 可以看到，牵引系统状态控制模块对列车运行过程控制起着至关重要的作用。牵引系统状态控制模块以固定的时间间隔采样控制指令、各个状态变量和牵引系统的逻辑状态，并对信号进行综合判断，从而实时地或周期性地改变变流器的运行模式，达到适合的状态。

1. 中间直流环节的控制

中间直流环节的控制主要是指对斩波元件的控制或过压控制。过压控制一般是指中间直流环节电压过压时，开通晶闸管或 IGBT 给中间回路放电。对于有四象限变流器的电力机车或动车组来说，斩波控制称为过压斩波；而对于内燃机车和地铁，则称为制动斩波。这是因为有四象限变流器时，制动能量可以回送电网，斩波只是用于抑制中间直流电压的瞬间过压(如机车因空转减载，牵引力突然降低的，四象限变流器来不及调节，中间直流电压迅速上升)。这类斩波器的电阻容量小，需限制开通时间。而没有四象限变流器时，制动能量则

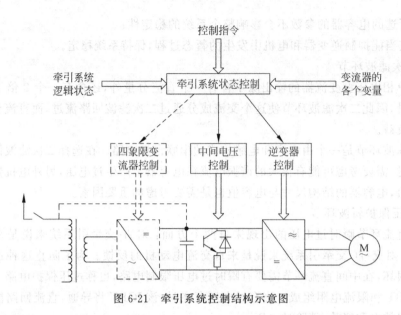

图 6-21 牵引系统控制结构示意图

需通过斩波器的电阻来消耗掉,电阻容量大。斩波是根据中间直流环节电压,发出斩波脉冲,控制斩波支路来完成的。

2. 四象限变流器的控制

四象限变流器的控制方式主要有直接电流控制和间接电流控制。间接电流控制又称幅相控制,它通过调节变流器交流侧电压的幅值和相位达到控制输入电流的目的。它的控制结构简单,开关机理清晰,但在暂态过程中,交流电流中会出现直流偏移的问题,该偏移量的大小和衰减速度与交流侧电阻有关,其电流控制的依据是变流器的空间矢量图。间接电流控制的静态特性较好,因为间接电流控制是基于稳态的,而系统的过渡过程是由系统的自然特性决定的,变流器的自然特性较差,因而间接电流控制的动态性能较差,会造成较大的电流超调,系统的稳定性和动态响应差。瞬态电流控制是改进间接电流控制动态响应的有效途径,当负载功率变化时,它能快速调节输入电流,并具有较好的动、静态特性。

引入了输入电流反馈的控制方式可归结为直接电流控制方式,它具有电流波形好、动态响应快等优点,它还包括滞环电流控制和固定开关频率电流控制。滞环电流控制结构简单,实现容易,但存在开关频率不固定的缺点。固定开关频率电流控制克服了滞环电流控制的缺点,其动态性能较好,且开关频率固定,能减少开关器件的损耗和噪声,但又存在电流跟踪误差较大的缺点。图 6-22 为四象限变流器直接电流控制原理示意图。

四象限变流器控制的目标有两个:一是当电网电压或负载发生变化时,能维持中间回路直流电压恒定;二是使网侧电流波形接近正弦,电网功率因数接近于 1,且电网电流的高次谐波含量尽量小。

四象限变流器控制的基本目标是达到中间直流环节电压的恒定。变流器将实时检测的中间直流电压 U_d 与给定值 U_d^* 比较,若 $U_d < U_d^*$,则 PI 调节器的输出 I_{N1}^* 增加,使脉冲整流器的输入电流增加,达到增加 U_d 的目的,反之则减小 U_d。其控制的数学表达式为

$$I_{N1} = K(U_d^* - U_d) + \frac{1}{T}\int (U_d^* - U_d) dt \tag{6-13}$$

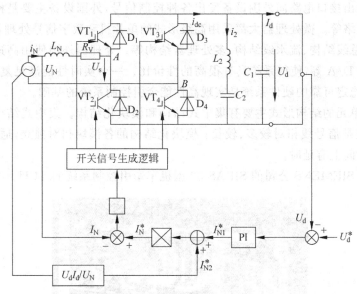

图 6-22 四象限变流器直接电流控制原理示意图

$$I_{N2} = \frac{I_d U_d}{U_N} \tag{6-14}$$

$$I_N^* = I_{N1}^* + I_{N2}^* \tag{6-15}$$

式中：K、T—— PI 调节器的参数。

6.4.4 牵引控制单元

牵引控制单元(traction control unit, TCU；或 drive control unit, DCU)是实现上述系统控制的执行单元，其核心任务是根据司机指令完成对四象限整流器的实时控制、逆变器的实时控制和中间直流环节的控制，同时具备完整的故障保护、故障诊断功能和轻微故障的自恢复功能。

对于不同形式的牵引控制系统，牵引控制单元的功能是不同的，如直流供电的地铁车辆不需要四象限整流控制，磁悬浮则无需黏着控制等，其中电力机车或动车组的牵引控制单元的功能最为完整。

牵引控制单元的控制功能按照实时性的要求一般给予分层处理，牵引系统的逻辑控制、牵引及制动特性控制、通信控制和故障诊断、记录等功能实时性要求不高；而四象限整流控制、牵引逆变器控制、黏着利用控制、中间直流回路控制的实时性要求很高。进行这种分层的目的是使牵引控制单元可以采用不同的控制策略和时间调度。

牵引控制单元经历了从模拟控制到数字控制的发展过程，目前牵引控制单元都采用微型计算机实现数字控制。数字控制具有精度高、速度快、存储容量大和有逻辑判断功能等优点，可以实现高级复杂的控制方法，获得快速精密的控制效果。因此牵引控制单元本质上是一个工业控制计算机。

牵引控制单元的硬件一般包括微处理器、接口电路和外围设备等，其中微处理器是控制系统的核心。微处理器通过内部控制程序，对输入接口输入的数据进行处理，完成控制计算等工作,通过输出接口电路向外围设备发出各种控制信号,外围设备主要是检测传感器、执行机构、通信网络等。微处理器大都采用高级形式的单片机和数字信号处理器(DSP),处理器内部具有多总线结构、流水线结构、多处理器结构等。处理器外围使用高速存储器、高速高精度 A/D 和 D/A 等,使得系统具有很高的性价比。一个实时性能满足复杂控制算法要求、通用性强、稳定可靠的硬件系统是实现高性能牵引控制系统的基础。

牵引控制单元的结构形式主要有集中式结构和模块化结构。集中式结构维护方便、便于协同控制,但是信号线相对较多、较长;模块化结构的各模块相对独立,通过通信网络交换数据,因此时间上有延时。

图 6-23 为 SIEMENS 公司的 SIBAS-32 型机车牵引控制系统的 TCU。

图 6-23　SIBAS-32 型机车牵引控制系统的 TCU

6.5　城市轨道交通车辆的交流牵引系统

6.5.1　城市轨道交通车辆牵引传动系统的主要设备和工作原理

对于采用 1T4M 方式(车控方式)的城市轨道车辆,每辆动车都有一套电力牵引系统,牵引传动系统的设备主要包括受电弓(仅 MP 车)、主熔断器、主开关、高速断路器、线路滤波器、VVVF 逆变器(包括制动斩波器)、制动电阻、交流牵引电动机和控制装置等设备,各电器箱均采用箱体式车下悬挂结构。牵引电动机采用架承式全悬挂结构,通过联轴节与齿轮装置连接,传递牵引力矩或电制动力矩,驱动列车前进或使列车制动,其电气牵引系统构成见图 6-24。

城市轨道车辆的牵引传动系统采用 VVVF 逆变器-异步鼠笼式电动机构成的交流电传动系统车控方式。列车牵引系统的主电路采用二电平电压型直交逆变电路,经受电弓接触受流输入 1500V 直流电由牵引逆变器变换成频率、电压均可调的三相交流电,向异步牵引电动机供电,并最终通过接地装置经由车体、转向架形成电流回路。牵引逆变器由两个逆变模块单元组成。每个逆变器模块驱动 2 台牵引电动机,电阻制动斩波单元与逆变模块单元集成。

在牵引控制过程中,如图 6-24 所示牵引逆变器接收由司机控制器或 ATO 装置发出的牵引指令及给定值,并根据从制动控制装置接收的列车空重车信号,对列车进行牵引及输出

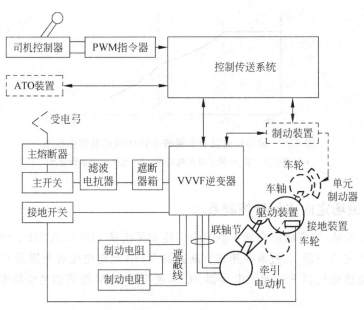

图 6-24 城市轨道交通车辆的电气牵引系统构成图

转矩控制。系统设有速度限制功能,当列车速度超过限定值时,系统进行牵引封锁,将牵引力变为 0,直至速度恢复。

列车所需制动力的大小,由空气制动电子控制单元(BECU)根据制动指令和列车载荷进行计算,然后转换成电制动力指令向牵引逆变器发送。空气制动电子控制单元能随时根据车辆载荷及由牵引逆变器反馈回的实际电制动力等信号对空气制动力进行修正,以满足不同制动指令对制动力的要求。电制动与空气制动随时自动配合、平滑相互转换,列车无冲动。当电网电压在 1000～1800V 之间变化时,主电路能正常工作,实现牵引与制动间的无接点转换。

6.5.2 VVVF 控制下的城市轨道交通车辆牵引特性

交流传动地铁车辆的控制应满足牵引力-速度特性(即牵引特性)的要求,使地铁车辆的传动和控制系统具有最佳的动态性能,保证地铁车辆运行的安全和舒适,充分利用设备能力,降低能耗。为此,在地铁车辆的牵引传动系统中,通过对逆变器的适当控制,使异步电动机在零速度 v_0 到规定速度(如额定速度 v_N)的范围内,以接近恒定的磁通工作;而在规定速度以上的速度范围内,以恒定的端电压工作;在高速运行区段,如速度在 v_H 以上时,因设备能力所限,需降低功率运行。

通常将地铁车辆牵引力-速度特性分成以下 3 种工作状态(见图 6-25)。

(1) $v_0 \sim v_N$ 区段——恒牵引力运行的低速区段。其控制特点为:基频以下的 VVVF 调速过程,异步电动机恒转矩运行,此时,异步电动机主磁通保持恒定。

(2) $v_N \sim v_H$ 区段——恒功率运行的中速区段。其控制特点为:基频以上的 CVVF 调速过程,异步电动机恒功率运行。

(3) v_H 以上区段——降功率运行的高速区段。其控制特点为:基频以上的 CVVF 调速过程,异步电动机降低功率运行。

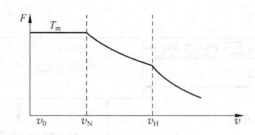

图 6-25 城市轨道交通车辆的牵引力-速度特性曲线图

F—牵引力；T_m—异步电动机转矩；v—地铁车辆运行速度

6.5.3 磁场定向式矢量控制系统

从图 6-26 可见,城市轨道交通车辆的牵引传动系统从 1500V 或 750V 供电电网获得直流电能,经过由主断路器 L、直流高速真空断路器 VHB 及充电电容电阻器 CHRe 组成的高压装置,向由滤波电抗器 FL、滤波电容器 FC 和逆变器 INV 组成的逆变器单元提供稳定的交流电。

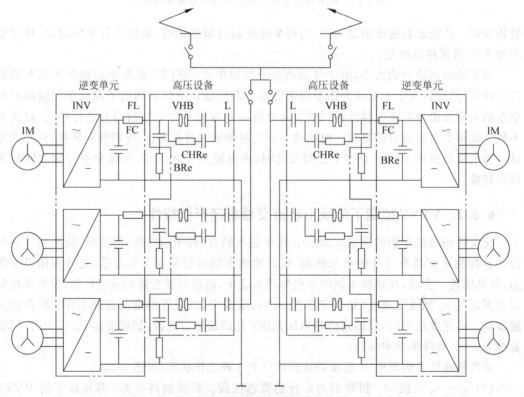

图 6-26 城市轨道交通车辆的交流传动主电路原理图

BRe—制动电阻；L—主断路器；VHB—直流高速真空断路器；FL—滤波电抗器；FC—滤波电容器；
CHRe—充电电容电阻器；INV—三相逆变器；IM—三相鼠笼式异步电动机

电压源逆变器 INV 不仅能把直流电逆变成三相交流电,在逆变过程中,根据调节指令还可以改变输出电能的频率 f_1 及其相电压有效值 U_1,为三相异步电动机提供 VVVF 控制,以满足牵引电动机调速的要求。图 6-26 给出了每一组逆变器向一台三相异步牵引电动机供电的电路,共 6 台牵引电动机。按照每节车辆转向架的轴式不同,电动机台数可以不同,也可以用一台逆变器向多台牵引电动机集中供电。

1. **牵引控制单元**

一个牵引控制单元由中央微机配上一个或几个较低级的信号处理模块组成。每一个逆变器配有一个信号处理模块。信号处理模块用来处理交直变流临界点的控制和线电流转换器的控制。中央微机则执行车辆高层次牵引控制所有的功能,这些功能随车辆类型的不同而改变。

电动机电流及转矩的给定值,通过中央微机与信号处理器间的接口进行传输。牵引控制单元采用的信号处理器中,模拟量到数字量的转换不同于一般的采样/保持电路——A/D 转换方式,而选择了 V/F 转换方式,模拟信号在测量模块中被转换成脉冲群(正信号对应于高频,负信号对应于低频)。转换后的信号送入信号处理模块的两个逻辑单元阵列(LCAs)中的一个,并对脉冲计数和确定频率。鉴于高实时性的要求,所有功能软件都用汇编语言编程,程序和数据存储在 E^2PROM 和 flash PROM 中。不必更换 EPROM 就可以改变程序。当进行三相交流驱动的复杂控制时,输出控制命令的时间要求小于 $1\mu s$,用逻辑单元阵列可以及时开启转换和获得所测的数据。

2. **测量数据的获得**

为了实现闭环驱动控制,必须获得描述过程变化的模拟变量,包括电动机的三相电流、两相对地电压、PWM 逆变器的输入直流端电压和电动机的转速。速度传感器提供了两个频率与速度成正比的方波信号,可以由此计算出速度的绝对值,这两个信号相位相差 90°,根据两个方波信号在时间上的顺序可以决定电动机的转向。如果一个逆变器给两个并联的牵引电动机供电,则两台电动机的转速都要被测出并用来控制算术平均值。例如,当经过道岔交叉点时,由于轮缘对轨道的压力不同,使电动机转速也不同,可以控制两台电动机获得更加一致的力矩分布。因为转子电流的幅值与相角不能直接测量,所以采用数学模型来模拟异步电动机的内部结构。根据实际测得的电压、电流及速度值,用计算机进行计算以决定转子的电流。电流被一个具有恒定转子时间常数($T_r = L_r/R_r$)的一阶延时元件控制。其中,考虑到磁饱和性,应采用与电动机磁特性相应的磁感应系数 L_h。

电压模块被用来计算转子电流。另外,电压和电流模块转子电流的差值和因素 $1/T$ 作为校正项被反馈。当这两部分结构的所有参数匹配时,校正项消失。基于理想电压模块中使完全开环积分稳定的原则,反馈不会引起任何误差。在低速时,电流模块的影响起主导作用;而高速时,则是电压模块起主导作用。定子频率不需要任何中间步骤就可以根据 $1/T$ 决定。这样的结构结合了两个模块的优点,并可认为是电流模块控制电压模块。

电流模块要求适当的转子时间常数 T_r。在运行过程中,转子阻抗将随着转子温度的变化而明显改变,因此必须精确地得出工作时的转子阻抗。比较电压和电流模块的两个电流间相角可以检测出转子电阻的变化。

3. **闭环控制结构**

图 6-27 为一个闭环控制的结构图。电动机的转矩和电流值由中心微机设定。信号处理器的主要功能是启动 PWM 逆变器,保证牵引电动机遵循设定值。

测量数据模块和 LCA 编程电路确定了闭环控制规定的设定值。在三相/两相变换器

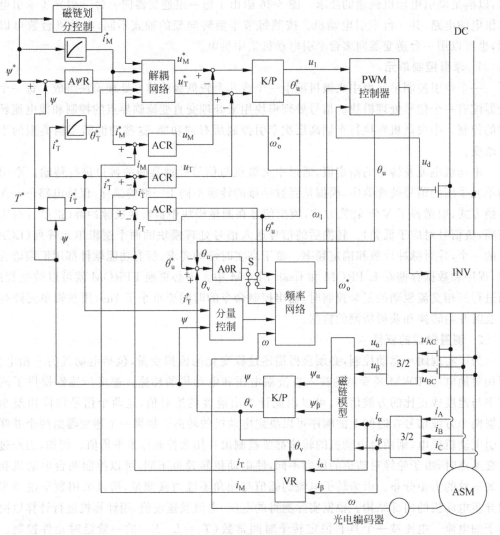

图 6-27 闭环控制结构

中,三相电压和电流被转换成正交分量,它们与速度都是电压模块的输入量,根据直角坐标到极坐标的转换,得到实际电流的幅值与相角。电流相角用于将两个正交电流分量从有关定子的坐标系统转换到与转子电流空间矢量一起旋转的坐标系统中,也就确定了电流矢量的象限。滤波后可以得到励磁电流分量和转矩电流分量,也就是静态工作点的直流量,因此,它们更适合在控制器中处理。

为了根据给定电流值和给定力矩控制的变量确定闭环控制输出变量,在一个解耦电路中模仿了异步电动机的反演结构,如图 6-28 所示。它根据电流设定值、励磁电流设定值,力矩电流设定值以及转子磁通的角速度的要求来计算电压分量。其中,励磁电流设定值是根据磁化特性而得。解耦电路的参数中包括漏感和由电动机定子电阻和逆变器的等效电阻组成的附加电阻 R_G。为了保持稳定,在解耦电路的输出端加了两个电流控制器控制励磁电流分量和转矩电流分量。用一个坐标转换器可将电压成分转换成幅值与相角形式,其中幅值作为 PWM 控制器的一个输入信号。必须给出转矩下的稳态转差频率,在变频控制中,这是根据力矩电流给定值和实际电流计算得出的。在校正转差频率的同时,用电流控制器校正力矩电流分量与给定值之间的偏差。电流分量控制器与解耦电路一起提供电压幅值与相角的设定值。在运转中,通过转换软件开关 S 实现结构的转换。电压相位控制器根据理想相角与 PWM 控制器的实际电压相角之间的比较结果,对转差频率进行校正处理。

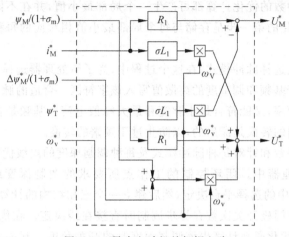

图 6-28 异步电动机的解耦电路

频率确定模块综合各个频率成分,并提供解耦电路的电流频率和 PWM 控制器的定子频率。闭环控制应用于实际直流线电压是在控制装置中完成的。

根据电动机电压的设定值与直流端电压的实际值可计算出脉冲宽度调制器的调制深度,完成可实时调节的磁场定向闭环控制的基本操作。

4. PWM 控制器

PWM 控制器将闭环控制的输出变量——电压给定值和定子频率转换成逆变器的启动信号。在 PWM 逆变器的输出端提供基波幅值与频率可变的三相电压,每个输出端都可接到中间电路的正极或负极。

PWM 控制器的主要功能就是产生所需的基波电压,控制与电动机相连的逆变器支路上的三对开关,从而改变电压基波的幅值及频率。开关时间需要实时决定,所以采用一个硬件计数器对源电路发出命令,并设置一个具有缓冲区功能的 FIFO 存储器,FIFO 存储器的空间足以存入闭环控制的一个扫描周期内所有开关命令,以便在处理器重新装载计数器电路时,也能保证输出。三对逆变器支路的电路状态被装入 FIFO 存储器,并通过计数器连到接下来的触发脉冲放大级,保证工作的同步。根据操作范围,开关次数可以通过同步或异步两种不同的调制方法计算。在低频时,采用异步调制,在一个基频周期内发生多次转换,电路状态与相关的开关角度由处理器进行联机决定。开关次数计算采用的方式通常是输出电压为 1.5 倍操作频率的正弦给定值。操作频率一般要保持恒定,但在允许范围内可根据需要调节。调制深度在调制时受限制,根据源电路所标定的最小脉冲宽度,这个比值可达到 90%。若该比值介于操作频率与基频之间,脉冲数量可达到 8~10 个,逆变器就同步于基频。当基频增加时,由于逆变器限定操作频率,脉冲数量就慢慢减少,脉冲数量和开关角度由脱机优化程序预先计算好并存入信号处理模块的快速 EPROM 中。

5. 优化程序

优化程序实际上就是一个通过搜索确定幂函数最小值的搜索过程。这个幂函数作为在给定调制深度时开关角的一个函数,与反映谐波电流影响的各种优化标准有关,其中最主要的标准是谐波电流的均方根值。优化可以抑制特定谐波的峰值电流,减小电动机附加损耗。

对于每一种脉冲数的优化计算都可产生一个局部最小值,并在不同的调制范围内产生总的最佳值,所以优化的第一步是存储与每个局部最小值相对应的每种脉冲数的若干脉冲模式。

优化的第二步是选择脉冲模式,在这个过程中,为了给处理器选择合适的脉冲模式设置了一个字符区。基于基频和调节度的离散值写入该字符区。合适的脉冲模式既要能满足临界条件的最大运行频率,又能符合最小脉宽和最大峰值电流。基频是在最大调制深度时选择的。脉冲模式之间的转换是滞后的,以防止过于频繁的转换。

脉冲模式选择平台和针对每种脉冲模式及每种调制深度的离线优化的脉冲数以表格的形式存放在信号处理器中。闭环控制的工作点所要求的调制深度或脉冲模式,首先由PWM控制程序模块中的选择平台决定,然后建立一个三相结构的计算软件,在下一个扫描时间间隔将要输出的门极开关次数在异步调制时直接在线决定。在优化模式的范围中,根据当前定子频率,用优化函数计算出该调制深度时的开关角度。开关次数和电路状态都被装入输出电路的FIFO存储器中。脉冲系统的切换点必须选择恰当,以防产生暂态反应和不必要的电流峰值。

6.5.4 直接转矩控制系统的结构及原理

图 6-29 为应用直接转矩控制原理的地铁车辆控制系统结构图。

该控制系统设置了转矩设定输入和磁链设定输入,转矩设定值 T_e^* 由控制系统根据驱动/制动的要求和其他各种因素(负载、线电流、速度、牵引限制、空转/滑行保护)综合后决定。磁链设定值 Ψ^* 由电动机参数计算得出,在整个基本速度范围内有效。磁链测定单元根据电动机的电流、电压、速度,计算在定子坐标系中磁链矢量的大小和角度。根据磁链矢量的信息也可以定义旋转坐标系。将定子电流矢量变换到旋转坐标系后,可得到它在旋转坐标系中的分量(i_T, i_M)。

磁链测定单元根据电动机的数据,通过一系列采样步骤,得到实际转矩 T_e,判断系统的状态。

实际转矩 T_e 和设定转矩 T_e^* 的差值送入转矩 PI 控制单元,产生一个动态的控制变量 ΔT 加到原先的转矩设定值上,再和实际磁链 Ψ 一起送入负载电流计算单元,决定负载电流(i_T^*)。实际磁链 Ψ 和设定磁链 Ψ^* 的差值送入磁链 PI 控制单元,也产生一个动态的控制变量($\Delta\Psi$)加到原先的磁链设定值上,得到励磁电流(i_M^*)。这种综合考虑设定常数和动态变量的方法有利于提高控制系统的动态性能。负载电流 i_T^* 和励磁电流(i_M^*)送入电动机的定子模式,得到定子电压的两个分量(u_T, u_M),负载电流和励磁电流的设定值与实际值之差分别通过比例调节器进行控制,将定子电压的动态分量(u_T, u_M)加到静态分量(u_T^*、u_M^*)上。然后这样决定的定子电压从磁场定向系统转换到定子定向系统,磁场定向系统中的电压矢量的大小和角度已经决定。为了保持逆变器的控制量,电压矢量的绝对值与直流线电压抵消,相控因素送入脉冲模式发生器。

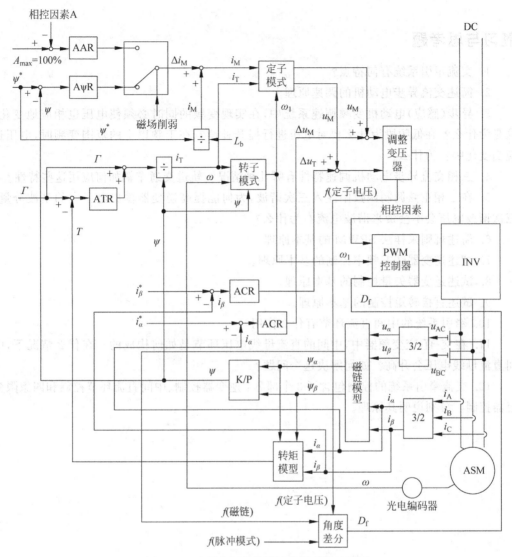

图 6-29 地铁车辆直接转矩控制系统结构图

在转子模式中,根据负载电流 i_T 和实际磁链 Ψ 计算出转差频率 ω_s。转差频率 ω_s 与实际速度相加后得到定子频率 ω_1,定子频率 ω_1 也送到脉冲模式发生器。脉冲模式发生器根据频率和相控因素计算得到适当的脉冲模式,同时决定下一步的电压矢量的角度,并将这个值送到控制器。磁链矢量的角度与磁场定向系统中电压矢量的角度一样,必须与脉冲模式产生的电压矢量的角度相符合,任何角度差都将作为一个动态控制修正量送到脉冲模式发生器,以保证定子电压曲线相位的一致。当速度较高时,电动机达到控制的极限($A_{max}=100\%$),此时为整块脉冲,其他脉冲模式下,控制极限较低。为了进一步提高速度,转入磁场削弱,此时电动机被脉冲模式发生器的控制因素所限制,而与转矩设定值无关。因此,实际相控因素与控制极限值比较,送入一个 PI 调节器,产生一个动态控制变量加到控制初始值上。

复习与思考题

1. 交流牵引系统有何特点？
2. 简述交流异步电动机的调速原理。
3. 异步(感应)电动机变频调速系统中，在实现变频的同时必须使电压也相应地变化，这是为什么？在低频段为什么要对电压进行提升补偿？在工频以上的范围变频时，电压还应当变化吗？为什么？
4. 三相交流异步电动机调速特性有哪几种情况？轨道交通车辆如何应用这些特性？
5. 在三相正弦调制函数中注入三次谐波，为何能提高逆变器输出电压中的基波分量？三次谐波电压会不会带来谐波电流？为什么？
6. 简述规则采样法 SPWM 的基本原理。
7. 试述逆变器转差频率控制的基本原理。
8. 试述逆变器矢量控制的基本原理。
9. 试述直接转矩控制的基本原理。
10. 牵引系统的中间直流环节有什么作用？
11. 在交-直-交变频器中，中间的直流母线电压环节是如何构成的？在什么情况下，中间直流母线电压会升高？如何解决这个问题？
12. 交流牵引系统的控制包含了 3 个部分：逆变器控制、中间直流环节控制和四象限变流器控制。分别说明其原理。

第7章

电气制动控制系统

7.1 概述

列车制动系统是列车运行安全的重要保障。机械方式的摩擦制动是最常用的制动方式,其制动力是通过压缩空气(或者液力)使摩擦片作用在轮对的踏面或者轮对的摩擦盘上而产生的。电气制动与机械式摩擦制动的区别在于电气制动时的制动力是由电磁作用产生的,这种电磁作用使电动机产生一个反向的转矩,形成制动力,或者是使电磁作用力转换成摩擦力,从而在摩擦盘上甚至直接在钢轨上产生制动力。

在当前列车运行速度已经达到250km/h以上的情况下,需要巨大的制动力才能使列车安全、可靠、准确地停止运行。如此巨大的制动力仅靠常用的机械制动方式——闸瓦制动或盘形制动方式根本无法实现,这些利用摩擦产生制动力的制动装置将由于摩擦、负荷过大而导致机械部件和车轮踏面或制动盘的磨耗和热损坏。尽管在摩擦制动装置的改进方面已经做了大量的研究工作,但在目前的条件下,当速度达到160km/h时已经达到了使用闸瓦制动和盘形制动的极限。

7.1.1 电气制动的种类

电气制动是目前列车高速运行时制动方式的最佳选择。当前可以采用的电气制动形式主要有3种:再生制动、电阻制动和电磁制动(包括永磁制动)。

电阻制动和再生制动是目前列车上最常用的两种电气制动形式,本章主要说明这两种制动形式的原理和应用。电磁制动是另一种制动形式,目前在列车上运用的范围比较小。电阻制动和再生制动的制动力产生原理与牵引力的产生原理相同,都是通过轮轨之间的接触机制而产生的,即制动力的发挥仍然依赖于轮轨间的黏着关系,因此电阻制动和再生制动均属于黏着制动;电磁制动本质上属于非黏着制动,即制动力不受轮轨间黏着的限制,但也有一些具体的电磁制动装置属于黏着制动方式。

从能量的角度来看,电阻制动和再生制动是将列车的机械能(动能或势能)转变为电能,并将其消耗(电阻制动)或循环利用(再生制动),从而产生制动力。再生制动时的能量可以回收并重复利用,是一种节能的制动方式,可以提高能源利用率;电阻制动不会对环境造成污染,符合环境保护的要求。因此电阻制动和再生制动越来越受到人们的重视并得到大面积的推广运用。

电阻制动和再生制动难以实现停车的精确定位,例如在采用站台屏蔽门的地铁中,其停车位置的要求很高,因此机械制动系统仍然是不可缺少的。另外列车停放时的制动设备也必须采用机械制动方式。

电磁制动是一种新的制动理念,它是利用电磁作用产生一个阻碍列车运动的制动力,因此电磁制动需要消耗相当的能量。目前电磁制动已经在列车上获得运用,电磁制动目前应用的方式主要有3种:磁轨制动、轨道涡流制动和盘形涡流制动。电磁涡流制动具有无摩擦、无噪声、制动力大的优点,但其主要的缺点在于需要增加能耗。尽管需要耗能,但其制动力不受黏着限制的优点,使电磁制动仍然在某些场合得到运用。

7.1.2 电气制动的特点

电气制动相对于常规的机械制动(摩擦制动)来说有其非常鲜明的特点,主要表现在以下几个方面。

(1) 相对于机械制动形式,电气制动提高了列车运行的安全性。在列车以较高的速度运行时,机械制动产生的热量使制动副(摩擦盘和闸瓦)温度升高,而制动副的摩擦系数随温度上升而下降,机械制动效果下降,制动力不稳定。电气制动效果明显,与制动时间长短无关。

(2) 没有轮缘与闸瓦的磨耗,与机械制动配合使用,缩短了机械制动的作用时间,提高了机械制动的效率。

(3) 因为没有闸瓦与轮辐的磨耗,不会产生粉尘,无污染。

(4) 可以提高列车运行速度。电气制动的效率与运行速度无关,因而在较高速度下,制动率仍然比较高,可以在高速下安全运行,因此高速列车必须先使用电气制动,直到列车速度下降到一定的范围内才能施加机械制动。另外,在干线铁路的长大坡道上,可以使用电气制动保持列车速度的平稳。

(5) 电气制动系统能够实现制动力的自动控制,在采用闭环控制后,大大提高了制动力的稳定性。

(6) 电阻制动和再生制动的制动力仍然是通过轮轨关系传递,因此电阻制动和再生制动是黏着制动。

(7) 电气制动的控制和电路相对比较复杂,特别是在交流牵引系统中,实现的控制手段和方法技术要求很高。在直流牵引系统中从牵引工况到电气制动工况的转换需要改变系统的电路结构,需要一定的时间才能完成,因此还不能实现牵引到制动的无缝连接。

7.2 电气制动的基本原理

7.2.1 电阻制动和再生制动的基本原理

电阻制动和再生制动是目前牵引系统中广泛应用的两种电气制动方式,电阻制动和再生制动的基本原理是利用牵引电动机的可逆原理。在列车运行中,使电动机改变为发电机,由列车的惯性力带动该发电机运行,通过调节发电机的负载,改变发电机的输出电流,从而可以调节阻止列车向前运行的制动力。

从能量的角度来看,电阻制动是能耗制动,即将列车的动能转换成电能后予以消耗;而再生制动是一种能量的循环。目前干线电力机车和城市地铁列车或轻轨列车的电气制动方式有电阻制动和再生制动。无论是电阻制动还是再生制动,在制动时都需要为其励磁绕组供电,因此电阻制动和再生制动都是需要消耗能量的,只是比牵引时消耗的能量要少得多。

1. 直流牵引电动机的电气制动原理

直流牵引系统的直流牵引电动机在电气制动工况时牵引电动机改作发电机运行,这时牵引电动机产生的扭矩方向与牵引工况相反,转速方向与牵引工况相同。此时发电机产生的转矩称为制动转矩,产生的制动力可以使列车迅速减速。

直流发电机的励磁方式也有串励和他励两种。串励式电动机改变为发电机状态实行制动时,必须改接励磁绕组,从而保证在电枢旋转方向。另外,这种改接能保证励磁电流和产生的励磁磁通方向不变,可以在剩磁的基础上增加励磁,使发电机建立自激电压。图 7-1 为串励式电动机励磁绕组改接示意图。

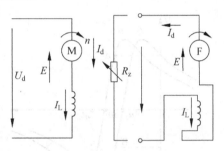

图 7-1 串励式电动机励磁绕组改接示意图

根据电机学原理,串励式电动机在实施电气制动时,由于串励式发电机的电气不稳定性,因此在实施电气制动时很少采用串励方式。在电阻制动方式下,各牵引电动机均使用各自的制动电阻。在某些条件下,也可以两台电动机使用同一个制动电阻,在两台电动机采用一个制动电阻时,为保证电气稳定性,可以将两台电动机的励磁绕组与其他电枢交叉连接,称为桥式连接。实际上这时的励磁方式在形式上为串励方式,但本质上已经变为他励方式。上海地铁 1 号线的列车就采用了这种方式,如图 7-2 所示。

电阻制动中基本上都是采用他励方式。他励方式的电阻制动原理如图 7-3 所示。

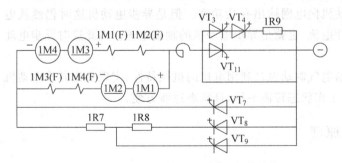

图 7-2 上海地铁 1 号线列车电阻制动结构

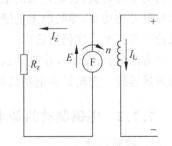

图 7-3 他励方式的电阻制动原理

图 7-3 中电阻制动时的制动电流 $I_z = E/R_z$,由于这时的电流方向与牵引状态下的电流方向相反,因此其转矩与电机的转速方向相反,形成制动转矩。他励式电阻制动的主要问题

是列车在低速区的制动力受到最大励磁电流 I_{Lmax} 的限制而使制动力迅速减小,因此他励式电阻制动不具备使列车制停的性能。

2. 交流电动机的电气制动原理

交流异步电动机的电气制动原理可以表述如下:用定子磁链和转子磁链的叉乘 $T = \psi_s \times \psi_r$ 表示电磁转矩。在牵引工况下,定子磁链 ψ_s 带动转子磁链 ψ_r 旋转,定子磁链在空间位置上超前转子磁链,电动机输出正转矩。在制动工况下,转子旋转频率超过定子频率,转子电流与牵引状态下方向相反,使得气隙磁场幅值增大。为保持气隙磁场恒定,定子电流需要反向以减小气隙磁场,定子电流流向中间直流环节,在空间位置上滞后于转子电流,电机输出负转矩。

也可以用电动机的机械特性曲线来说明交流异步电动机的电气制动原理。图 7-4 为在定子频率为 f_1 时,电动机工作在特性曲线第 1 象限的 A 点,这时电动机输出正转矩为牵引状态。如果降低定子供电频率至 f_2($f_2 < f_1$),由于车辆惯性电动机转速不能发生突变,电动机工作点转移到第 4 象限 f_2 曲线上的 B 点。在这个象限中电动机进入发电状态,电磁转矩为负值,并在负转矩作用下沿 f_2 曲线减速,这就是异步电动机的制动工况。若不断地按照某种规律降低定子供电频率,即可获得预期的制动特性。

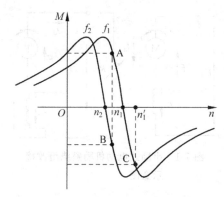

图 7-4 交流异步电动机电气制动原理

另外一种情况也可以使交流异步电动机进入电气制动状态,电动机运行中由于外力作用迫使转子加速,电动机工作点 A 沿着定子供电频率 f_1 特性曲线进入第 4 象限,例如达到 C 点,这时电机的转速 $n_1' > n_1$,电磁转矩为负,电动机为发电制动状态。

因此,也可以这样来说明交流异步电动机电气制动的原理:当交流异步电动机的转子转速大于定子磁场转速时,s 为负值,这时电动机输出负转矩,即阻力矩。由于相对速度的方向倒转,转子电流和转子电动势的方向也已倒转,这时定子电流中用以抵消转子电流磁化作用的分量也就跟着倒转。于是定子电流 I_1 中的有功分量 I_{1a} 与 U_1 相反,即电网提供的有功功率为负值,也就是说由电动机向电网输出有功功率。但是异步电动机这时仍然从电源吸取无功功率,即吸取无功感性电流,也就是异步电动机的励磁电流。因此这时异步电动机的一些基本公式仍然适用。

由此可见,交流异步电动机的电气制动也是利用电机的机械特性,实现交流异步电动机的可逆运行。交流异步电动机的工作状态转换平稳,且状态过渡方便。

7.2.2 电磁制动的基本原理

1. 磁轨制动

磁轨制动是利用安装在转向架上的制动电磁铁励磁后吸附在钢轨上,电磁铁的极靴压在钢轨表面上滑行产生摩擦力,即制动力。磁轨制动的制动力取决于电磁铁的吸附力,即电磁铁对钢轨的正压力。电磁铁的吸附力越大,产生的摩擦力(制动力)就越大,而电磁铁的吸附力又取决于励磁电流的大小,因此需要的制动力越大,励磁电流就越大,能量消耗也就越大。当然这是有限制的,由系统在设计时确定。

电磁铁一般安装在两个轮对之间,根据离开轨面的高度,可以分为高悬挂装置和低悬挂装置。低悬挂装置的电磁铁距轨面 6～10mm,在电磁铁励磁后直接吸附在轨面上;高悬挂装置的电磁铁距轨面 120～160mm,制动时需要依靠其他辅助装置使电磁铁吸附在轨面上。磁轨制动有较高的制动效率,可以明显地缩短制动距离。磁轨制动是一种非黏着制动,不受轮轨间的黏着限制,而且由于磁轨的吸附作用可以等效地增加轴重,有利于轮轨间的黏着。但磁轨制动将造成轨面的磨损,且要消耗大量的电能。在实际应用中还需要很好地解决电磁铁的散热问题。

德国的 V320 型液力传动内燃机车上曾经使用过磁轨制动系统。V320 型液力传动内燃机车是一种客货两用的内燃机车,装车功率 2940kW(4000HP),1963 年投入运用。该机车采用三轴转向架,在转向架的第一和第二动轴之间装有 DDGI120 型的磁轨制动装置及其励磁线圈,整车共有 4 套制动器,其在转向架上的安装位置如图 7-5 所示。

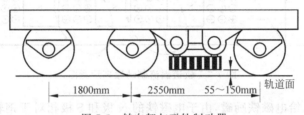

图 7-5 转向架与磁轨制动器

DDGI120 型的组合制动磁铁每块长 1200mm,压力达到 1000kg,制动磁铁与钢轨间的摩擦系数为 0.09,因此 4 块磁铁的制动力可以达到 $4\times1000\times0.09=3600$kg。在磁轨制动器与盘形制动机结合使用的情况下,在运行速度为 160km/h 时,制动距离不大于 1000m。

磁轨制动器的磁铁悬挂在工作气缸上。在不投入工作时,根据轮缘的磨耗与负载情况保持在钢轨上方 55～150mm 的高度。磁轨制动器在投入工作时,依靠压缩空气装置使磁铁块落到钢轨上,并接通励磁电流。

磁轨制动器还有一种形式,即采用永久磁铁来制成制动磁铁,称为永磁轨道制动器。这种制动器的发展主要是由于永磁材料的发展,利用新的合成材料可将磁能提高到最大限度。

目前运用的稀土磁铁的合成化合物为 $Nd_2Fe_{14}B$。永磁轨道制动器的原理与磁轨制动器原理相同,只是不需要对磁铁励磁,因此也就没有电能的消耗,这是永磁轨道制动器的最大优势。

瑞士的 Oerlikon-Knorr Eisenbahntechnik 公司生产的永磁轨道制动器 PMS 的结构如图 7-6 所示,其已经在德国的 ICE 列车上得到运用。

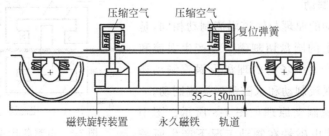

图 7-6 永磁轨道制动器的结构示意图

永磁轨道制动由于没有电磁作用,理论上不属于电磁制动,这是一个新的领域范围,或许可以称为永磁制动,因为除了永磁轨道制动器外,永磁制动的方法也可以运用在盘形制动器上。永磁轨道制动器可以运用于各种轨道交通车辆,特别是在列车停放制动方面的运用更能显示其优越性,如在一些特殊条件下的停放制动(坡道停放制动)具有很好的可靠性和安全性。

2. 轨道涡流制动

轨道涡流制动的原理如图 7-7 所示。其装置是一个安装在转向架两个轮对之间的条形电磁铁,电磁感应体是轨道。条形电磁铁距轨面 6~7mm,长度为 1200~2000mm。电磁涡流制动是利用电磁涡流在磁场下产生洛伦兹力,而洛伦兹力的方向与物体运动的方向相反。

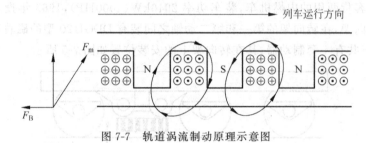

图 7-7 轨道涡流制动原理示意图

在制动状态时,给电磁铁励磁,由于电磁铁的 N 极和 S 极相对于钢轨运动,在钢轨内产生交变的磁场,在钢轨上部产生涡流,涡流与电磁铁相互作用的力 F_m 可以分解为一个垂直于钢轨面的吸引力和一个与车辆运行方向相反的电磁涡流制动力 F_B。

轨道涡流制动方式下的电磁涡流制动力的大小与列车运行的速度有关,速度越高制动力越大。在低速下,电磁涡流制动力很小,不具备制动停车的能力。轨道涡流制动的制动力还与电磁铁的磁场强度密切相关,因此需要很大的励磁电流才能产生较大的电磁制动力,能耗很大。

但是轨道涡流制动是非黏着制动,它不受轮轨间黏着力的限制,所以轨道涡流制动可以在高速列车上获得较好的应用。最适合轨道涡流制动运用的是磁悬浮列车,列车悬浮在轨道上,没有其他可以选择的制动方式,因此轨道涡流制动可以说是磁悬浮列车制动系统的最佳选择。但磁悬浮列车使用的直线电动机牵引方式为再生制动提供了非常好的条件,因此磁悬浮列车的主要制动方式仍然是再生制动,只有在速度较低的时候才投入轨道涡流制动。例如上海浦东线的磁悬浮列车在制动时,首先启动的是再生制动,当速度降低到 150km/h 时,轨道涡流制动磁铁从悬浮架上下移,启动轨道涡流制动,直到速度达到 10km/h 时,轨道涡流制动关闭,改为滑橇制动。

3. 盘形涡流制动

盘形涡流制动的原理与轨道涡流制动相同,是利用安装在车轴上的圆盘切割磁力线产生涡流和洛伦兹力。根据产生磁场的机理盘形涡流制动还可分为电磁盘形涡流制动和永磁盘形涡流制动。

电磁盘形涡流制动原理如图 7-8 所示。图中 I_F 为励磁电流,使电磁铁在制动工况下产生所需

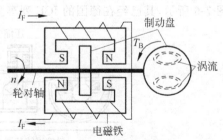

图 7-8 电磁盘形涡流制动原理

要的磁场,n 为轮对旋转速度,T_B 为制动力。制动盘在磁场中产生涡流阻止磁场的增加,产生制动转矩。而永磁涡流盘形制动的则是利用永磁铁代替电磁铁线圈产生电磁场。

日本新干线的 100 系、300 系和 700 系列车采用了盘形涡流制动。100 系(12M4T)和 300 系(10M6T)列车的制动系统中,拖车均使用了盘形涡流制动,每根轴上 2 套,其结构如图 7-9 所示。其盘形涡流制动的控制方法是使其涡流制动的制动力与动车上的制动力(电阻制动或再生制动)基本相同,并且常用制动以电气制动为主,只在 30km/h 速度以下时才使用机械(空气)盘形制动。

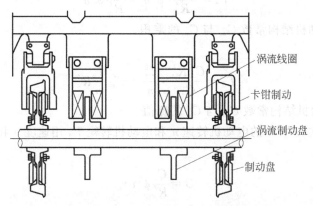

图 7-9　日本新干线 300 系列车的盘形涡流制动结构图

700 系(12M4T)列车是在 300 系基础上的技术提高和改进,并保持能与 300 系的车辆混合编组。从减轻转向架重量和降低成本考虑,700 系的涡流制动装置改为每轴一套,其拖车制动力的降低是通过提高动车再生制动力来弥补的,达到整车制动力不变。

7.3　电阻制动

将牵引电动机转变为发电机状态后,将其产生的电能消耗在电阻上(转换成热能),从而产生制动力的方式称为电阻制动。电阻制动方式实现简单、易行,且控制方便、灵活,因而获得了广泛的应用。

7.3.1　直流牵引系统的电阻制动

直流牵引系统在实施电阻制动时一般采用他励方式,其电路连接如图 7-3 所示。在电阻制动时制动回路有如下的电压方程和电磁转矩公式:

$$E_d = C_e \phi n = I_z (R_z + \sum R_d) = I_z R'_z \tag{7-1}$$

式中:E_d——电动机感应电动势;

ϕ——电动机每极磁通量;

n——电动机转速;

I_z——制动电流;

R_z——制动电阻;

$\sum R_d$——电动机内阻;

R'_z——制动回路总电阻;

C_e——电动机结构常数。

$$T_d = C_m \phi I_z \tag{7-2}$$

式中：T_d——电动机电磁转矩;

C_m——电动机结构常数。

根据式(7-1)和式(7-2)可得

$$T_d = \frac{C_m C_e}{R'_z}\phi^2 n = \frac{C_{mz}}{R'_z}\phi^2 n \tag{7-3}$$

式中：C_{mz}——电动机结构常数 C_m 与 C_e 的乘积。

$$T_d = \frac{C_m R'_z}{C_e} \cdot \frac{I_z^2}{n} = C'_{mz}\frac{I_z^2}{n}R'_z \tag{7-4}$$

式中：C'_{mz}——电动机结构常数 C_m 与 C_e 的比值。

将式(7-3)和式(7-4)中的电动机转速 n 和电动机转矩 T_d 用速度 v 和制动力 B 来表示，则有如下表达式

$$B = \frac{C_z}{R'_z}\phi^2 v \tag{7-5}$$

$$B = C_\Phi \frac{I_z^2}{v} R'_z \tag{7-6}$$

式(7-5)和式(7-6)是电阻制动中的两个基本表达式,表示在不同的给定条件下电阻制动时列车速度与制动力的关系。这种制动力与列车速度间的关系称为电阻制动特性曲线。

1. 电阻制动特性曲线

由式(7-5)和式(7-6)可以获得电阻制动工况下的电动机电阻制动特性曲线,如图7-10所示。

由式(7-5)可知,若保持磁通 ϕ 不变,依据 ϕ 的不同取值,可得速度和制动力的关系表现为一组过零的直线,如图7-10中的曲线1。图中的曲线1是最大励磁电流时的恒磁通制动特性曲线。式(7-6)则从另一个角度获得速度和制动力的关系,即保持制动电流 I_z 不变时,速度和制动力的关系为一组双曲线,如图7-10中的曲线3,曲线3是最大恒制动电流时的制动特性曲线。恒磁通制动特性曲线和恒制动电流制动特性曲线都是电阻制动的基本特性曲线。

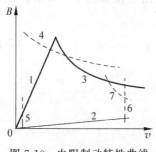

图7-10 电阻制动特性曲线及限界

2. 电阻制动特性的工作范围

电阻制动特性曲线在 B-v 平面上的工作范围受到一些条件的限制,这些条件主要是：

(1) 最大黏着限制,即轮轨间的最大制动力不能超过轮轨间的极限黏着力,见图7-10中的曲线4。

(2) 最大速度限制,即电阻制动时允许的列车最高速度,见图7-10中的曲线6。

(3) 最大制动电流限制,这是 I_{zmax} 确定的限制线,由式(7-6)获得的最高一条双曲线,见图7-10中的曲线3。I_{zmax} 主

要受到电枢的最大电流限制和制动电阻的发热限制。

（4）最大励磁电流限制，根据式(7-5)，由励磁回路的电流最大值可以得到最大励磁电流时的制动特性曲线，见图 7-10 中的曲线 1。

（5）最小励磁电流限制，励磁电流减小，引起主磁场减弱，使电枢反应强烈，造成主磁场畸变，从而使换向器表面电动势分布不均匀产生火花。最小励磁电流限制曲线见图 7-10 中的曲线 2。

（6）换向条件限制，即在较高的速度下，若励磁电流小而制动电流较大时会引起平均电抗电动势的增大，形成换向器表面的火花。图 7-10 中的曲线 7 是换向条件限制曲线。

3. 最大制动力的计算

当 $I_z = I_{zmax}$ 时，有

$$B_{max} = C_\Phi \frac{I_{zmax}^2}{v} R_z' \tag{7-7}$$

当 $\phi = \phi_{max}$，即 $I_L = I_{Lmax}$ 时，有

$$B_{max} = \frac{C_z}{R_z'} \phi_{max}^2 v \tag{7-8}$$

根据式(7-7)和式(7-8)可以获得最大制动力与最大制动电流、最大磁通（励磁电流）之间的关系，如下式：

$$B_{max}^2 = C_\Phi C_z I_{zmax}^2 \phi_{max}^2 \quad 或 \quad B_{max} = \sqrt{C_\Phi C_z} I_{zmax} \phi_{max} \tag{7-9}$$

将式(7-9)代入式(7-7)或式(7-8)的任一 B_{max} 表达式，可得最大制动力时的速度

$$v = \sqrt{\frac{C_\Phi}{C_z}} R_z' \frac{I_{zmax}}{\phi_{max}} \quad 或 \quad v = \sqrt{\frac{C_\Phi}{C_z}} R_z' C_\Phi' \frac{I_{zmax}}{I_{Lmax}} \tag{7-10}$$

式中，$\sqrt{\frac{C_\Phi}{C_z}}$、$R_z'$、$C_\Phi'$ 为常数。

根据式(7-9)和式(7-10)，在保持最大制动电流 I_{zmax} 和最大励磁电流 I_{Lmax} 的条件下，最大制动力 B_{max} 不变，但出现 B_{max} 时的速度 v_m 可以变化。v_m 与制动电阻 R_z 的大小成正比，若制动电阻 R_z 变小，则速度 v_m 也减小，在制动特性曲线上表现为曲线左移。从另一个角度来看，曲线左移意味着最大励磁电流的制动特性曲线的陡度增加，即制动力也随之增加，从而可以提高低速时的制动力。

7.3.2 电阻制动的控制

电阻制动特性曲线如图 7-11 所示。图中 $Oabc$ 曲线是一条典型的制动特性曲线，Oa 段是恒励磁电流（恒磁通）制动的特性曲线，ab 段是恒制动力的特性曲线，bc 段是恒制动电流的特性曲线。图 7-11 中还有 v_1 和 v_2 两条恒速制动特性曲线。

恒励磁电流（恒磁通）特性和恒制动电流特性是电阻制动方式的基本特性，不同的励磁电流和不同的制动电流可以分别获得一族曲线。

而恒制动力特性和恒速制动特性是电阻制动方式的调节特性，是由两个基本特性的曲线来构筑的，即需要由控制系统不断地调节励磁电流或制动电流来实现。图 7-11 说明理论上可以由一族恒制动电流曲线上的 1、2、3、4 点构成恒制动力特性；而由一族恒励磁电流曲线上的 5、6、7、8 点构成恒速制动特性 v_1。同样也可以由恒励磁电流曲线构成恒制动力特

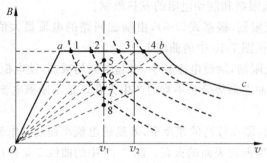

图 7-11 电阻制动特性曲线

性；由恒制动电流曲线构成恒速制动特性。

1. 恒制动力控制模式

根据式(7-5)，可以得到恒制动力时磁通的表达式

$$\phi = \sqrt{\frac{BR'_z}{C_z v}}$$

在电动机磁通不饱和的条件下，磁通与励磁电流成正比

$$\phi = KI_L$$

将上述两个表达式合并，可以得到在确定的制动电阻下，恒制动力控制时励磁电流与列车速度的关系式

$$I_L = \frac{1}{K}\sqrt{\frac{BR'_z}{C_z v}} \tag{7-11}$$

从式(7-11)可得到 B 为恒值时励磁电流 I_L 与速度 v 的关系，控制系统根据检测的实际列车速度 v 可以得到励磁电流的给定值 I_L，然后与检测到的 I'_L 进行比较后进行闭环控制，获得恒制动力特性。

图 7-12 是恒制动力控制模式的示意图。其中 B_R 是给定的制动力，I_L 是根据式(7-11)计算的励磁电流给定，I_z 和 v 是检测的制动电流和列车速度，环节 B 则根据检测的 I_z 和 v 计算当前的制动力，并与制动力给定值 B_R 相比较，来实现恒制动力的控制。从图中可以看出恒制动力控制的最外环是制动力，而环内还包含着两个内环：制动电流 I_z 环和励磁电流 I_L 环(恒磁通环)。但在实际过程中，恒制动力的实现主要是由恒励磁电流特性来完成的，而制动电流这个闭环主要是用于最大制动电流 I_{zmax} 的限制。

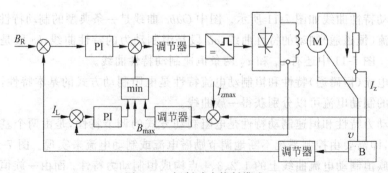

图 7-12 恒制动力控制模式

2. 恒速控制模式

制动工况下的恒速条件为：$F=0,B+W=0$。由于阻力 W 的不可预知性，例如列车在长大坡道上运行时，因而要求制动力 B 随着外界阻力的变化而变化。根据式(7-11)可知，当速度 v 为恒值时，随制动力 B 变化而调节 I_L 可以达到恒速。图 7-13 是恒速制动控制模式的示意图。

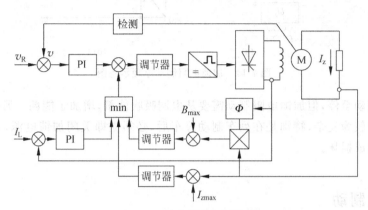

图 7-13　恒速制动控制模式

恒速制动控制模式的系统中，闭环系统的最外环是速度控制环。图 7-13 的调节手段是励磁电流，因此励磁电流控制是一个内环，另外在内环中还包括有最大制动力限制和最大制动电流限制。

7.3.3　加馈电阻制动

采用加馈电阻制动方法是为了改善他励电阻的制动性能，提高列车在低速区的制动力。提高列车在低速区的制动力一般有两种方法：一种是减小制动电阻，从而加大制动电流 I_z；另一种就是采用加馈制动的方法。减小制动电阻的本质是提高最大励磁电流时对应制动特性曲线的斜率，见图 7-10 中的曲线 1。目前减小制动电阻的方法基本上是采用电阻分级切换，这种方法将在下一节中利用实际机车的运用实例来给予说明。

加馈电阻制动的原理是在他励电阻制动时在牵引电动机的电枢回路中人为地串入一个电源 U_z，见图 7-14(a)，U_z 与"电动机"(此时应该是发电机)的电动势 E 叠加后加在制动电阻 R_z 上，因此制动电流 I_z 增加，提高了制动力。

加馈制动时的制动电流 I_z 可以看作是由两部分组成的，即

$$I_z = \frac{E+U_z}{R_z} = \frac{E}{R_z} + \frac{U_z}{R_z} = I_d + I_K \tag{7-12}$$

式中：I_d——牵引电动机电动势产生的制动电流；

I_K——加馈电源产生的制动电流。

由图 7-14(b)可见，在 v_1 速度下，I_d 对应的线段是 aq，产生的制动力为 B_z；I_K 对应的线段是 qm，产生的制动力为 $B_M - B_z$。由此特性曲线可知，随着列车速度的降低，在保持励磁电流不变的情况下，q 点沿直线向下移动。如果保持最大制动力 B_M 恒定，则意味着随着列车速度的降低需要不断地调节加馈电源 U_z，从而使 I_K 增大，来保持 I_z 的恒定。

加馈电阻制动方法提高了他励电阻制动在低速区的制动力，从理论上讲加馈电阻制动

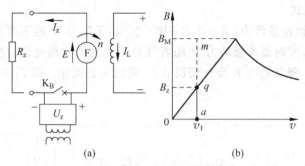

图 7-14 加馈电阻制动原理示意图

可以使列车制动至停,但加馈电阻制动需要从电网吸收能量,增加了能耗。另外加馈电阻制动的控制部分较为复杂,特别是在列车制动停车后,必须立即关闭加馈电源,否则会对电动机的换相器造成损坏。

7.4 再生制动

将列车运行的机械能转变成电能后,以适当的方式反馈到电网上去,从而产生制动力,这种制动方式称为**再生制动**。目前也有一些牵引系统采取适当的方式将产生的电能给蓄电池充电或直接反馈给其他系统使用,也可以称为能量回馈制动。再生制动适用于电网供电的车辆,回馈制动方式也适用于自给式供电的车辆。

再生制动除了具有电气制动的特点外,还有较好的经济效益,从节能的角度来说是最佳的电气制动方式,这种制动方式一般可以节能10%~15%。另外,再生制动方式几乎不需要在列车上增加任何部件,因此目前在交流牵引系统中普遍采用再生制动,特别是在高速列车上。但再生制动时机车的功率因数较低,对电网的谐波干扰增大,另外其控制系统复杂,再生制动时对控制系统的稳定性要求比较高。

无论是交-直牵引系统还是交-直-交牵引系统,再生制动时都是将中间直流电压转变成频率为50Hz的单相交流电反馈到电网上去。电网侧的变流器在牵引时作为整流器,在再生制动时作为逆变器。在作为逆变器运行时输入电压极性不变,电流反向,实现功率的反向传送,这也是四象限变流器名称的由来。

7.4.1 直-交牵引系统的再生制动

直-交牵引系统的中间直流环节与电网直接相连,再生制动时中间电压直接反馈到电网。

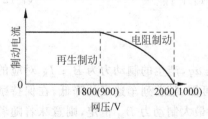

图 7-15 直-交牵引系统的再生制动与电阻制动转换示意图

再生制动能力与接触网线路的吸收能力有关,包括网压高低及负载利用能力。如果电网电压升至一个预定值1800V(网压1500V)或900V(网压750V)时,制动斩波器通过脉宽调制控制开始工作,这时的工作状态为再生制动和电阻制动的混合状态,再生制动与电阻制动电流的总和为总的制动电流。图7-15是再生制动与电阻制动转换的示意图。电阻制动时的制动斩波器和制动电阻一般可以采用中间环节的过压保护斩波器和限流电阻。

再生制动时逆变器控制的原理与牵引状态下的控制方法相同,只是电动机的能量变换改变了方向,向电网反馈能量。图 7-16 为地铁列车的一条再生制动特性曲线。

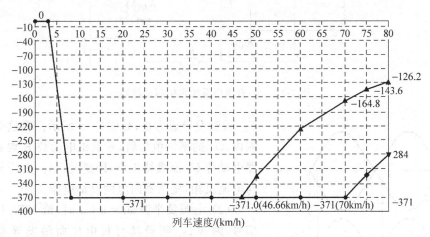

图 7-16　地铁列车的再生制动特性曲线

7.4.2　交-直牵引系统的再生制动

交-直牵引系统的变流器只有在全控桥的条件下,才能进行再生制动,因为它具有整流和逆变两种功能。全控桥对称控制时,当控制角 $\alpha > 90°$ 时,整流电压的平均值 U_d 变为负值,实现再生制动,即

$$U_d = 0.9 U_2 \cos\alpha \quad (\alpha > 90°) \tag{7-13}$$

制动电流可表示为

$$I_z = \frac{E + U_d}{R} = \frac{C_e \phi n + U_d}{R} \tag{7-14}$$

式中：E——电动机感应电动势,$E = C_e \phi n$;

U_d——逆变电动势(此时为负值);

R——制动回路总电阻。

制动回路总电阻包括电动机电枢、平波电抗器和稳定电阻 R_F 三者电阻之和。从式(7-14)可见,调节制动电流 I_z 可采用调节磁通 ϕ(励磁)或者逆变器电压 U_d(控制角 α)的方法来实现。式(7-14)中的转速 n 取决于列车速度,而再生制动回路电阻一般不变,其中稳定电阻 R_F 的取值要从制动电气稳定性和反馈电能二者综合考虑,一般消耗 10%～15% 的制动功率。再生制动的原理如图 7-17 所示。

再生制动时为了改变电动机的电动势方向,就需要改变励磁电流的方向或改变电枢电路的方向。根据图 7-17 分 4 个时间间隔给予说明,其中整流器认为是理想的、变压器漏抗为零、且平波电感为足够大。

(1) 电源正半波过零之前,VT_{13}、VT_{14} 是最早导通的(续流),$\omega t = \pi - \beta_0$ 时,给 VT_{11} 触发脉冲,此时加在 VT_{11} 两端为正向电压,所以被触发导通,实现 VT_{13} 与 VT_{11} 的换流(即 VT_{11} 导通,VT_{13} 关断)。此时 T_{11}、VT_{14} 维持导通,一直持续到电源的负半波 $\omega t = \pi + \alpha$ 时,

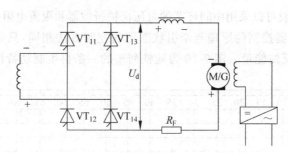

图 7-17 交-直牵引系统再生制动原理

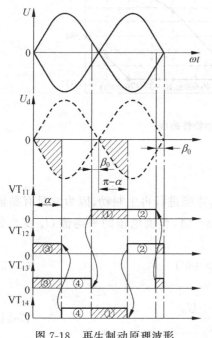

图 7-18 再生制动原理波形

T_{12} 被触发导通为止，如图 7-18 所示。在这个时间间隔内，U_d 的平均值为负，发动机电动势 E 要克服变压器电动势 U_z 而维持工作，即逆变运行，变压器电动势与电流反相，变压器向电网反馈电能。

(2) 电源负半波 $\omega t = \pi + \alpha$ 时，给 VT_{12} 门极触发信号，因 VT_{12} 阴极具有负电位而触发导通，VT_{14}、VT_{12} 换流，这样 VT_{11}、VT_{12} 导通，逆变结束而进入续流工况，此时间间隔内变流器输出电压为零，直到 $\omega t = 2\pi - \beta_0$ 时 T_{13} 触发导通为止。

(3) $\omega t = 2\pi - \beta_0$ 时，给 VT_{13} 触发，因 VT_{13} 被施加正向电压，所以 VT_{13} 导通，VT_{11} 与 VT_{13} 换流，此间隔内 VT_{13}、VT_{12} 维持导通，一直到电压过零，变压器电动势进入正半波（对 VT_{13}、VT_{12} 是反电压）$\omega t = \pi$ 时 VT_{14} 导通为止，此时间间隔内发电机电动势又必须克服变压器电动势工作，即又进入逆变工况。

(4) 在电源正半波 $\omega t = \alpha$ 时，VT_{14} 被触发导通，VT_{12}、VT_{14} 换流，即 VT_{13}、VT_{14} 导通，一直到 $\omega t = \pi - \beta_0$ 时 VT_{11} 导通为止，此时间间隔为逆变结束而转为续流工况。以后重复上述过程。逆变工况中 VT_{11}、VT_{13} 维持最小逆变角 β_0（$\beta_0 = \gamma + \delta$，$\delta$ 为常数），用调节 VT_{12}、VT_{14} 的控制角 α 来控制逆变工况的结束时刻，从而达到调节逆变输出电压值，即调节制动电流的目的。4 个桥臂导通时间都是半波，这和牵引工况一致，各桥臂元件的负载是均匀的。由于分析时作了一定的假定，所以图 7-18 中表示的电流波形是瞬时换流，且电流为平直方波。

根据上述的分析，为了提高交流-直流牵引系统再生制动的稳定性，需要注意两个参数的取值问题。

第一，最小逆变角的取值问题。

再生制动时，应在列车安全可靠运行的条件下，尽可能缩小 δ，并保持 δ 为一常数，以达到尽可能高的再生功率因数。这种方法比固定 β_0 角控制先进，在谐波分量及功率因数等供电指标方面要好，而控制技术要复杂些，要能及时响应电网突变的控制，否则容易出现再生颠覆故障。

第二，再生稳定电阻取值问题。

再生稳定电阻一般消耗10%~15%的制动功率,高值稳定电阻有较好的再生电气稳定性,有利于限制再生颠覆电流,再生逆变器容量小。当然稳定电阻R_F的增大降低了再生反馈能量的效果。

常规再生制动难以达到列车制停,可以采用加馈电气制动的方法来实现,即由发动机电动势和电网电动势联合提供电能的电制动。当速度趋向零时,制动功率逐步变为全部由电网提供,这时需要消耗电网的电能,且功率因数很低。

7.4.3 交-直-交牵引系统的再生制动

交-直-交牵引系统的再生制动由电网侧变流器实现,通常这是一个四象限脉冲整流器,其在牵引状态下作为整流器输出直流电压给中间直流环节;在再生制动时成为一个单相逆变器向电网反馈能量。四象限变流器的原理和结构见图6-20。

再生制动时变压器副边绕组的电压$\dot{U}_N$与电流$\dot{I}_N$反相,其矢量图如图7-19(b)所示。

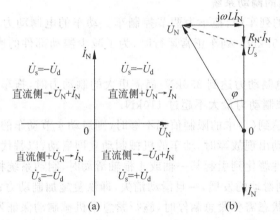

图7-19 交-直-交牵引系统再生制动能量反馈与矢量图

图7-19(a)表示了四象限脉冲整流器能量反馈时的4种工作状态,严格来说还有另外两种$U_d=0$时的状态。同样整流时也有6种状态,从图中不难得到再生制动时的工作状态应该在第2和第4象限。

7.5 城市轨道交通车辆的制动控制系统

7.5.1 空-电联合制动控制系统

1. 制动控制

城市轨道交通车辆均采用电制动为主、空气制动为辅的空-电联合制动。电动车组主要有3种不同的制动工况,即电阻制动、再生制动和空气制动。

车辆的电气制动首选再生制动,如接触网电压过高或邻近供电区段无其他车辆吸收反馈能量,则电路自动转为电阻制动,把能量消耗在电阻上。

对于直流牵引电动机,电制动工作时,为提高串励式发电机的电气稳定性,保证两组制动主回路中的电流均衡,通常采用两个支路上的电动机交叉励磁,这种交叉励磁电路对每一组的电枢绕组而言,具有他励的形式和串励的特性。

为了保证恒定的制动转矩,斩波器分级短接制动电阻并无级控制斩波比,均匀地调节制动电流值。当电动车组速度降低时,可以通过可控硅的闭合,将制动电阻部分短路,增大制动电流和制动力,扩大低速下电阻制动的应用范围。

在制动回路中还需接入预励磁电路,因为当车辆由牵引工况转为制动工况时,原先剩磁方向必须改变,使励磁绕组中即使有剩磁也会被抵消为零。为此必须预先励磁,以便使电动机建立发电机工况时的初始电压。

再生制动时,电动机处于发电机工况,且向电网反馈电能,它给出的能量等于电网吸收的能量。通过调节斩波器的导通比,可使平波电抗器及电机绕组中储存足够的能量,然后当斩波器关断时,发电机的电能和平波电抗器磁能转变成的电能,共同向电网反馈。从理论上说,依靠调节斩波器的导通比,再生制动也能使列车制停。但实际上,当电制动使车辆速度低于 8~10km/h 时,一般都通过控制系统自动切除电制动,代之以空气制动,直至列车停止在预定的位置。

2. 微处理机控制的制动系统

2T4M 6 节编组的列车中,拖车为两节控制车。动车的电制动力限制为 84kN,控制车的机械制动力限制为 55kN。列车正常运行时,为了减少制动部件的磨耗,首先充分使用电制动力,只有当:

(1) 4 辆动车的电制动力达到 336kN,尚需更大的制动力时,拖车才开始施加机械制动力,但两辆拖车的机械制动力最大不超过 110kN;

(2) 如果制动力达到(1)中的限制值仍不够时,则启动 4 节动车的机械制动;

(3) 动车的电制动出现故障时,动车的机械制动立即启动,以替代电制动;

(4) 轮轨黏着条件恶化到引起某一轴或 4 根轴滑动时,制动系统将会减少制动力,严重时会全部撤除,以抑制滑动的发展,一旦滑动消失,即恢复施加制动力;

(5) 列车遇紧急状态需要紧急制停时,施行紧急全机械制动保证列车以最短距离制停。

为了实施上述情况下的机械制动,制动系统设有一个用于电-空制动和防止车轮滑行控制的微处理机系统。

当列车在运行中施行制动时,将所有与制动有关的参数信号送入该微处理机中,计算出一个当时所需制动力的制动指令,这个指令由电-空转换器转换成一个与电指令成一定比例的控制空气压力,由控制空气压力使制动缸充入压力空气或者使制动缸排气,最终使制动缸压力与控制空气压力相对应,完成制动控制的全过程。

1) 输入信号

(1) 制动指令:是微处理机根据司机施行制动的百分比(常用全制动为 100%)所下达的指令,是脉宽调制信号(PWM)。

(2) 制动信号:表示进行制动,是制动指令的一个辅助信号。

(3) 负载信号:来自于空气弹簧,由空气弹簧的空气压力通过空-电转换器转换成电信号。

(4) 电制动关闭信号:表示电制动即将消失,空气制动立即施加的信息信号。

(5) 紧急制动信号:是跳过电子制动控制系统,直接驱动制动控制单元中紧急阀动作的安全保护信号。

(6) 保持制动信号:防止车辆在停止前的冲击振动,使车辆平稳地停车。它的功能分以下 3 个阶段实施。

第一阶段:当车速低于10km/h时,首先保持制动,然后电制动逐步消失,并开始进行空气制动。保持制动信号出现后,电制动的减小延迟0.3s。动车和拖车的空气制动力只可达到制动指令的70%。

第二阶段:当车速低于4km时,将制动缸压力降低,开始实施小于制动指令的保持制动。这个保持制动的级别取决于制动指令并与时间有关,是由停车检测根据最初的状态来决定的。

第三阶段:停车检测和保持制动信号共同产生一个固定的停车制动级别,经负载的修正而与制动指令无关,与保持制动信号一起消除。

(7) 停车制动信号:若在车辆运行时出现这一信号,则表示发生故障。信号传给故障诊断环节。

(8) 速度信号:速度传感器以与速度相应的频率产生脉冲信号,提供给防滑系统。

2) 输出信号

(1) 电-空转换器控制信号:控制电-空转换器的入口和出口电磁阀门,以产生预控制压力。

(2) 安全阀控制信号。

(3) 故障信号。

(4) 速度信号。

(5) 千米信号:每千米提供一个脉冲给千米计数器。

(6) 速度限制信号:表示必须减小最大运行速度,如从80km/h减小到60km/h。

3. 电-空制动控制原理

图7-20为电-空制动原理图。当微处理机根据制动要求而发出制动指令时,制动信号使开关线路R_1、R_2导通到冲动限制器,检测减速度的变化率是否过大。通过冲动限制器的制动指令送到负载补偿器,根据负载信号存储器中所存储的负载大小,调整制动指令,再送至开关线路R_3。为了防止制动力过大,R_3平时断开,只当电制动关闭信号触发后才导通。通过R_3的指令经过R_4又被送至制动力作用器。

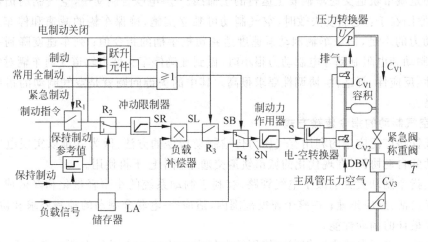

图7-20 电-空制动控制系统原理图

制动力作用器将指令信号转化成制动力。为了缩短空走时间,制动力作用的初始阶段有一段陡峭的线段,然后再转向较平坦斜线平稳地上升,直至达到指令的要求。从制动力作用器出来的电信号被送至电-空转换器,这个转换器将电信号转换成控制电流,去控制制动控制单元中的模拟转换阀,并且接受模拟转换阀反馈回来的电信号,从而进一步调整控制电流,完成微处理机对制动控制单元的控制。

当列车需要施行常用全制动(即100%制动指令)或紧急制动时,最大常用制动信号或紧急制动信号可触发一个旁路或门电路,使它输出一个高电平来驱动开关电路 R_4,使制动力作用器直接接受负载储存器的信号,大大缩短了信号传输时间,并使电-空转换器工作。

制动力作用初始阶段的一段陡峭线段是由跃升元件所导致的。跃升元件是一个非稳态触发器,它可由电制动关闭信号、制动信号及制动指令信号中的任一个信号将其触发,使它输出一个高电平。同样这个高电平也可使旁路或门电路触发输出一个高电平从而使 R_4 动作,导致制动力作用器直接接收负载信号,产生一段陡峭的线段。

4. 电-空制动控制电子插件

电-空制动控制电子插件由中央处理单元、诊断插件、电源插件、界面接口插件和连接插件等部分组成。

中央处理单元(CPU)控制着有关制动监控和防滑系统所有信号的处理过程。制动控制根据输入信号,由 CPU 计算出制动压力需求值并把它传送到电-空模拟转换器,将制动压力 C_V 经由安装在模拟转换器上的压力传感器提供给反馈回路,从而实现对输出压力的闭环控制。

诊断插件包括一个两位数码显示器,有关输入回路的、输出回路的、信号处理过程的以及 CPU 本身的故障诊断信号被存储并显示。

如果多个故障同时发生,则所有故障以 3s 的周期依次显示出来,在按下某一键后,即使在电源中断的情况下,这个故障信号也得以保持。显示器上显示出的故障集中分为 3 个故障组,故障组 A 为非常严重的故障,故障组 B 为严重故障,故障组 C 为轻微故障。

7.5.2 空-电联合制动中空气制动的指令传输与控制

制动是城市轨道交通车辆安全运行的生命线。空-电联合制动中,空气制动仍是不可缺少的,其原因在于:电制动失效时,空气制动可独立实施,确保车辆的减速和停车;自动补充电制动力的不足,保证车辆制动减速度达到司机手柄的指令值;列车速度降到一定值以下,再生制动和电阻制动等电制动力很小时,做到准确停车。城市轨道交通车辆对空气制动的可靠性、反应性、舒适性、协调性要求很高。其中的关键问题就是空气制动的指令传输与控制策略。

1. 空气制动的指令传输方式

干线铁路广泛应用的利用空气压力传输制动指令的方法,因为其难以实现电气制动与空气制动的自动协调,在现代化的城市轨道交通车辆中已不再使用。

电气指令制动大大削减了空气管路,有利于制动系统的小型轻量化和降低成本;制动装置操纵灵活,反应迅速;在整个速度范围内,适应空-电联合制动的控制要求和协调配合,可以获得最佳的制动性能。

城市轨道交通车辆中空气制动使用的电气指令传输方式可分为模拟指令式、数字指令式和计算机局域网。以往的数字式空气制动通过制动控制器发出开关信号,控制 3 个电磁阀不同的开闭组合,输出 7 级不同的制动控制压力作为空气制动指令。其优点是电气原理简单,易于掌握和维修。缺点是封闭阀型和气压运算型数字式空气制动都需要将车辆负载、再生制动等电气信号再变换成空气信号,与电气制动的协调、引入故障记录和防滑系统都比较困难;封闭阀型数字式空气制动只能对电阻制动和空气制动两者封闭其一;气压运算型数字式空气制动需要对各个气压信号在控制阀(多挡中继阀)中进行综合运算。

改进的数字式空气制动采用电气运算,除了采用数字式指令传输方式和开关型 EP 阀外,其结构和功能已与模拟式空气制动没有太大的不同:都是通过 EP 阀将电信号转换成空气信号去控制空气制动缸;其他控制环节采用电子电路或微处理机子系统,控制精度高,可以纳入列车微机系统或者与之接口,减少了控制设备的数量,不必另设单独的防滑系统;易于实现空气制动系统的自动检测、故障诊断、存储、指导司机运用或检修人员对故障的处理;适用列车采用自动驾驶(ATO)运行;盘式制动和闸瓦制动等各种机械执行机构都可适用。

1) 模拟指令式

模拟指令式采用连续变化的模拟量作为常用制动的电气指令,其优点是可以取多挡制动指令(理论上可以取无限挡),有利于制动力的细微调节。

(1) 直流电压方式

用直流电压作为电气指令是最直接的传输方式,但为确保指令的可靠传输,需要增加复杂的滤波等抗干扰措施。

(2) PWM 方式

定频调宽的 PWM 方式在欧洲国家应用较广泛,这种方式抗干扰性较直流电压方式好,但调制解调电路增加了系统的复杂程度,对可靠性不利。上海地铁 1 号线的制动指令传输采用的方式为:PWM 信号的输入电压为 DC 60V×(1±30%),输入电流为 2.0mA;信号脉宽为 11% 时对应的减速度为 $0m/s^2$,即制动力零;最大制动力时信号脉宽为 45%,对应的减速度为 $1.15m/s^2$。

2) 数字指令式

根据国外城市轨道交通和高速铁路的实践经验,常用制动指令达到 6~7 级,已有足够的操作自由性。

(1) 依次加压方式

日本新干线高速动车组为了提高可靠性,采用了 7 根指令线传递 7 级常用制动指令(见表7-1),得电指令线数递增、制动级位递升的依次加压方式。这种方式编码冗余量大,误码可能小,抗干扰性强,即使断掉一根线也不至于造成很大混乱。

表 7-1 7 根指令线对应的 7 级制动

指令线 \ 级位	缓解	1	2	3	4	5	6	7
SB_1		○	○	○	○	○	○	○
SB_2			○	○	○	○	○	○
SB_3				○	○	○	○	○
SB_4					○	○	○	○
SB_5						○	○	○
SB_6							○	○
SB_7								○

注:表中的"○"表示该指令线有指令发出,下同。

（2）纯二进制 3 位编码方式

城市轨道交通车辆常用的数字指令式是通过 3 根指令线组合编码得到 7 级常用制动指令，纯二进制 3 位和交替二进制 3 位两种编码方式都有应用。纯二进制 3 位编码方式见表 7-2。

表 7-2 纯二进制 3 位编码方式

指令线＼级位	缓解	1	2	3	4	5	6	7
SB_{11}		○		○		○		○
SB_{12}			○	○			○	○
SB_{13}					○	○	○	○

（3）交替二进制 3 位编码方式

交替二进制编码方式见表 7-3。它的优点是容错能力强，即使有指令线遇到强干扰，发生严重错误的概率也大大降低。当然，使用交替二进制编码还需要有与纯二进制编码方式转换的逻辑电路。

表 7-3 交替二进制 3 位编码方式

指令线＼级位	缓解	1	2	3	4	5	6	7
KSB_1		○	○				○	○
KSB_2			○	○	○			○
KSB_3					○	○	○	○

3）计算机局域网

20 世纪 90 年代以来，随着计算机通信技术的飞速发展，城市轨道交通领域中各大跨国公司都竞相发展了利用计算机局域网的列车指令总线。采用 Lon Works 现场总线技术的城市轨道交通车辆制动系统也已成功地在多个城市中得到应用。

与一般的计算机高速数据通信网不同，作为控制设备级的基础通信网络，特点是网络负载稳定、信息交换频繁、多为短帧传送；对可靠性要求很高，并要求协议简单、容错能力强、实时性强、有一定的时间确定性、安全性好、成本低，可以沟通与更高控制管理层次之间的联系。

城市轨道交通车辆制动控制系统使用的计算机局域网中，头尾控制单元（HEU）和各车厢的制动控制单元（BCU）均由以微处理机为核心构成的工作节点组成。制动指令总线采用双绞线或光缆作为双向传输通信介质，将各节点连接。各车厢要求的制动控制功能分别由各 BCU 独立完成。

以微处理机为核心的工作节点不仅可以输出制动级位指令，还可以输入传感器状态、执行控制算法；也可用充分可靠的通信标准与其他节点进行互操作，并且可以连续监视系统的完整性和各节点状态，确保制动系统的可靠性，即使遇到非常情况或列车总线失效时，也能可靠地独立保证电动车组尽可能地快速停车。

2．制动控制策略

1）恒制动率控制

城市轨道交通车辆载客情况变化很大，无论空载、满载或超载，都应保证列车的减速度与司机制动手柄的角度相对应。因而必须检测各节车辆的负荷重量，根据各动车和拖车的负荷重量变化,自动地调整各级制动缸的压力,在运行过程中,各制动级位都可保持恒定制动率,得到恒定减速度。每节车各个空气弹簧的压力信号由半导体压力传感器转换为电压信号后,取平均值,按照满载和空载的极限值设置上下限界,作为车辆负荷重量信号电压输出。车辆负荷重量信号与制动指令(级位)相乘得到对应于各车负荷重量的制动力指令曲线,将一个驱动单元中的各 M 车和 T 车制动力指令曲线相加、放大后作为需求制动力指令曲线送入电动机控制装置。

2) 空气制动滞后控制

为了实现目标减速度,列车编组的各车厢有多种分担制动力的方法。最一般的控制方法就是各车厢各自承担自己需要的制动力,即均匀制动方式。采用这种控制方式,T 车所需的制动力将全部由自己的空气制动力承担,T 车的闸瓦磨耗要比有电气制动的 M 车多。

由于三相感应电动机优良的自身再黏着特性可以提高期望黏着系数,最大限度地产生电制动力,而不会增加滑行的危险。近年来,采用 VVVF(变压变频)逆变控制的三相感应电动机驱动系统已经进入了实用化,为了使整个列车编组实现目标减速度,各车厢分担制动力时,在其利用黏着不超过限制的范围内,提高某一车厢的制动力而减少其他车厢的制动力,也可以取得同样的目标减速度。

由于 VVVF 控制或斩波控制的 M 车可以得到较高的期望黏着系数,所以在不超过黏着限制的范围内,可以充分利用 M 车的电气制动力,不足部分再由空气制动力补充,这样可以节约能源、降低机械制动的磨耗。这种控制方式,称为空气制动滞后控制。

(1) M 车空气制动优先补足控制

这种控制思想十分自然:T 车所需制动力由 M 车的再生制动力承担,根据空-电联合制动运算,不足部分也由 M 车的空气制动力补充,再不够才由 T 车的空气制动力补足。这样,M 车的空气制动力和再生制动力都承担了一部分 T 车所需的制动力,但再生制动力的设定不能超过空气制动力的黏着限制(比再生制动的期望黏着系数低得多),由于存在着这一制约,再生制动力的设定不能过高。2M1T 为单元的 T 车的空气制动滞后控制方式如图 7-21 所示。M 车不足以承担的 T 车所需的制动力仍由 T 车的空气制动力承担。

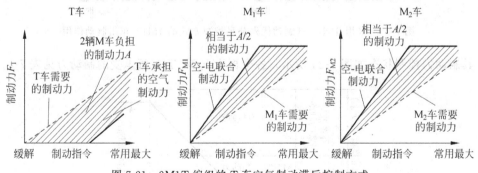

图 7-21 2M1T 编组的 T 车空气制动滞后控制方式

(2) T 车空气制动优先补足控制

这种控制方式也是 T 车所需制动力首先由 M 车的电气制动力承担,但当再生制动不足时,首先由 T 车的空气制动力补充,再不够才由 M 车的空气制动力补足。当再生制动失效时,M 车、T 车空气制动均匀作用。在这种控制方式下,M 车的空气制动力不会超过本车厢自己所需的制动力,也就是说,空气制动的黏着利用不会超过黏着限制,单纯再生制动力的设定可以比较高。所以，T车空气制动优先补足控制方式下，M车的再生制动力可以承担的T车制动力比M车空气制动优先补足控制方式更高，节能效果更好。直流斩波调速和交流变频调速的城市轨道交通车辆都可以采用T车空气制动优先补足控制方式。采用这种方式的1M1T车组特性曲线如图7-22所示。

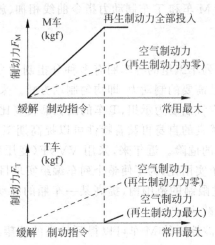

图 7-22 采用T车空气制动优先补足控制方式的1M1T车组特性

其制动作用曲线如图 7-23 所示。

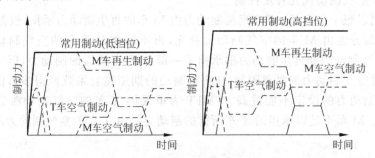

图 7-23 采用T车空气制动优先补足控制方式的1M1T车组制动作用

其制动力控制状态如图 7-24 所示。各个再生点 M、T 车所承受的制动力见表 7-4。

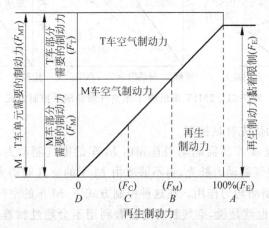

图 7-24 采用T车空气制动优先补足控制方式的制动力控制状态

表 7-4　M、T 车在各个再生点所承受的制动力

再生点	M 车制动力		T 车制动力	备 注
	再生制动力	空气制动力		
A	F_E	开始投入	$F_{MT}-F_E$	
B	F_M	开始投入	F_T	
C	F_C	F_M-F_C	F_T	
D	0	F_M	F_T	M、T 车均匀空气制动

如图 7-24 所示，T 车和 M 车所需制动力首先由 M 车的电气制动力承担，当再生制动不足时，在 A 点，再生制动力的大小为 F_E，T 车和 M 车所需制动力先由 T 车的空气制动力补充，大小为 $F_{MT}-F_E$，其中 F_{MT} 为 T 车和 M 车所需要的制动力，F_E 为再生制动力黏着限制；随着再生制动力的下降，在 B 点，再生制动力的大小为 F_M，T 车的空气制动已经全部投入，仍不能满足制动力的要求，这时候 M 车的空气制动力开始投入；在 C 点，再生制动力的大小为 F_C，T 车的空气制动力全部投入，而 M 车的空气制动力为 F_M-F_C，其中 F_M 为 M 车部分需要的制动力；在 D 点，再生制动力的大小为零，T 车的空气制动力全部投入，同时 M 车的空气制动力也全部投入。M、T 车空气制动均匀作用。

(3) M、T 转向架空气制动均匀补足控制

新交通体系等轻型车辆系统，在同一节车厢既有动力转向架，又有非动力转向架。动力转向架的制动控制装置具有电空运算功能，非动力转向架的制动控制装置则不具有电空运算功能，这样 1 辆车就会有 2 种制动控制装置。

应用 M、T 转向架空气制动均匀补足控制：T 转向架的制动力首先由 M 转向架的再生制动力承担，不足部分由 M、T 转向架的空气制动均匀补足。这种方式的优点是：1 个制动控制装置就可以既控制动力转向架，又控制非动力转向架，并且电功率回收率提高，T 转向架闸瓦的磨耗减小。

3. 空-电联合制动中空气制动的指令传输与控制实例

1M1T 编组的制动指令传输和控制实例如图 7-25 所示，应用 DC 100V，交替二进制编码作长距离的制动级位指令传输，抗干扰性和可靠性都很高。图中 BPM、BPT 分别为 M、T 车的制动特性曲线；RBT 为电制动特性曲线；F_M、F_T 分别为 M、T 车的空气制动力。

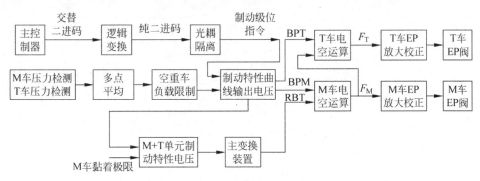

图 7-25　1M1T 编组的制动指令传输和控制框图

图 7-26 为 T 车空气制动优先补足控制方式空-电制动运算图。

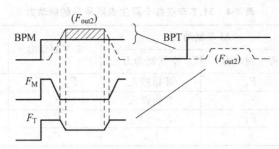

图 7-26 1M1T 编组 T 车空气制动优先补足控制方式的空-电制动运算图

复习与思考题

1. 电气制动有哪几种形式？什么是黏着制动和非黏着制动？电气制动有何特点？
2. 利用交流异步电动机的机械特性曲线，简述交流异步电动机的电气制动原理。
3. 简述电阻制动的基本特性及其工作范围，为什么要采用加馈电阻制动和扩展电阻制动？
4. 再生制动的特点是什么？
5. 电磁制动有哪几种？分别说明其原理。
6. 城市轨道交通车辆中空气制动使用的电气指令传输方式有哪几种？
7. 简述恒制动率制动控制策略。
8. 简述空气制动滞后控制策略。
9. 说明什么是 M 车空气制动优先补足和 T 车空气制动优先补足控制策略，它们之间有什么不同。
10. 空-电联合制动中，空气制动仍是不可缺少的，说明其原因。

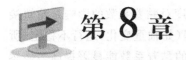

第 8 章

黏着控制系统

黏着控制的功能是在给定轴重和环境的条件下获得并保持所需的牵引力,而最终的功能目标是追求当前条件下可利用的最大牵引力。

黏着控制的本质是从驱动功率入手,使驱动技术应用于走行动力学的变化域,从而有效地控制有用滑动,改善黏着。

轨道交通车辆的走行动力学是用走行部结构把轮轨构成一个系统,从而研究轮轨滚动接触运动和传力机制,走行动力学是黏着控制研究的基础。轨道交通车辆的驱动动力学是将电机与轮对用传动装置联系起来构成一个系统,从而研究电机特性和牵引力的形成。驱动技术可以在最佳黏着的条件下实现牵引力的控制。目前的研究趋势是将运用要求、驱动技术及走行动力学视为不可分割的整体开展相关的研究。

8.1 概述

从影响黏着系数的 3 个重要因素——设计因素、环境因素和操作因素来看,其中的设计与操作是人为因素,因此可以说在给定条件下,通过改进设计优化操作能获得理想的黏着系数值,因此黏着系数是可以控制的。但上述能控制的前提是"在给定条件下",一旦条件改变,前提不存在,就难有结论了,这个条件就是环境条件。而恰恰这个环境条件是人不能控制的,因此从这个意义上来说任何在线路上运行的列车在某个瞬时轮轨间所能获取的牵引力是随机的,是不可预知的,因此黏着系数又是无法控制的。

国际铁路联盟(UIC)的研究实验局(ORE)为了探索黏着的利用效果和限制条件,曾于 1960 年组织了一个 B44 专门委员会,针对轨道交通车辆结构和运用条件探讨各种因素对黏着利用和限制的影响。该委员会工作历时近 19 年,陆续发表了 14 份报告(RP1-RP14),直到 1978 年提出综合报告《轮轨黏着认识的现状》。B44 委员会承认 Kalker 滚动接触理论是他们认识黏着问题的基础。但 B44 委员会把影响黏着系数的焦点集中到"设计"和"运用"上,因此对于黏着控制具有指导性的意义。另外在报告中 B44 委员会提出了许多重要且有实际意义的意见,如速度对黏着系数的影响问题。B44 委员会的报告指出,速度作为一个物理参数,黏着系数随着速度的增长而下降是很慢的。因此在实际中观察到的黏着系数随着速度而较快下降的现象,应该从两个方面来认识:一方面速度对黏着系数的影响是轮轨接触面的积垢所引起的;另一方面是由于走行部分的动态过程(如轴重变化,运行不稳定)所引起的。所以如果有合理的设计措施,在高速范围内可利用的黏着系数能显著提高。显然这对于发展高速铁路是非常重要的。在高速线路上的实际运用经验以及许多试验表明,在300km/h 的速度内仍可获得足够大的黏着系数。

既然我们不能在本质上控制黏着系数,那么能否在既有条件的黏着下充分利用所能实现的最大黏着呢?这就是驱动动力学必须研究的课题。换句话说黏着控制的本质就是黏着利用。

黏着利用有两层含义:一方面是使牵引系统在各种条件下都能充分发挥出其应有的牵引力;另一方面是说在任何条件下都要尽可能地保持这个牵引力。就牵引系统而言,黏着的最佳利用主要是根据驱动转矩和速度之间建立的关系,并按照这种关系使空转的轮对或多或少能重新建立平衡条件。

根据第 2 章所述,建立驱动转矩和速度平衡关系的条件是

$$\frac{\mathrm{d}F(v)}{\mathrm{d}v} > \frac{\mathrm{d}\mu}{\mathrm{d}v} \tag{8-1}$$

因此要求牵引系统在整个速度范围内的牵引力调节过程中尽量避免或减小黏着-空转的振荡现象。例如:电气传动系统的能量传递不产生电气的或机械的振荡;调节牵引力的级数越细越好,或实现无级调节;轮对的单独驱动控制(轴控模式)等。

黏着控制的方法可以表述为将所施加的牵引力作为瞬间黏着系数极限的函数来调节,以便最佳地利用轮轨间的切向力。在每个瞬间,牵引力可以作为每个轮对微量机械滑动值的函数加以调节。也就是说按照蠕滑率来调节牵引力,找到 α-μ 曲线上的最大 μ 值(黏着系数值)。显然这是一个很难实现的理论目标,而现实的目标是通过黏着控制使列车的运用能够保持并接近这个有效的黏着系数。

8.2 黏着控制模式

黏着控制是一种运用了现代电子技术(计算机技术)的快速调节功能。作为牵引系统的一种重要功能,黏着控制可以有效地帮助主传动控制系统达到 $\frac{\mathrm{d}F(v)}{\mathrm{d}v} > \frac{\mathrm{d}\mu}{\mathrm{d}v}$ 的要求。

8.2.1 黏着控制的功能目标

黏着控制的功能目标可以分为基本功能目标和高级功能目标。黏着控制的基本功能目标是检测预防空转,并在驱动转矩与轮对速度之间的平衡关系受到破坏时,迅速采取措施从而建立新的平衡。换句话说就是在任何条件下保持黏着。黏着控制的高级功能目标是检测并确定蠕滑率,根据蠕滑率的大小调节牵引力,使牵引力(黏着系数)保持在最大黏着系数的临界点上,使牵引系统产生允许的最大牵引力。

从黏着控制的功能目标出发,可以将黏着控制分为保护型黏着控制与控制型黏着控制。保护型黏着控制的原理是检测空转,然后实施保护,即保护牵引力。控制型黏着控制的基本原理是采用有效的方法(如检测蠕滑率)搜索并逼近当前的最大黏着系数,从而确定可实现

的最大牵引力。因此保护型黏着控制实现的是黏着控制的基本功能目标,而控制型黏着控制实现的是黏着控制的高级功能目标。

8.2.2 黏着控制的基本模式

保护型黏着控制的基本原理是保持转矩与转速间的平衡关系,并在这种平衡关系受到破坏时重新达到平衡。因此黏着控制的基本方法是检测轮对转速,确定黏着状态,给出驱动力矩(牵引力)或制动力矩的制约,从而保持轮轨间的黏着或恢复黏着。图 8-1 为黏着控制的基本结构。其中主要包括两个功能块:第一个功能块是黏着状态的检测,即通过一定的手段获取轮轨之间的黏着状态;第二个功能块是根据轮轨间黏着的状态确定控制的策略,或者说确定牵引力调节的趋向。在黏着控制单元中,只确定牵引力调节的策略,牵引力的调节需要由牵引系统来完成。这就是说列车牵引系统预定的牵引力要受到黏着控制单元的制约,只有在黏着状态允许的条件下,列车的牵引力才能充分得到发挥。

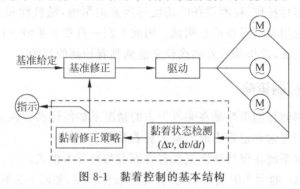

图 8-1 黏着控制的基本结构

8.2.3 黏着状态检测

轮轨间的黏着状态可以用轮对的蠕滑(空转)和滑行的状态来表示。根据蠕滑(空转)和滑行的定义,需要用列车绝对速度与轮对速度进行比较才能得到蠕滑(空转)和滑行的状态,但由于目前尚不具备经济实用的列车绝对速度测量的手段和设备,因此在蠕滑(空转)或滑行的状态检测中,列车绝对速度的测量都采用相对的方法。

一辆动车或机车有 4~6 台牵引电动机,每台牵引电动机的转速都不可能完全一致,目前获得相对列车速度常用的方法有 3 种:

(1) 以 4~6 台牵引电动机的平均速度为列车速度;

(2) 以其中 2 台(每个转向架中间的 2 台)电动机的平均速度为列车速度;

(3) 以速度值最小的(牵引时)或最大的(制动时)速度为列车速度。

将获得的相对列车速度 v_L 与各台牵引电动机速度 v_{DX} 比较,得到 $\Delta v = v_{DX} - v_L$,然后根据 Δv 的大小确定轮对蠕滑(空转)或滑行的程度,从而确定轮轨黏着状态。显然 Δv 的阈值是个关键,一般根据车辆的设计、运用情况以及经验来确定。Δv 的阈值需要随速度的变化而改变(线性或非线性),也就是说黏着状态的判断不是只看 Δv,而且还要看 $\dfrac{\Delta v}{v_L}$,如果 Δv 随 v_L 的变化而线性改变,实际上这就是蠕滑的概念。

加速度 $a = \dfrac{dv_{DX}}{dt}$ 可以从另一个侧面反映轮轨黏着的状态，正常运行时列车的加速度是一个可控的值，若加速度超过这个可控值，说明轮对在非正常地加速或减速，有导致黏着失去的趋势。一般可以 4~6 台牵引电动机中加速度最小（牵引状态）或加速度最大（制动状态）的值为当前的可控值，其他各台牵引电动机的加速度与之相比获得 Δa，黏着控制系统将根据 Δa 的绝对值大小做出黏着状态的判断。

有些黏着控制系统还进一步采用 $\gamma = \dfrac{da}{dt} = \dfrac{d^2 v_{DX}}{dt^2}$ 作为黏着状态判断条件之一。γ 值的变化反映了加速度的变化，也即预示了速度的变化，因此 γ 值对速度变化的灵敏度很高，适合于高速列车的运用。我国引进的 8K 型电力机车上运用的法国 Faiveliy 公司的防空转系统就采用了这样的做法。

黏着状态的检测实际上是一个非常困难的问题，包括信号的检测、状态判断的依据等都受环境、轮轨状态、运行操作、检测设备的精度等因素的影响，随机性很大，因此黏着控制系统在不同的列车上运用时都需要精心调试。因此人们一直在不断地寻找新的途径来摆脱这种需要精确测量的方法，希望从另外的途径来达到黏着控制的目的。

8.2.4 黏着控制策略

保护型黏着控制的控制策略是在黏着失去的情况下如何使黏着恢复；控制型黏着控制的控制策略则是如何搜索和逼近当前的最大黏着系数。

保护型黏着控制系统在保持和恢复黏着方面有两种基本模式。

模式一是根据 Δv 的大小限制牵引力，并随之线性改变，如图 8-2 所示。

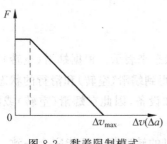

图 8-2 黏着限制模式

在该模式下，Δv 有一个设定的允许值，超过允许值时牵引力 F 随 Δv 线性下降，当 Δv 达到最大值时牵引力降至零。这种模式主要的技术难点在于牵引力下降的斜率也就是下降的幅值需要设计者研究确定，而且这种方法在计算机控制系统中难以精确实现，因为计算机中是离散的二进制数值。

模式二的牵引力限制原理如图 8-3 所示。模式二的限制是按一固定的曲线进行，当需要限制牵引力时，牵引力就下降一个预定值 ΔF，$\Delta F = F_1 - F_2$（或 F_3），然后牵引力在这个限制上保持一定的时间（从 $t_2 \sim t_3$），系统认为在这段时间内黏着已经恢复，因此从 t_3 开始牵引力缓慢回升（对不同的限制值，恢复的速率固定），到 t_4 时牵引力恢复至原值。Δv 的大小只影响下降的绝对值 ΔF，即下降为 F_2 或 F_3，称之为限制深度。

在该模式下，牵引力 F 的修正有一个最小值 $F_{\min}$，$\Delta F_{\min} = F_1 - \Delta F_{\max}$，达到最小值后，牵引力限制保持恒定。

模式二的优点在于能够迅速、有效地保持和恢复轮轨间的黏着，但如果这种情况频繁发生时，对列车的平均牵引力有较大的影响。模式二的技术难点在于 $t_2 \sim t_3$ 的时间长度的确定，$t_3 \sim t_4$ 时间内牵引力恢复的速率以及限制深度 ΔF 的确定。

上述两种黏着控制模式都已在机车和动车上获得实际的应用，总的来说模式一比较适

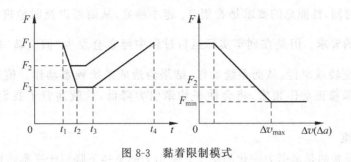

图 8-3　黏着限制模式

合低速、重载的货运机车和地铁、轻轨列车，模式二在高速列车和高速动车组上可以有比较广泛的应用。

控制型黏着控制的控制策略是研究的重点，国内外不断有理论研究的报道或实际列车上应用的报道。根据第 2 章中黏着系数和蠕滑率的关系曲线，可以知道，无论什么情况下黏着系数都可以有一个最大值，并且与之对应一个蠕滑率。因此只要找到这个黏着系数的最大值及其蠕滑率，就可以获得可利用的最大牵引力。但是黏着系数的这个最大值是随着外界情况不断改变的，这个改变一方面表现为这个最大值的绝对值是变化的，另一方面其对应的蠕滑率也是变化的。因此在列车运行的过程中期望能实时地获得这个最大值是极其困难的。

人们探索了各种各样的方法来逼近这个难以控制的最大黏着系数，如采用直接或间接的方法获取蠕滑率，采用自适应控制（自适应调节器）的手段使系统自我优化调节，通过实时辨识确定黏着系数变化的斜率来逼近黏着系数的峰值等。目前在国外机车上已经获得应用的一种黏着控制方法称为相位移法，这种方法的基本原理是根据线性系统理论，使牵引电动机的输出转矩在给定值的基础上，叠加一个周期性（正弦信号）的分量，使蠕滑率围绕运行点做微小变化，从而引起电动机转速的周期性微小波动。在此基础上，通过相关函数计算出运行点黏着曲线的斜率，当此斜率趋近零时，即黏着系数趋近最大值。

8.3　黏着控制系统的性能指标

在目前采用的黏着控制方法的条件下，可以采用以下几个指标来评价一个黏着控制系统的性能。

1. 灵敏度

灵敏度是系统感觉黏着变化的敏感度。灵敏度的量化指标是黏着控制系统检测黏着变化所需要的时间 T_0。

黏着状态的检测理论上可以有多种方法，例如检测牵引电动机的电流，检测直流牵引电动机的端电压等，但最直接的方法还是检测轮对的转速。目前普遍采用永磁式或光电式测速传感器来检测轮对的转速，这种传感器的测速精度基本上可以满足黏着控制的要求。

灵敏度是黏着状态检测方法和检测设备的性能反映。

2. 响应时间 T_r

响应时间 T_r 是指从黏着系数下降到黏着控制系统做出修正的响应所需要的时间。响应时间反映的是黏着控制系统采取修正的判决所需的时间。

对于响应时间，性能总的要求是希望 T_r 越小越好，从而可以及时地进行修正，这也是 $\dfrac{\mathrm{d}F(v)}{\mathrm{d}v} > \dfrac{\mathrm{d}\mu}{\mathrm{d}v}$ 的要求。但是在列车实际运行过程中经常会发生"假空转"的现象，这时如果系统判决为空转或滑行，从而系统动作，结果会造成系统频繁动作。值得一提的是，在牵引过程中如果修正动作频繁，将会使平均牵引力降低，这就违背了我们提高黏着系数的初衷。

3. 限制深度

限制深度反映的是牵引力变化的幅度。牵引力的急速下降对于平衡转矩与转速的关系有极大的好处，我们希望在能恢复转矩-转速平衡关系的前提下限制深度越小越好。因为限制深度越大牵引力损失越大，限制深度越小牵引力损失也越小，或者说修正越深越利于恢复转矩-转速的平衡关系，但牵引力损失也越大。

4. 恢复稳定性

在转矩-转速平衡关系被破坏到重新建立转矩-转速平衡关系的恢复过程中，转矩-转速的平衡关系是脆弱的，可以用恢复稳定性 $\tan\theta$ 来表征恢复过程是否稳定：

$$\tan\theta = \frac{\text{限制深度}}{\text{恢复时间}\ t_{\mathrm{f}}} \tag{8-2}$$

$\tan\theta$ 越小稳定性越好，$\tan\theta$ 越大稳定性越差。但 $\tan\theta$ 小，恢复阶段的时间就相对延长，将导致平均牵引力下降。因此 $\tan\theta$ 的值并非越小越好。

一个能够实际应用的黏着控制系统在设计时需要对上述性能综合考虑。对任何一点的疏忽都会使黏着控制起不到应有的作用，甚至适得其反。要注意的是在任何时候我们都不要忘了我们的目标是提高应用的牵引力。

8.4 城市轨道交通车辆的黏着控制系统

城市轨道交通车辆防空转与防滑行保护系统的黏着控制中，为电牵引和电制动设有一套集中式控制的防空转、防滑行保护系统，另为摩擦制动单独设有一套分散式控制的防滑行保护系统。

8.4.1 电牵引与电制动的防空转与防滑行保护系统

1. 空转与滑行信号

系统用轮对的转速差作为空转与滑行信号。在每一节车的 4 根动轴上分别设有一个速度传感器。所有动车的轴上都设有一个双通道速度传感器，分别给该节车上的电牵引与电制动的空转与滑行保护控制和摩擦制动滑行保护控制提供速度信号；拖车的轴上都设有一个单通道式速度传感器，为该节车辆的摩擦制动滑行保护控制提供速度信号。

2. 空转与滑行保护的控制

速度信号控制装置在 4 个速度信号中，经过放大比较，选取其中的最大速度与最小速度，两者的差值与给定的空转与滑行限制值作比较。当差值大于该限制值时，系统判断车辆发生空转或滑动，按图 8-4 所示控制系统框图进行控制。该控制系统为双闭环调节系统。电动机的电枢电流调节为内环。空转与滑动保护控制器采用 PI 调节方式，输入信号为最大速度与最小速度之差值与限制值比较的差值,其输出与电流参考值及电枢电流反馈值比较后输入 PI 控制器。它的输出电流使移相和脉冲形成放大环节产生的触发脉冲相位后移,改变主斩波器中 GTO 元件的导通角,降低牵引电动机的端电压(亦即电动机电流),使动车的牵引力(或电制动力)减小,抑制空转与滑行,恢复黏着。一旦空转与滑行消失,动车的牵引力或电制动力就开始恢复。为了不使城市轨道交通车辆产生明显的冲动,控制电路中有一环节,使牵引力与制动力恢复有一个缓冲的过程。

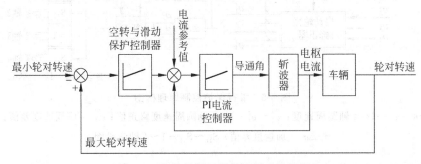

图 8-4 空转与滑行保护控制系统框图

当城市轨道交通车辆某一轴的加速度或减速度(即 dn/dt)超过一个定值时,控制系统即执行保护功能,以抑制空转与滑行的扩展。

当空转严重,即使牵引力全部撤除仍不能完全消除时,控制系统会让城市轨道交通车辆适当施加摩擦制动以迅速抑制轮对空转,避免严重擦伤轮对和钢轨。

空转与滑行的限制值随空转或滑行产生时的速度以及车轮的直径不同而改变。当速度传感器出现故障时,则系统认为 4 根轴无速度差,不再进行空转与滑行保护控制。空转与滑行保护的控制功能由动车组主控制系统来实现,其包括速度选择、空转与滑行保护、空转与滑行保护速度匹配等功能模块。

8.4.2 空气制动的滑行保护系统

城市轨道交通车辆的空气制动系统设有一个独立的分散式控制的滑行保护系统,对每一根轴进行单独控制。系统以速度差为滑行信号,速度由速度传感器测得。

滑行保护控制的原理见图 8-5。每辆车 4 根轴中的最大圆周速度与防滑等级控制输出,在参考速度值形成环节形成一个参考速度,并与每一轴的圆周速度比较,经过判断器形成控制防滑阀的指令。当某一轮对的制动力超过黏着极限而发生滑行时,防滑系统所控制的与该轮对应的防滑阀迅速接通制动缸与大气的通路,使制动缸迅速排气,制动力迅速减小,直至该轮对的滑行被抑制。为了防止列车冲动,车辆在恢复制动力时有一个短时间的缓冲过程。

当轮对的减速度超过设定值时,防滑保护控制也起作用,同样使轮对空气制动力迅速减小,直至滑动消失恢复制动力为止。

由于轮对踏面加工的误差以及踏面的磨耗差别,也会使轮径发生变化,这样导致各轮对的圆周速度也有差值。为此,系统设置了轮径调整与轮径自动修复环节,设有 5 个开关来进行人工调整轮径,利用这些开关分合的不同组合,先将车轮直径分成 32 挡,再将每辆车 1 位轴的轮对直径调整到符合规范,然后其他各轮直径按此逐一修正,直到无滑行出现时,认为各轮对圆周速度相等,这样就提高了滑行检测的精度。图 8-5 中的安全回路用于监视防滑

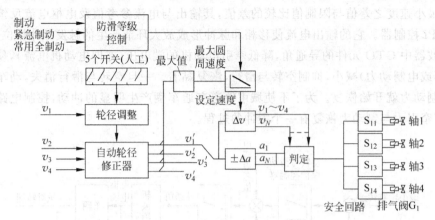

图 8-5 滑行保护控制原理框图

$v_1 \sim v_4$ —1~4 轴圆周速度；$v_1' \sim v_4'$ —1~4 轴圆周速度修正值；Δv —圆周速度差值；
$\pm \Delta a$ —加速度差值；$S_{11} \sim S_{14}$ —1~4 轴防滑阀

阀，当防滑阀因故障导致动作时间过长，制动力损失过大时，它使空气制动恢复。

复习与思考题

1. 黏着控制的本质是什么？黏着控制的目标是什么？
2. 牵引控制系统改善黏着的基本手段是什么？
3. 在目前的黏着控制时常用哪些参数来判别列车的黏着状态？为什么？
4. 试述城市轨道交通车辆防空转与防滑行保护系统的原理。
5. 试述城市轨道交通车辆空气制动滑行保护系统的原理。

第 9 章

电力牵引传动与电磁兼容

随着电力电子设备的大量应用,对于包括电力牵引在内的各个工业领域、科研和军事等部门来说,电磁污染已成为设备安全和环境保护的一项重要内容,日益引起人们的关注。

电磁兼容和电磁干扰的物理基础可以追溯到赫兹发现电磁波传播时。1886 年他在进行球形火花间隙放电试验时,利用环形天线证明了这一点,并证实了麦克斯韦有关电磁场的基本理论。在随后的几十年里,电磁兼容以"无线电干扰"为别称,研究通信电缆和输电线之间的干扰问题。

电磁兼容成为一门独特学科的关键一步是 20 世纪 60—70 年代晶闸管和集成电路的发明和应用。目前来说,与安全有关的系统,如军事项目、核技术装备、交通系统或医疗装置,成了系统地处理电磁兼容技术的先导。今天,我们对电磁兼容的理解,除了原先的无线电干扰,亦即干扰的发射这方面之外,还有系统的抗干扰性的一面。

电力牵引与其他工业领域一样,由于信息技术的发展,微电子器件大量应用于设备的开环、闭环控制和监视。此外,由于经济和生态学方面的需要,现代能源技术需要开发出更加紧凑、更好地利用资源的设备。这种高电磁负载、大功率能源设备与低电压、小功率信息装置并存的局面,使得解决电磁兼容性问题变得更加紧迫,也更加复杂了。

在电力牵引方面,铁路信号与列车的安全、有效运行密切相关,由于它与牵引系统共存于相同的电磁环境中,因此,保证这两个系统之间的电磁兼容是很重要的。

电磁现象除了对技术装备产生干扰之外,对生产系统也有影响。根据电磁波的强度和频率的不同,它对生物体的影响可能是有益的(医疗方面),也可能是有害的。

电磁兼容作为产品的一个重要质量指标,在其规划和设计阶段就必须予以充分考虑。电磁兼容规划的目的在于考虑使用地点的电磁环境,找出技术上和经济上的最佳解决办法,并考虑是在干扰源上、传播途径中还是在受扰体上采取措施最为有效。对于开发的设备或系统,除了确定在其接口上允许的干扰信号外,还必须确定其发射干扰信号的极限值。开发过程结束时,一般需要验证设备或系统的抗干扰性和干扰发射情况。

9.1 电磁兼容的基本概念

电磁兼容(electron magnetic compatibility,EMC),是指电气设备或系统在其所处的电磁环境中正常工作的能力,并对该环境中的其他设备或系统不产生不允许的干扰能力。

可见,电磁兼容是一个问题的两个方面:一方面,一个敏感的电子装置或控制系统可能受到从外部进入的信号干扰,从而丧失功能,该装置或系统是一个受扰体;另一方面,电子装置可能发送电磁干扰信号,此时,该装置或系统是一个干扰源。为了进行定量的描述,把电磁兼容分为两个组成部分来讨论,无疑是合适的。电磁干扰发射是对一个电气设备作为有源部件产生干扰能力的度量,而抗电磁干扰,则表示对电气设备作为无源部件承受干扰能力的度量。电磁干扰一般指能在电气设备或系统中引起不希望的干扰的参量,如干扰电压、干扰电流、干扰能量等。

电磁干扰量可能通过传导或辐射的方式发送出去或被接收,如图 9-1 所示。

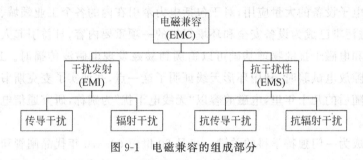

图 9-1 电磁兼容的组成部分

表 9-1 列出了有关电磁兼容的一些重要概念。

表 9-1 电磁兼容的有关概念

概 念	含 义	概 念	含 义
干扰量	能够在电气设备上引起不希望的干扰的电磁量	抗干扰性	一个电气设备承受一定大小的干扰量而不丧失功能的能力
干扰源	干扰量的来源	功能干扰	设备的功能受到所不希望的损害
发射干扰	从干扰源发出的干扰量	功能降级	设备的功能受到可接受的损害程度
受扰体	干扰量的影响范围或对象	功能故障	设备功能的永久性损害

9.2 电磁干扰量及其传播途径

从整个电磁频谱范围来说,只有 10kHz~3000 GHz 之间的高频区域在技术上有重要的作用。由于高频电磁波的特点,它们被用来传输通信信号,比如通过天线发射的各种信息,或者用来传送能量,或者在医疗技术中实现一定的作用机理。

此外,在这个频率区域中,由于人为的或技术上的因素,还可能会发出一些对设备或系统功能来说是不必要的高频成分。在电动机、开关或数据处理设备中发生快速转换时,就可能产生这种"人为噪声"。在大气层的内部和外部的一系列自然过程中,也存在电荷的运动,并产生电磁波。这种外部的自然干扰电平,一般称为"自然噪声"。所有这些人为的或自然的、有意或偶然产生的电磁能量通过辐射或长导线传播,它们的总和形成了人们常常提到的电磁环境。

电磁干扰量可分为正弦和脉冲两种形式。对于宽带脉冲形干扰信号,还可以再分为连续信号和一次信号。这些信号的幅值、频谱范围和作用区域是互有区别的。不连续的正弦形干扰信号主要是各种电网交流电压及其谐波,以及由固定的或移动的发送装置和无线电装置发出的遥控电压或无线电电压信号。这种电场的幅值,在距离发送源 1km 左右的距离内,每米为几毫伏到几伏。

脉冲形连续信号,比如从开关、电动机、变流器或者高压电线上电晕或火花放电产生的信号,其影响范围主要限于干扰源周围的几十米内。它们主要依靠连接导线传播。一次脉冲形干扰信号,由于它们的幅值、频谱分布和传播范围而特别值得注意。这种干扰信号大都来自放电和开关过程。自然干扰源之一是大气放电,雷击放电可能产生数十千安的正的或负的电流,80% 的雷击放电带有负电位,并从而引起多次重复雷击。一般来说,后续的雷击放电电流较小,但电流上升率可能超过 100kA/μs。这对于二次侧设备的感应电压来说,是具有决定性意义的。一次脉冲形干扰信号的另一个来源是核爆炸。一次较大当量的核爆炸,可能在地球表面引起一个电场强度为 50kV/m 左右的电磁脉冲,而上升时间不过几纳秒。输变电站的开关分断过程,也会引起极为陡峭的电磁干扰量,但与核爆炸不同,这种电磁场只出现在开关设备的邻近区域。

除了开关操作之外,高压电网中或者电子电路中的每一次绝缘击穿,也都会引起各种形式的一次脉冲干扰信号。

对于电力电子装置来说,它的变换过程都是建立在电流或电压的开关或调制基础上的。把一种频率的输入量变换为另一种频率的输出量的电力电子开关或开关系统,处于能量变换过程的中心地位。众所周知,在这种变换过程中除了既定的一次频率和二次频率外,在输入端和输出端都可能出现其他频率的谐波分量。电力电子变换装置中的这种情况是不可避免的。这类谐波分量同样可能通过连接电路或电场传播,造成干扰。如果出现这种电磁干扰,那么电力电子变换器就是干扰源。

电磁干扰信号可以经由传导或辐射的方式传播。由于干扰源和受扰体及其相互耦合的方式不同,其传播途径可以再细分,如图 9-2 所示。

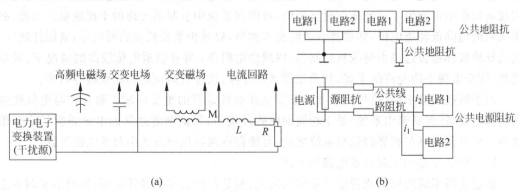

图 9-2 电磁干扰信号的传播
(a) 辐射与直接传导;(b) 公共阻抗传导

一般来说，传播途径的频率响应特性，对受扰体上产生的干扰信号的大小和频率是有决定性关系的。

9.3 电气化铁路的电磁干扰问题

电气化铁路，特别是交流电气化铁路是一个重要的电磁干扰源。铁路部门应尽可能减少强电设备，如牵引变电所、接触网、轨道交通车辆、回流导线等产生的干扰。

众所周知，电气化铁路的供电系统由一个架空线和至少两个不同的回线（即轨道和地层）组成。从而出现两个电路（见图 9-3）：一路是从变电所到接触网，并经过轨道交通车辆或短路线路到轨道；另一路是从轨道通过漏导流到地层。这两个电路沿其整个长度都存在传导耦合。对于交流电气化铁路，还有电感性耦合。

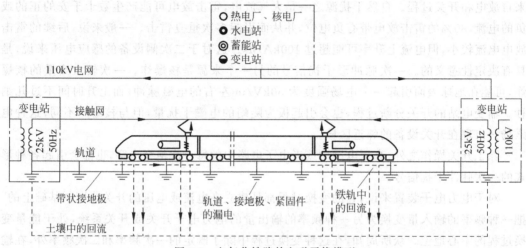

图 9-3 电气化铁路的电磁干扰模型

由图 9-3 可以看出，从牵引变电所送到接触网的电流，在负载点通过轨道交通车辆流入轨道，并分为两部分：一部分流入钢轨；另一部分从负载点进入土壤，然后回到牵引变电所。第二部分电流是与轨道交通车辆位置有关的。由于牵引电流的流出又流入，在轨道交通车辆和牵引变电所范围内，产生一个轨道对地面的电压降，称为轨道电位。如果轨道电位在规定的牵引电流值下达到或超过极限值，可能在系统中引起不允许的干扰现象。为此，必须采取措施降低轨道电位，如选择合适的枕木类型，以减少单位长度的漏电导，紧固件底座、钢轨导槽板和地板选择由绝缘材料制作，以减少电阻等；并在轨道电位较高的情况下，采取措施，防止出现不能允许的干扰，如采用带状接地棒，或设置附加的回流线路等措施。

对于铁路运输来说，信号是涉及列车安全和有效运营的重要问题。而且它与电气化铁路的强电设备（包括牵引系统）处于相同的电磁环境中，保证两者之间的电磁兼容是十分重要的。电气化铁路与相邻的信号系统之间，可能存在两种耦合方式引起的电磁干扰。

第一种情况是回流对轨道电路的干扰。

轨道交通车辆的回流或者信号系统的回流，都是把轨道作为导体使用，从而引起两者之间的电导性耦合。轨道电路的线路空闲显示系统，就属于这种情况。采用这种技术，一个必要的条件是,一条轨道的两根钢轨间相互要有足够的绝缘。此外,在接触网所在的区域内,所有不带电的结构部件都必须与轨道一道接地。如果这些部件具有很低的接地传播电阻,可能使两条钢轨之间的回路负载不均匀。导致轨道电路错误地转入占用状态,而在这个区段中其实并没有列车存在。

不仅牵引电流的基波可能引起干扰,在机车车辆传动控制产生的高达几千赫的谐波中,如果有一种谐波的频率与轨道电路的工作频率相同,且其电平超过规定的数值,那么它对轨道电路的干扰也是很严重的。但是这种干扰只有在技术上(如幅值、相位)和运行上同时出现某个特定状态时才是可能的。

第二种情况是电抗性耦合引起的干扰。

对于交流电气化铁路来说,对地不对称的供电系统结构引起的另一个重要问题,是对铁路线平行的信号和通信电缆的干扰。必须考虑以下各种可能的情况:

(1) 在强电设备正常运行时,包括轨道交通车辆,接触网中的运行电流产生的长时间干扰;

(2) 由于接触网短路而产生的短时间干扰;

(3) 轨道交通车辆正常运行时运行电流谐波产生的干扰。

就电抗性干扰的影响方面,可以如下区分:

(1) 危及人身和设备安全的(损坏信号和通信设备);

(2) 功能扰乱;

(3) 主要由轨道交通车辆运行电流的高次谐波引起的电话线路中的干扰噪声。

电气化铁路引起的电抗性干扰的依据是,干扰源(接触网)和受扰体(通信线路)通过公共地建立两个相互具有电抗性耦合的回路:

(1) 回路1:牵引变电所—接触网—轨道交通车辆—地;

(2) 回路2:通信线路—地。

钢轨本身像其他任何金属导体一样,形成自己的电路,并与其他所有的电路产生电抗性耦合。就通信线路来说,流过电流的接触网和地组成的回路将在通信电缆、钢轨、电缆套或管道中感应出纵向电压,其大小与接触网电流以及耦合方式的阻抗有关;其次,当钢轨、电缆外壳和管道构成的闭合电路中流过电流时,同样会在通信电缆中感应纵向电压。

上述对通信线路干扰的原理可以从图9-4所示的等效电路中看得更清晰。

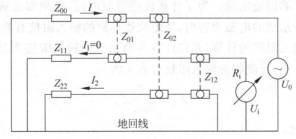

图9-4 通信线路干扰原理及其等效电路

Z_{00}—接触网阻抗;Z_{11}—通信线路阻抗;Z_{22}—钢轨阻抗;
Z_{01}、Z_{02}、Z_{12}—耦合阻抗;U_0—供电电压;U_i—感应的纵向电压

借助运行电流图和短路电流图,可以推知干扰电流的大小,从而求得所感应的纵向电压。

9.4 电力牵引系统的干扰

9.3 节已经提到,轨道交通车辆产生的谐波电流流过轨道,可能对检测列车位置的轨道电路产生干扰,它们可能显示一个线路区段是空闲的,而实际上该线路区段已被占用,这是一种危险的状态;另一方面,谐波电流也可能使轨道电路显示某个区段已被占用,而实际上是空闲的。此外,如果接触网和铁路中的牵引电流达到 4000A,将导致电场和磁场增加,进而加大轨道侧信号设备的电气强度,使设备故障率增加。不难得出结论,电磁环境对铁路信号系统的安全性、利用率和可靠性有着重大的影响。

在这种环境中,使轨道电路不受牵引回路电流的干扰,是十分重要的。为了避免任何轨道系统的误动作,必须保证牵引系统产生的与信号设备工作频率相同的那部分能量比规定的允许值要小。实际上,这部分能量可能是来自机车或列车上逆变器、斩波器产生的高次谐波,也可能是来自直流牵引供电的多相整流桥的谐波。对于固定频率的斩波控制系统来说,只要工作频率避开牵引电流产生的谐波分量就足够了,但对于变频逆变器传动,必须确定一种消除谐波的控制策略,以达到相同的效果。

为了估计逆变器传动系统的电磁兼容性能,可以利用状态空间模型或频域分析方法计算逆变器输入,特别是 PWM 波形的谐波分量以及向轨道交通车辆供电的接触网电流。在前面有关变流器开环控制方法的叙述中,已经着重于从逆变器的输出及其对电动机和传动性能的影响方面,讨论了自然采样、规则采样和优化 PWM 的不同方法。

对于由脉冲整流器向逆变器供电的交-直-交系统,如果取消由 LC 谐振电路构成的二次谐波滤波器,那么在输入电流中将出现低频分量。增大中间回路的支撑电容器,可以使这些低频谐波分量减少。

还有一个对评价牵引传动系统和信号设备之间的电磁兼容性能来说很重要的因素是传动系统的不稳定性,因为这种不稳定性可能反映到接触网电流的频谱中来。

鉴于电气化铁路供电接触网中可能存在的谐波,以及整流器回路的非线性特点,不论在直流供电电压中,还是在交-直-交变频器中间环节回路电压中,都有基波和谐波电压,并在轨道电路中引起相应的谐波电流。为了计算这些谐波电流,必须知道轨道交通车辆的输入阻抗。在考虑与信号系统的电磁兼容时,轨道交通车辆的输入阻抗有着特殊的重要意义。

轨道交通车辆输入阻抗的计算,是以计算传动系统的输入阻抗为基础的。对于逆变器供电的异步电动机系统,直流侧的输入阻抗可表示为

$$Z_{dc} = \frac{Z}{3m_a} Z_{ac}$$

式中:m_a——调制比;

Z_{ac}——传动系统交流侧的阻抗,它可以由异步电动机在同步旋转参考系中的模型求得。

对于逆变器传动系统和信号系统之间的电磁兼容,除了上述已经讨论的方面之外,以下一些影响因素也是值得考虑的。

（1）逆变器的不对称工作状态，引起电动机绕组中出现直流偏移，从而使输入电流中产生具有逆变器基波频率的谐波分量。

（2）电动机相阻抗的不平衡，引起两倍基波频率的谐波分量。

（3）轮径偏差导致不同的逆变器输出频率，使得在其输入电流中出现具有不同频率的谐波分量。

9.5 改善电磁兼容的措施

改善电磁兼容性能的措施，可以在干扰源上，也可以在传播途径上或受扰体上予以考虑。对于电力电子装置和牵引系统来说，电磁兼容措施可以分为电路技术方面的措施、防护措施和计算方面的措施。后者如通过应用信号处理方法来设计并应用软件。

电路技术方面的措施，除了采用软开关或无谐波装置等新技术来消除或削弱干扰源的噪声信号外，在开发、设计电子装置时，必须提及的还有机械结构的空间布置、布线、绞线、连线的规则和材料的选择，如电缆、导线、光耦合器件和光纤、应用数字技术，只选择一定的工作频率或采用代码信号等。所有这些电路技术方面的措施，都是与某一项产品的开发密切相关的，所以必须从开发之初就予以重视，并确定下来。

防护措施的考虑则有所不同，因为它常常与电子装置在一个系统中或在一个特定的电磁环境中应用的条件有关。所以，对于一个确定的电子装置来说，其防护措施只有在系统开发时才进行规划。防护措施大体上可以分为两类：一类是限制性功能的，如采用充气避雷器、火花间隙、压敏电阻元件或半导体器件（齐纳二极管）来限制某些干扰量的大小；另一类是抑制性功能的，特别是削弱各种耦合通道的耦合度，如屏蔽、接地、滤波、隔离等。

对电场、磁场屏蔽的物理含义是为电子装置配备合适的屏蔽体（外壳、罩子等）。当干扰信号到达屏蔽体的外界时，通过屏蔽体的吸收、反射或多次反射，产生能量损耗，从而使屏蔽体内界面上的干扰信号显著减弱。由于结构方面的原因，屏蔽体不可能是完整的封闭形式，上面可能存在缝隙、引线孔等，这种不完整屏蔽对屏蔽效果是有影响的。此外，出于各种原因，人们可能选择金属网、薄膜或导电玻璃作为屏蔽体，它们也属于不完整屏蔽。对电场、磁场或电磁场屏蔽体，要根据应用要求，选择合适的材料。屏蔽体结构有单层和多层之分。大型屏蔽室的通风孔，可按波导管或蜂窝结构进行设计。与屏蔽体有关联的其他部件，如电缆连接器、输入/输出变压器，也要考虑相应的屏蔽措施。

在设计一个系统的接地结构时，要区分安全接地、信号接地和屏蔽接地。例如，图 9-5 为一个分散布置的成套设备系统的接地方式。

为了限制电气化铁路对相邻信号系统的干扰，同样可以从干扰源和受扰体两方面采取措施。

从干扰源方面来说：

（1）通过由更多的沿铁路线分布的、小的牵引变电所向接触网供电，并尽量缩短开断时间（<0.5s）来限制接触网中短路电流的大小及持续时间。

（2）在接触网供电方面，双侧供电是有好处的。在正常运行时，基波电流感应的电压，按照轨道交通车辆所处的不同位置可以得到部分补偿，特别是在供电区段的分界区中更是这样。

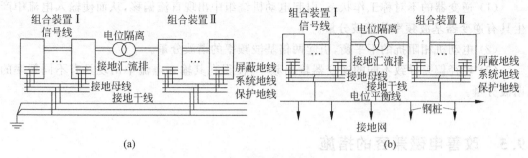

图 9-5 电子装置成套系统的接地方式
(a) 多干线式接地系统；(b) 等电位式接地系统

在受扰体方面,也就是从信息设备方面,必须采取措施防止长时性干扰。对短时性干扰,通常不要求采取特殊的措施。

对于通信设备,为了改善其抗干扰的能力,必须注意以下几点。

(1) 在受接触网及有关设备影响的区域中,应当采用电缆通信线路,而且不允许产生过高的感应电压。从原理上说,这将能够可靠地避免与运行电流无关的电容性干扰。与此同时,还应当考虑采用铝芯电缆,以减少直流电阻,并采用钢带加固,以改善耦合。

(2) 对于干扰区内新的设备,只要经济上是可行的,就应当采用光纤电缆。它可以防止任何电磁干扰,并取消别的附加措施。

总之,电磁兼容这个长期讨论的专业领域,由于微电子进入所有技术应用场合而具有新的重要意义。实践证明,从一个系统的开发到投入使用,细心地做好电磁兼容规划,将使它在最困难的条件下也能无干扰而且对环境无污染地工作,若等到系统投入使用后再采取补救措施,必将付出更大的代价。

复习与思考题

1. 何谓电磁兼容？
2. 何谓电磁干扰量？它是如何传播的？
3. 电磁干扰对铁路信号系统会产生哪些方面的影响？
4. 电气化铁路改善电磁兼容的措施有哪些？

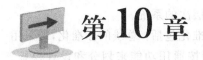

第 10 章

列车微机控制系统

列车微机控制系统是列车的核心部件，它包括以实现各种功能控制为目标的单元控制机、实现车辆控制的车辆控制机(列车控制机)和实现信息交换的通信网络。

列车微机控制系统的发展过程从系统功能上来看，经历了由单一的牵引控制到车辆(列车)控制，到现在的信息控制阶段；从系统的结构上来看，列车微机控制系统从单机系统发展为多机系统，现在已经进入了分布式控制系统的发展阶段。

随着牵引动力的交流化和列车运行速度的提高，列车上采用微机实现智能化控制的部件和装置也越来越多，各微机系统间的协调和信息交换显得越来越重要，因此在微机系统间就需要进行通信。特别是对动力分散型的动车组和提高旅客列车的舒适度来说，各种辅助装置的控制和服务装置的控制都必须纳入到这个微机控制系统中来。于是分散型控制系统或者说是分布式控制系统就成为当前研究开发的重点。

列车对微机控制系统的基本要求可以归结为控制的实时性、系统的高可靠性、环境的强适应性以及结构的开放性和标准化。

实时性是运行控制的基本要求，即微机系统能对运行过程中所发生的各种事件和变化有迅速和及时的反应能力，使列车能安全运行，这就要求微机系统需具有时间驱动和事件驱动的能力，为此配置实时多任务操作系统是较好的选择。

高可靠性是车载微机系统最基本的要求，一般来说其要求高的运行效率(高于 90% 以上)；低故障率，MTBF(mean time between failure，平均无故障时间)要求大于 1 万小时以上；而为了减少故障修复时间 MTTR(mean time to repair，平均修复时间)，冗余技术得到了普遍的应用。

环境适应性即为系统的抗干扰性和抗污染性。列车的微机系统必须要有宽的工作温度范围(−25～+70℃)和极高的电磁兼容性能，尤其要有很高的抗 EMI(electro magnetic interference，电磁干扰)性能。

结构的开放性是现代工业控制用计算机一个十分重要的概念，尤其对于需要编组的城市地铁与轻轨列车来说尤为重要。开放性首先是指结构和器件，即在系统的结构设计上要兼顾通用的基本设计和用户的特殊要求设计，并且在器件上能有向上的兼容性，在结构上能自由伸缩，以适应器件的不断更新和用户要求的提高。其次，开放性是向不同的用户层次开放,使不同要求的用户和不同的功能实现均能配置成各种层次的系统。

结构的标准化是保证开放性的前提和措施,结构的标准化包括:总线的标准化,即采用标准化总线;机械结构的标准化;功能模板的标准化,即按通用功能来划分和设计模板。结构的标准化也有利于系统的调试和维修。

列车微机控制系统

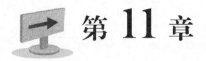

第 11 章

高速磁悬浮列车控制系统

在人类历史上,轮轨铁路已经有一百多年的历史了。在轮轨铁路中,支承和导向、加速和制动都是靠车轮与钢轨来实现的,这一技术原理从铁路问世以来始终没有改变。尽管采用传统轮轨技术的铁路交通技术已经有了很大的发展,但是由于技术上和经济上的限制,目前世界上高速铁路的运行速度已接近极限。要想进一步提高速度,就必须研究新的技术,高速磁悬浮列车就是在此背景下出现的。

在国际上,尤其是德国和日本两国在各自政府的资助下对高速磁悬浮列车技术进行了多年的研究和试运行,取得了丰富的经验。德国在 20 世纪 60 年代开始进行基础研究,开始是对超导和常导两种技术进行并行研究,1977 年决定放弃超导制式的研究,集中力量发展常导电磁吸引式高速磁悬浮技术。几十年来,研发了从 TR01～TR08 八代高速磁悬浮列车,其中 TR07 型列车从 1989 年起进行长期载客运行试验,在 1987 年建成的总长为 31.5km 的 EMSLAND 试验线上试运行,最高时速达到 450km。在此基础上改进的 TR08 型列车已被确定为高速磁悬浮列车的正式客运列车。1991 年,德国政府组织了由几十名专家学者组成的评估组对高速磁悬浮列车的各项技术进行了评估,得出了"技术已经成熟"的结论。日本从 20 世纪 70 年代起一直致力于发展超导电磁排斥型技术,目前已建成山梨县 18.4km 双线试验线,最高时速达到 550km。车型有 MLX-001 及 MLX-002 两种,1999 年起免费让参观者乘坐。1999 年 8 月,日本运输省曾对山梨试验线进行过评估,评估结论为:"就磁悬浮的基本走行性能而言,实用化是没有问题的。"我国在上海浦东建成的商业运营线采用了德国的技术。

磁悬浮列车主要采用了直线磁悬浮电机的驱动力、悬浮力和导向技术。直线磁悬浮电机是在直线电动机的基础上发展而来的,所以有必要首先介绍一下直线电动机的工作原理。

高速磁悬浮列车控制系统

参考文献

[1] 刘敏军,宋平岗,许期英.轨道交通车辆电力牵引控制系统[M].北京:清华大学出版社,2014.
[2] 王俭朴.城市轨道交通车辆电力牵引与控制[M].北京:国防工业出版社,2011.
[3] 谢维达.电力牵引与控制[M].北京:中国铁道出版社,2010.
[4] 胡崇岳.现代交流调速技术[M].北京:机械工业出版社,2004.
[5] 王书林,赵茜.电力牵引控制系统[M].北京:中国电力出版社,2005.
[6] 马继红.能馈式牵引供电系统及牵引传动系统研究[J].中国铁路,2010(10):41-44.
[7] 方鸣.城市轨道交通的供电制式及馈电方式[J].中国铁路,2003(4):49-53.
[8] 王俭朴.机车车辆轮轨黏着-蠕滑问题研究[J].中国铁路,2010(3):61-63.
[9] 金学松.轮轨蠕滑理论及其试验研究[M].成都:西南交通大学出版社,2006.
[10] 孙中央.列车牵引计算实用教程[M].北京:中国铁道出版社,2005.
[11] 彭其渊,石红国,魏德勇.城市轨道交通列车牵引计算[M].成都:西南交通大学出版社,2005.
[12] 郭世明,黄念慈.电力电子技术[M].成都:西南交通大学出版社,2004.
[13] 林渭勋.现代电力电子技术[M].北京:机械工业出版社,2006.
[14] 冯晓云,宋文胜.单相三电平整流器的 SVPWM 与中点电位控制方法[J].西南交通大学学报,2009,44(3):347-353.
[15] 宋文胜,冯晓云,王利军,等.基于 SVPWM 调制的单相三电平 PWM 整流器研究[J].电气自动化,2008,30(1):30-33.
[16] 宋平岗,官二勇.三电平逆变器 SHEPWM 的研究[J].电力电子技术,2005(5):24-26.
[17] 江平,宋平岗,黄华.基于空间矢量控制的三电平逆变器[J].大功率变流技术,2008(3):21-24.
[18] 张超伟,宋平岗.一种三电平变换器空间矢量算法[J].大功率变流技术,2008(1):11-14.
[19] 叶满园,宋平岗.一种高性能三电平 PWM 整流器控制技术的研究[J].电力电子技术,2008(7):9-10,13.
[20] 宋平岗,官二勇.级联多电平逆变器全调制比的特定谐波消除[J].电子技术学报,2006(9):81-87.
[21] 宋平岗,官二勇.级联 H 桥逆变器空间矢量算法的简化实现[J].电子技术学报,2007(11):85-90.
[22] 官二勇,宋平岗,叶满园.基于三次谐波注入法的三相四桥臂逆变电源[J].中国电机工程学报,2005(17):62-65.
[23] CHAO KUEI-HSIANG,CHEN PI-YUN,CHENG CHUN-HSIN. A Three-Level Converter with Output Voltage Control for High-Speed Railway Tractions[J]. The 33rd Annual Conference of the IEEE Industrial Electronics Society,2007(11):1793-1798.
[24] CHANG W GARY,LIN HSIN-WEI,CHEN SHIN-KUAN. Modeling Characteristics of Harmonic Currents Generated by High-Speed Railway Traction Drive Converters[J]. IEEE Transaction on Power Delivery,2004,19(2):766-773.
[25] 刘敏军.宽电刷下直流电机换向过程研究[J].大电机技术,2013(3):5-8.
[26] 刘敏军,叶春华,罗会源.宽电刷直流电机感应电动势算法[J].华东交通大学学报,2013(3):17-20.
[27] 曾青中,韩增盛.城市轨道交通车辆[M].2版.成都:西南交通大学出版社,2009.
[28] 石礼安.地铁一号线工程[M].上海:上海科学技术出版社,1998.
[29] 徐国卿.城市轨道交通车辆电力传动[M].上海:上海科学技术出版社,2003.
[30] 徐安.城市轨道交通电力牵引[M].北京:中国铁道出版社,2005.
[31] 刘敏军,刘乐平.斩波调流无级磁场削弱法的研究[J].电气传动,2010(6):20-23.
[32] 吴守哉,藏英杰.电力传动的脉宽调制控制技术[M].北京:机械工业出版社,2002.
[33] 黄济荣.电力牵引交流传动与控制[M].北京:机械工业出版社,1998.
[34] 李夙.异步电机直接转矩控制[M].北京:机械工业出版社,2004.

[35] 丁荣军,黄济荣.现代变流技术与电气传动[M].北京:科学出版社,2009.
[36] 应云飞,秦娟兰.城市轨道交通车辆制动系统[M].成都:西南交通大学出版社,2011.
[37] 李江红,马健,彭辉水.机车粘着控制的基本原理和方法[J].机车电传动,2002(6):4-9.
[38] 刘杰,石高峰,蔡华斌.电力机车粘着控制技术的相关问题及其研究状况[J].自动化信息,2010(5):44-46.
[39] 谢维达,邵德荣.城市地铁与轻轨列车的微机控制系统[J].电力机车技术,2001(3):10-12.
[40] 曾祝林,谢维达.智能型列车总线 ARCNET 通信网卡的研究[J].机车电传动,1997(6):5-7.
[41] 吴祥明.磁浮列车[M].上海:上海科学技术出版社,2003.